Jüdisches Leben – Jüdischer Brauch

Steven M. Lowenstein

Jüdisches Leben – Jüdischer Brauch

Internationale jüdische Volkstraditionen

Aus dem Amerikanischen
von Alice Jakubeit

Artemis & Winkler

Der Verlag dankt dem Autor für die sorgfältige Durchsicht der Übersetzung.

Meiner geliebten Familie

Titel der amerikanischen Originalausgabe:
The Jewish Cultural Tapestry. International Jewish Folk Traditions.

This translation of *The Jewish Cultural Tapestry*, originally published in English in 2000, is published by arrangement with Oxford University Press, Inc. – Die Publikation dieser Übersetzung von *The Jewish Cultural Tapestry* (amerikanische Originalausgabe 2000) erfolgt mit freundlicher Genehmigung der Oxford University Press, Inc.

Die Deutsche Bibliothek – CIP-Einheitsaufnahme
Ein Titeldatensatz für diese Publikation ist bei
Der Deutschen Bibliothek erhältlich.

Umschlagmotiv: Patrick Zachmann/Magnum/Focus
Umschlaggestaltung: Groothuis, Lohfert, Consorten (Hamburg)
Satz: Heinrich Fanslau, Communication/EDV, Düsseldorf
Druck und Bindung: Wiener Verlag, A-Himberg
ISBN 3-538-07142-X
www.patmos.de

Inhalt

Danksagung

Mehr als jedes andere meiner Projekte ist dieses hier das Produkt der Bemühungen einer ganzen Reihe von Personen. Manche der Ideen, die schließlich Eingang in dieses Buch fanden, gehen auf meine Schulung zum Interviewer und Rechercheur für den Jiddischen Sprach- und Kulturatlas in den 60er Jahren zurück. Der Leiter des Atlas, Uriel Weinrich, und sein damaliger Stellvertreter Marvin Herzog nahmen große Mühen auf sich, um mir die Grundlagen der linguistischen Theorie sowie praktische Kenntnisse des Jiddischen zu vermitteln. Sie verbrachten unzählige Stunden damit, mir ihr Vorhaben zu erläutern, und gaben sich große Mühe mit mir, obwohl ich damals erst zwanzig Jahre alt war. Mordkhe Schechter, einer meiner Kollegen beim Atlas, scheute weder Zeit noch Mühe, um mich zum Erlernen des Jiddischen zu bringen. Viele der Erkenntnisse, die zu diesem Buch geführt haben, verdanke ich den großartigen Vorlesungen am Max Weinreich Center for Advanced Jewish Studies beim YIVO Institute for Jewish Research in New York. Zwei besonders einflussreiche Veranstaltungen waren die von Haim Blanc über jüdische Umgangssprachen und die von Barbara Kirshenblatt-Gimblett über jüdische Volkskunde. Während meines einjährigen Aufenthaltes in Montpellier 1969, als ich an meiner Dissertation in französischer Geschichte arbeitete, machte ich selbst Bekanntschaft mit einer nichtaschkenasischen jüdischen Kultur. Ich besuchte eine nordafrikanische Synagoge, wurde von Gemeindemitgliedern an Sabbat und Feiertagen zum Abendessen eingeladen, und mir wurde große Gastfreundschaft entgegengebracht. Besonders die Familien Elkyess und Kalfa waren sehr gastfreundlich. Wir sind in Kontakt geblieben. Als unsere Familie Mitte der 70er einer Gemeinde griechischstämmiger sephardischer Juden in High Park, New Jersey, angehörte, lernten wir neue Melodien, Sprachen und Bräuche kennen.

Von den Studenten meines Seminars »Jüdische Volkstraditionen in aller Welt«, die eine erste Version dieses Buches benutzten, erhielt ich wertvolle Anregungen, die mir halfen, es zu verbessern. Besonderen Dank schulde ich David Greenfield, einem ehemaligen Studenten von mir und nunmehr Medienkoordinator des Informationszentrums am

Skirball Cultural Center in Los Angeles. Davids Computergraphikkenntnisse halfen mir, schon in einem frühen Stadium dieses Projekts viele meiner Ideen in brauchbare Tabellen, Diagramme und Karten umzusetzen. Ich hoffe, dass wir eines Tages unseren gemeinsamen Traum, eine interaktive Multimediamethode zur Darstellung unserer Erkenntnisse über jüdische Volkstraditionen auf der ganzen Welt zu entwickeln, in die Tat umsetzen können.

Mein Freund und Kollege Prof. David Ellenson vom Hebrew Union College in Los Angeles las den gesamten ersten Entwurf dieses Buches, gab mir viele wertvolle Ratschläge und machte mir Mut. Meine Kollegen an der University of Judaism Prof. Susan Kapitanoff, Prof. Ziony Zevit und Prof. Aryeh Cohen lasen einzelne Kapitel des Buches und halfen mir sehr. Dankbar bin ich auch meinem Freund Leonard Korobkin für seinen guten Rat zu einigen der mit diesem Buch verbundenen geschäftlichen Aspekte.

Verschiedene Mitarbeiter der Oxford University Press spielten bei der Veröffentlichung dieses Buches ebenfalls eine wichtige Rolle. Nancy Lane – mein erster Kontakt dort – ermutigte und beriet mich während der Anfangsphase, in der ich mein Projekt vorstellte. Thomas Le Bien erledigte einen Großteil der Arbeit, die mir den Weg vom vagen Projekt zum abgeschlossenen Manuskript ebnete. Es war ein Vergnügen, mich mit ihm zu beraten und im Einzelnen auszuarbeiten, wie das Buch aufzubauen wäre und welches Anschauungsmaterial aufgenommen werden sollte. Susan Ferber, meine Lektorin in der letzten Phase der Veröffentlichung, half mir, das Projekt zu einem erfolgreichen Abschluss zu bringen und löste zahlreiche Probleme, die dabei noch auftraten. Liz Szaluta, die für die Herstellung zuständig war, beantwortete rasch und geduldig meine vielen Fragen.

Ich möchte all den Archiven danken, die mir Reproduktionen von Fotos und andere Materialien für dieses Buch zur Verfügung stellten, ferner sämtlichen Institutionen und Einzelpersonen, die mir großzügig erlaubt haben, ihre Fotos und Sammlungen zu verwenden. Eine Liste dieser Personen und Institutionen finden Sie im Anhang dieses Buches. Unter den vielen Personen, mit denen ich Kontakt aufnahm, möchte ich einigen, deren Unterstützung über die reine Pflichterfüllung hinausging, besonderen Dank aussprechen. Zu ihnen gehören: Zippi Rosenne vom Visual Documentation Center des Diaspora-Museums in Tel Aviv und Susanne Kester vom Skirball Cultural Center in Los Angeles. Adaire Klein von der Bibliothek des Simon Wiesenthal Center in Los Angeles stand mir mit Rat und praktischer Hilfe zur Seite. Emily Rose, deren faszinierende Familiengeschichte *Portraits of Our Past: Jews of the German Countryside* im Jahre 2001 von der Jewish Publication Society veröffentlicht wurde, half mir in verschiedenen Punkten. Ich hoffe, man wird mir verzeihen, falls ich Namen von Personen, die mir geholfen haben, vergessen haben sollte. Ich bin ihnen allen dankbar.

Ein spezieller Dank geht an das Personal der Poststelle der University of Judaism, das meine häufig hektischen Postsendungen zu bearbeiten hatte und für die reibungslose Versendung meiner umfangreichen Korrespondenz zu den Illustrationen und Veröffentlichungsrechten für die amerikanische Ausgabe dieses Buches sorgte. Ich weiß ihre nie versagende Effizienz und Unterstützung sehr zu schätzen.

Mein innigster Dank schließlich gilt meiner Frau Marilynn, deren Geduld und Bestärkung dieses Buch erst möglich gemacht haben. Ich hoffe, sein Erfolg wird noch ihre höchsten Erwartungen weit übertreffen.

Einleitung

Die Arbeit an diesem Buch stellt eine Abkehr sowohl von meiner üblichen Forschungstätigkeit als auch von früheren Behandlungen dieses Gegenstands dar. Bisher stand die genaue Analyse des Modernisierungsprozesses des deutschen Judentums im Zentrum meiner Arbeiten. Sie beschäftigten sich mit sorgfältig abgegrenzten Themen und richteten sich hauptsächlich an Wissenschaftler und Spezialisten. Das vorliegende Buch hingegen befasst sich mit einem sehr weiten Feld – der jüdischen Volkstradition – und behandelt die ganze, von Juden vor dem neunzehnten Jahrhundert besiedelte Welt sowie die gesamte jüdische Geschichte; es richtet sich an den gebildeten Laien. Niemand kann zu all den Themen, die ich hier behandeln werde, so viel wissen wie ein auf ein Fachgebiet spezialisierter Gelehrter. Dennoch hatte ich das Gefühl, meine Ziele nur mit einem allgemeinen Überblick über das ganze Themengebiet erreichen zu können. Ich wollte die Gesamtstruktur jüdischer Kultur darstellen, jüdische Volkstraditionen in verschiedenen Teilen der Welt miteinander vergleichen und kontrastieren, Ähnlichkeiten und Unterschiede finden. Ich suchte nach weithin gültigen Mustern statt nach Details zu einem einzigen, enggefassten Aspekt. Nur mit einer vergleichenden Untersuchung zahlreicher Regionen und möglichst vieler Aspekte volkstümlichen Lebens würde ich die übergreifenden Strukturen entdecken, die ich beschreiben wollte.

Dieses Buch hat nicht den Anspruch, den letzten Forschungsstand zu den Juden im Jemen, in Indien oder China wiederzugeben. Geschrieben wurde es vielmehr für einen aufgeschlossenen Leser, der, wie ich hoffe, mein Interesse an einer möglichst breiten, allgemeinen Übersicht teilt. Zu den meisten der in diesem Buch behandelten Gebiete habe ich nicht selbst geforscht (mit Ausnahme der aschkenasischen Sprach- und Musiktraditionen). Doch ich habe mich um größtmögliche Genauigkeit bemüht. Ich habe mich tief in die umfangreiche Sekundärliteratur zum Thema jüdische Traditionen eingelesen. Dadurch konnte ich von den Forschungsergebnissen anderer profitieren und mit Hilfe wissenschaftlicher Methoden zwischen den widersprüchlichen

Behauptungen der diversen Quellen entscheiden. Ich wollte nicht in den Fehler, der viele Bücher über »exotische« jüdische Gemeinden auszeichnet, verfallen: eine sehr vage Behauptung aufzustellen, fehlerhafte Informationen zu präsentieren oder bei der Rekonstruktion der Vergangenheit mein Quellenmaterial überzuinterpretieren. Mein Ziel war ein populärwissenschaftliches Buch, allerdings eines, das wissenschaftlichen Qualitätsanforderungen genügt.

Was das Buch populärwissenschaftlich statt streng wissenschaftlich macht, ist neben der Tatsache, dass es auf Sekundärquellen vertraut, sein Stil. Ich habe versucht, in einem lockeren Tonfall zu schreiben und mich dabei wie bei einem Vortrag vor einem allgemeinen Publikum oder in einem meiner Seminare auszudrücken. Wenn es nicht absolut unumgänglich war, habe ich keine Fachbegriffe verwendet, und wenn es doch nötig war, habe ich versucht, die Begriffe einleuchtend zu erklären. Hin und wieder habe ich mich sogar bemüht, etwas Humor in den Text einfließen zu lassen (erfolgreich, wie ich hoffe). Zudem habe ich auf Fußnoten ganz und auf Quellenhinweise im Text beinahe ganz verzichtet. Für Leser, die an weiterführender Lektüre und den Hauptquellen der in diesem Buch vorgestellten Auffassungen interessiert sind, habe ich eine Bibliographie der wichtigsten Werke auf dem Gebiet zusammengestellt.

Jüdische Volkstraditionen faszinieren mich seit langem, auch wenn sie erst jetzt im Blickpunkt meiner wissenschaftlichen Arbeit stehen. Ein Anreiz für dieses Interesse ist in meiner eigenen Geschichte zu finden: Ich wuchs in Washington Heights auf, einer traditionellen deutsch-jüdischen Gemeinde in New York City, wo die westaschkenasischen Kulturtraditionen in Musik, Küche und Synagogenliturgie noch immer sehr präsent waren. Bereits als Teenager hatte ich bemerkt, wie sehr sich diese Traditionen von den osteuropäischen, die außerhalb unserer kleinen Gemeinde dominierten, unterschieden, und das diskutierte ich mit anderen (vermutlich zu deren Verdruss). Durch eine Serie von Zufällen auf dem College wurde ich zum Interviewer deutscher Juden für den Jiddischen Sprach- und Kulturatlas an der Columbia University ausgewählt. Dort machte ich mich vertraut mit den Grundbegriffen der Sprachgeographie sowie mit einer Lehrmeinung, die den meisten Mitgliedern der deutsch-jüdischen Gemeinde entsetzlich war: dass nämlich das, was wir für Deutsch hielten, viele Überreste der nunmehr ausgestorbenen westjiddischen Dialekte enthielt.

Nach dem College lagen diese Interessen zunächst brach, bis man mich 1979 bat, zusätzlich zu meinen regulären akademischen Veranstaltungen Seminare innerhalb des Weiterbildungsprogramms an der University of Judaism zu geben. Ich begann, mir ein Repertoire an Seminaren zu den Themen Genealogie, jüdische Volkstraditionen und jüdische Sprachen zu erarbeiten. Die Studenten in diesen Seminaren – hauptsächlich Erwachsene, von denen einige durch die eigene Familie Kenntnisse über jüdische Volkstraditionen aus erster Hand besaßen – gingen stets voller Begeisterung an das Thema heran und baten mich, ihnen ein Buch zur weiterführenden Lektüre zu empfehlen. Stets musste ich ihnen antworten, es gebe kein Buch, das alle von mir behandelten Themen abdecke, nur ziemlich viele Arbeiten zu einzelnen, speziellen Aspekten. Am Ende kam ich zu dem Schluss, dass ich versuchen musste, dieses Buch, das es sonst nirgends gab, selbst zu schreiben. Das war der Ursprung des vorliegenden Bandes. Im Frühjahr 1998 bot ich zum ersten Mal ein reguläres Seminar zu diesem Thema an und benutzte dabei einen ersten Entwurf des Buches. Erneut wurde mir große Begeisterung entgegengebracht. Ich schulde den Studenten des Geschichtsseminars »Jüdische Volkstraditionen in aller Welt« großen Dank für ihre Rückmeldungen und Anregungen.

Der Schwerpunkt des vorliegenden Werkes liegt auf eben den Aspekten der jüdischen Tradition, denen bisher am wenigsten Aufmerksamkeit (und gewiss auch die am wenigsten systematische Behandlung) zuteil wurde. In der jüdischen Religionserziehung werden meistens Grundkenntnisse der heiligen Texte und der allgemeinen Geschichte der Juden vermittelt. Die größtenteils ungeschriebenen Volkstraditionen, die früher so viel Raum im jüdischen Leben einnahmen, werden hingegen kaum erörtert. Ein heutiges Mitglied der Gemeinschaft der Juden, das ein gewisses Maß an formaler jüdischer Bildung genossen hat, steht vor einer merkwürdigen Kluft: Was haben die Texte der Bibel oder des Talmud, die vor Tausenden von Jahren im Mittleren Osten verfasst wurden, mit den neueren Traditionen ihrer Familien, die aus Osteuropa, Nordafrika oder dem Jemen stammen, zu schaffen? Eins der Ziele dieses Buches ist es, diese Kluft zu überbrücken, indem ich die Wechselbeziehungen zwischen den beiden Aspekten jüdischen Lebens – der uralten schriftlichen Tradition und neueren, lokalen Traditionen – aufzeige.

Viele Bücher über jüdische Traditionen in verschiedenen Regionen der Welt betonen das Pittoreske, Exotische, »Primitive«. Es ist deutlich mehr über die Bräuche der fernen Juden im Jemen, in Äthiopien und in Kurdistan geschrieben worden als über die viel vertrauteren aschkenasischen Juden Mittel- und Osteuropas. Viele dieser Beschreibungen der

»Juden des Orients« sind in einem Stil verfasst, den Edward Said »Orientalismus« genannt hat, und betonen die Fremdheit des »geheimnisvollen Orients«. Diesen orientalistischen Stil habe ich in meinem Buch bewusst vermieden. Ich habe mich bemüht, bei der Beschreibung der Bräuche und traditionellen Lebensweisen der europäischen, asiatischen und afrikanischen Juden keinerlei Unterschied zu machen. Es geht mir um den Vergleich, nicht um Exotik.

Dieses Buch soll als Einführung in ein sehr weites und komplexes Thema dienen. Ich konnte mich dabei nur mit einem winzigen Prozentsatz der zahlreichen Aspekte traditioneller jüdischer Kultur, die dem Studium offen stehen, beschäftigen. Meine Absicht ist es, Stoff zum Nachdenken zu liefern und die Leser derart auf den Geschmack zu bringen, dass sie tiefer in dieses aufregende Thema eindringen wollen. Ich hoffe, Sie finden mein Buch so vergnüglich, unterhaltsam und erhellend, wie es das Schreiben für mich war.

I

Volkstraditionen

Was sind Volkstraditionen,
und warum gibt es geographische Unterschiede?

Was mag das jüdische Volk, das über 2000 Jahre lang über die ganze Welt zerstreut war, zu einem Volk gemacht haben, obwohl es die meiste Zeit über kein Heimatland hatte? Die Antwort lautet mit den Worten des Broadway-Musicals *Anatevka:* »Tradition«. Zumindest bis zum Beginn der Moderne war allen Juden ihre Verehrung für die Tora gemein. »Tora« bedeutete sowohl eine Reihe von Büchern (die Fünf Bücher Mose), als auch einen gemeinsamen Satz religiöser Regeln, Gesetze und Bräuche, welche die Juden mitnehmen konnten, wohin sie auch gingen. Die Tora und ihre Überlieferung lehrten die Juden, dass sie Nachkommen derselben Vorfahren waren, dass sie Sklaven in Ägypten gewesen, ins Heilige Land gekommen und dann wegen ihrer Sünden wieder vertrieben worden waren. Das Studium der Tora und anderer heiliger Schriften sowie die Gebete erfolgten auf Hebräisch – in der gemeinsamen, angestammten Sprache der Israeliten.

Die »große« und die »kleine Tradition«

Obschon die Juden solch feste Bindungen an ein gemeinsames Buch, eine gemeinsame Tradition und gemeinsame Vorfahren hatten, gab es enorme Unterschiede. Dies war nicht nur der Beleg für die Wahrheit des Sprichworts: »zwei Juden, drei Meinungen«. Es war ein Ergebnis der Tatsache, dass die gleiche Tradition, welche die Juden der Welt zusammenhielt, sie auch trennte.

Eigentlich handelte es sich auch gar nicht um die gleiche Tradition. Wie alle Großtraditionen bestand auch die jüdische Kultur in Wirklichkeit aus zwei Teilen: der offiziellen Kultur und der Volkskultur, oder, wie die Anthropologen im englischen Sprachraum es nennen, der »großen Tradition« und der »kleinen Tradition«. Die »große Tradition« oder auch Hochreligion – in Büchern fixiert und in den jüdischen

Religionsgesetzen bewahrt – war der einigende Faktor. Sie reichte zurück bis in uralte Zeiten und schilderte die Ursprünge des jüdischen Volkes. Sie erzählte von ihren gemeinsamen heroischen Vorfahren – Abraham, Isaak und Jakob; Sara, Rebekka, Rahel und Lea. Die »große Tradition« hatte einen Vorteil, der für die Juden von besonderer Bedeutung war: Sie war transportabel. Wohin Juden auch gingen, ihre Bücher konnten sie mitnehmen. Da alle jüdischen Gelehrten und viele jüdische Laien (die meisten Jüdinnen allerdings nicht) die gemeinsame hebräisch-aramäische Sprache lesen und schreiben konnten, hatten sie kaum Schwierigkeiten zu lesen, was Juden in anderen Ländern geschrieben hatten. Wenn Gelehrte neue Werke schufen, konnten die Manuskripte in andere Länder gelangen und dort abgeschrieben oder gedruckt werden. Juden aus dem Jemen studierten die Bibel- und Talmud-Kommentare des im Frankreich des elften Jahrhunderts geborenen Raschi, ebenso wie Juden in Polen die Werke des im zwölften Jahrhundert in Spanien geborenen Maimonides lesen konnten. Zeit und Ort waren dabei nahezu bedeutungslos. Sobald etwas niedergeschrieben und kodifiziert war, war es von Dauer.

Doch jüdische Gemeinden bewahrten niemals ihre gesamte Kultur in Büchern auf. Kein Buch – und war es noch so heilig oder allumfassend – konnte das Leben in allen Einzelheiten berücksichtigen. Stets blieb noch Raum, um die Details zu ergänzen, die nicht in der »großen Tradition« kodifiziert waren, indem eine jüdische Volkstradition (die »kleine Tradition« oder auch Volksreligion) begründet und praktiziert wurde. Volkstraditionen, deren Zweck es war, die Buchseiten der schriftlichen Tradition mit Leben zu erfüllen, zeichneten sich durch völlig andere Merkmale aus als die »große Tradition«. Da sie nicht schriftlich niedergelegt waren, konnten sie nicht von ferne überliefert werden. Sie waren an Beispiele, mündliche Weitergabe und die Bedingungen vor Ort gebunden. Man konnte sie nur von Menschen lernen, mit denen man persönlich in Berührung kam.

Die »kleine Tradition«, die man in Familie und Gemeinde erlernte, war nicht von so uralter Herkunft wie Bibel und Talmud. Man benötigte zum Erwerb der »kleinen Tradition« keine formale Ausbildung, wie man sie für das Studium der Schriften der »großen Tradition« benötigte. Doch die Nichtgelehrten – die vermutlich immer die Mehrheit stellen – fühlten sich der »kleinen Tradition« stets am stärksten verbunden. Die Melodien der Familien- und Synagogenrituale, die Feiertagsspeisen, die gesprochene Sprache, die Sprichwörter und die Lebensart verliehen dem Judentum seine Würze. Die heiligen Schriften mochte man verehren, respektieren und sogar befolgen, doch im täglichen Leben schienen sie weit weg. Die einfachen Leute kannten die »große Tradition« der jüdischen Religion hauptsächlich durch die »kleine Tradition« des Lebens in ihrer eigenen Gemeinde.

Betrachtet man »große« und »kleine« Tradition von außen, wird die ungeheure Kluft zwischen den beiden sichtbar. Die Welt der Bibel und des alten Judentums scheint weit entfernt von der Welt des osteuropäischen Städtchens (Schtetl) oder des nordafrikanischen Ghettos (Mellah). Wie immer Moses auch ausgesehen haben mag, er sah gewiss nicht aus wie ein polnischer Chassid. Was die Juden des biblischen und talmudischen Zeitalters auch gegessen haben mochten, es war nicht gefillter Fisch oder Falafel. Die »kleine Tradition« wirkt viel jünger, volkstümlicher, einfacher. Sogar an der Sprache kann man den Unterschied sehen – hier das Hebräische, die Schriftsprache, und dort die verschiedenen gesprochenen Sprachen der Juden. Im Jiddischen kommt dies in der Bezeichnung der beiden Sprachen zum Ausdruck: Hebräisch ist *loshn koydesh* oder die Heilige Sprache; Jiddisch jedoch ist *mame loshn,* die Muttersprache.

Manchmal ist die Verbindung zwischen den beiden Traditionen nicht leicht zu erkennen. Wie werden aus Religion und Ethos der Bibel Religion und Ethos der Diaspora des neunzehnten Jahrhunderts? Ich werde in diesem Buch einige der geschichtlichen Stationen auf dem Weg von der frühesten jüdischen Geschichte hin zu dem so ganz anderen, neueren Gefüge nachvollziehen. Ich werde mich damit beschäftigen, wie Juden aus ihrer Heimat in die verschiedenen Länder zogen, in denen sie sich niederließen. Ich werde die verschiedenen lokalen Traditionen miteinander vergleichen und aufzeigen, wie sie trotz ihrer Unterschiede zusammenpassen und ähnliche Strukturen haben. Am Ende jedoch werden viele Aspekte der jüdischen Volkstradition übrig bleiben, deren Beziehung zu den uralten jüdischen Wurzeln sich nicht urkundlich belegen lässt. Ein aufschlussreiches Beispiel für die zarte Verbindung zwischen modernem Judentum und dem Judentum der Bibel liefert die Genealogie: Es ist fester Bestandteil des Glaubens der meisten Juden, dass sie von Abraham, Isaak und Jakob abstammen. Bei den Segenssprüchen an Chanukka beispielsweise sprechen alle die Worte: »der du Wunder erwiesen *unseren Vätern* in jenen Tagen zu dieser Zeit.« Und doch ist es für einen Juden, der nach seinem Familienstammbaum forscht, praktisch unmöglich, weiter als einige hundert Jahre zurückzugehen. Mit Ausnahme von kürzlich zum Judentum übergetretenen können alle Juden eine direkte Verbindung zu einer spezifischen »kleinen Tradition« herstellen – sei es jemenitisch, osteuropäisch oder persisch –, aber fast niemand kann beweisen, dass seine Vorfahren tatsächlich biblische Israeliten waren. Ihre Abstammung beruht auf Glauben.

Doch nicht nur die Herkunft macht einen Menschen oder ein kulturelles Merkmal jüdisch. Sogar ein Brauch von erwiesenermaßen nichtjüdischer Herkunft kann zutiefst jüdisch sein, weil er eine jüdische Funktion erfüllt. Wenn eine Kultur bei einer anderen ein Element entleiht, bieten sich hierzu zwei Möglichkeiten: Sie kann sich der dominanten Kultur assimilieren, indem sie charakteristische Merkmale von ihr übernimmt, um Teil ihrer Gesellschaft zu werden; alternativ kann sie einzelne Elemente der dominanten Kultur absorbieren und diese zu ihren eigenen machen. Das traditionelle Judentum war ein großer Meister des zweiten Verfahrens – des Entleihens und der »Judaisierung« von Merkmalen des Volkes, bei dem die Juden lebten. Wenn man nur die Herkunft betrachtet, ist Jiddisch in erster Linie eine germanische Sprache, Borschtsch eine russische Speise, manche chassidischen Melodien sind ukrainische Hirtenlieder und die Hora ist ein rumänischer Tanz. Doch wenn eine Kultur sich den Brauch einer anderen zu Eigen macht, weist sie diesem Brauch eine neue Funktion innerhalb der eigenen Kultur zu, die dessen Bedeutung verändert. Wenn Juden eine polnische Speise oder eine der marokkanischen Berber übernehmen und sie mit einer besonderen jüdischen Feiertagssitte verknüpfen, dann wird diese Speise zu einer jüdischen Speise. Wenn ein Chassid heute eine Pelzmütze trägt, wie sie von polnischen Edelleuten des siebzehnten Jahrhunderts getragen wurde, dann trägt er keine polnische Mütze; er trägt chassidische Kleidung. Indem Juden sich fremde Merkmale aneignen, verändern sie deren Bedeutung (ein Hirtenlied wird zu einem religiösen Lied), Form (das Rezept eines deutschen, polnischen oder arabischen Gerichts wird abgeändert, um es koscher zu machen; ein arabisches Amulett erhält eine hebräische Inschrift) oder Funktion (eine Fastnachts- wird zu einer Purimspeise). Sehr oft wird auch ein Brauch, den die Juden ursprünglich bei ihren Nachbarn entliehen hatten, jüdisch, weil die Nichtjuden ihn nicht mehr praktizieren, oder Juden ziehen in ein neues Land, wo niemand außer den Juden ihn praktiziert.

Häufig sind kulturelle Merkmale unterschiedlicher Herkunft und Erscheinung durch eine gemeinsame Funktion verknüpft. Ein gutes Beispiel sind die Mittagsspeisen am jüdischen Sabbat in verschiedenen Teilen der Welt. Sie haben verschiedene Namen und Grundzutaten und schmecken daher auch sehr unterschiedlich. Doch die Speisen haben die gemeinsame Eigenschaft, dass sie bei niedriger Temperatur stundenlang über Nacht vor sich hinkochen können. Somit erfüllen sie die gemeinsame Funktion, die jüdische Tradition zu befolgen, die am Sabbat eine warme Mahlzeit erfordert, aber das Kochen verbietet (es sei denn, der Vorgang wurde bereits am Freitag vor Sonnenuntergang begonnen). Folglich sind diese Gerichte von ihrer Funktion her gleich, auch wenn ihre äußeren Merkmale sich unterscheiden. Vergleichbares lässt sich über die Beziehung zwischen dem aschkenasisch-jüdischen Namen »Katz« und dem italienisch-jüdischen Namen »Sacerdote« sagen, die gar nicht ähnlich klingen, aber beide »Cohen« oder »jüdischer Priester« bedeuten. Es ließen sich noch Hunderte solcher Beispiele anführen. Man kann vorhersagen, dass bestimmte Dinge in jeder jüdischen Lokalkultur vorhanden sind – eine Sabbatspeise, eine Art, die Tora zuzudecken, eine bestimmte Weise der Tora-Kantillation, eine besondere Melodie oder Art des Sprechgesangs für das »Kol Nidre« –, doch wie das jeweils schmeckt, aussieht oder klingt, ist nicht vorhersehbar.

Da die »kleine Tradition« nicht niedergeschrieben wurde, sondern mündlich erlernt werden musste, unterschied sie sich von Ort zu Ort. Mitglieder jüdischer Gemeinden kannten nur die Volkstraditionen, die sie selbst gesehen hatten. Fälschlicherweise nahmen sie jedoch an, so, wie die Dinge in ihrer eigenen Stadt getan wurden, würden sie überall in der jüdischen Welt getan. Doch in anderen Teilen der Welt, zu denen sie keinen Kontakt hatten, entwickelten sich aus derselben »großen Tradition« andere lokale Traditionen. Solange die Träger lokaler Traditionen einander nicht persönlich begegneten, konnten sie sich nicht gegenseitig beeinflussen.

Je sesshafter eine Bevölkerung, desto isolierter ihre Lokaltraditionen. Als Gruppe genommen waren die Juden jedoch weniger sesshaft als ihre Nachbarn, die zumeist Bauern waren. Viele Juden waren Kaufleute, die geschäftlich viel unterwegs waren und mit Menschen in anderen Regionen in Kontakt kamen. Deshalb entwickelten sich jüdische Lokaltraditionen niemals vollständig isoliert; zwar hatte jede Gemeinde ihre eigenen kleinen Unterschiede, doch im Allgemeinen waren die lokalen Traditionen von Gemeinden in nahe gelegenen Städten einander ähnlich. Die »kleinen Traditionen« der Juden erstreckten sich oft über große Gebiete. Dies umso mehr durch die Migrationsbewegungen der jüdischen Bevölkerung, die manchmal über große Entfernungen hinweg stattfanden. Dabei wurden Traditionen, die in einer Region entstanden waren, in neue Gebiete getragen, wo völlig andere Bedingungen herrschten.

Als Ergebnis von Migration und Geschäftsreisen der Juden waren die jüdischen Bräuche weder weltweit vollkommen einheitlich, noch gab es zwischen ihnen extreme lokale Abweichungen. Stattdessen waren die »kleinen« jüdischen Traditionen regional, erstreckten sich zwar häufig über große Gebiete, jedoch mit deutlichen Unterschieden von einer kulturellen Region zur anderen. In den nächsten Kapiteln werde ich etwa ein Dutzend jüdischer Kulturregionen beschreiben, die sich jeweils noch in Unterregionen einteilen lassen, zwischen denen die Unterschiede subtiler sind.

Kulturgrenzen

Studenten der Linguistik und Ethnologie (den Sprach- und Völkerkundestudiengängen) haben den Begriff der Kulturgrenze entwickelt, von Wissenschaftlern »Isoglossen« oder »Isoplethe« genannt. Im Allgemeinen gehen sie von der Annahme aus, dass deutlich erkennbare Kulturgrenzen oder Bündel von Isoglossen aus der Existenz von Kommunikationsbarrieren resultieren. Wenn also zwei Gruppen von Menschen etwa durch eine Bergkette voneinander getrennt sind, sprechen sie auch unterschiedliche Dialekte, weil die Bergkette den persönlichen Kontakt zwischen den Menschen beiderseits der Berge stark einschränkt. Wer in der Nähe der Berge wohnt, steht in engerem Kontakt zu den Tälern auf der jeweils eigenen Seite der Bergkette. Weitere Kommunikationsbarrieren sind Ozeane, Flüsse, Wälder oder politische Grenzen.

Die verschiedenen jüdischen Kulturen sind ein interessanter Prüfstein für diese Theorie der Kommunikationsbarrieren. Da Juden an ihren Wohnorten fast immer in der Minderheit waren, teilten sie ihr Territorium mit einer, manchmal auch mit mehr als einer anderen Kultur. Wenn eine Bergkette oder ein Fluss tatsächlich eine Kommunikationsbarriere darstellt, wäre zu erwarten, dass sie für Juden und Nichtjuden die gleiche Funktion erfüllt. Wenn das geographische Gefüge, wie so häufig innerhalb der jüdischen Kultur, nicht das gleiche ist wie das der Nichtjuden, die im selben Gebiet leben, dann wirft das eine wichtige Frage hinsichtlich solcher Barrieren auf. Es ist nicht etwa so, dass sie auf die jüdische Kultur keine Wirkung hätten. Vielmehr stellen für Juden andere Faktoren eine Behinderung der Kommunikation dar als für Nichtjuden.

Eine politische Grenze mag auf die nichtjüdische Kulturkommunikation vielleicht keine Auswirkungen gehabt haben, doch für Juden, die

die Grenze nicht überqueren durften, hätte sie eine Barriere darstellen können. Ein Fluss, der für die nichtjüdische Kommunikation eine Barriere darstellte, war für umherziehende jüdische Kaufleute, die den Fluss häufig überquerten, möglicherweise nicht das geringste Hindernis. Unterschiede in der Siedlungsgeschichte können ebenfalls zu unterschiedlichen Mustern führen. Ein bestimmtes Gebiet wurde vielleicht erst sehr spät von der jüdischen Bevölkerung besiedelt (oder die Juden wurden aus dieser Gegend vertrieben). Als sich Juden in diesem Gebiet schließlich ansiedelten, kamen sie von beiden Seiten der zuvor »unbewohnten Gebiete«, und alle Isoglossen durchkreuzten das »neue Territorium«. Aus diesem Grund trennten beispielsweise in Deutschland vor dem Zweiten Weltkrieg die wichtigsten Kulturgrenzen die Juden im Osten von denen im Westen, wohingegen bei den Nichtjuden diese Grenzen zwischen Norden und Süden verliefen.

Es liegt in der Natur der Entwicklung von Tradition, dass mündliche Kultur zu einem festen Bestandteil der Überlieferung werden kann, sobald sie niedergeschrieben ist. Im Lauf der jüdischen Geschichte wurden Anzahl und Bedeutung der kodifizierten Gebräuche ständig größer. Mancher Brauch, der als Volksbrauch begann, endete als Teil des schriftlichen Gesetzes, wie beispielsweise die Bar-Mizwa oder das aschkenasische Verbot, zum Pesachfest Hülsenfrüchte zu essen. Sobald etwas Bestandteil der in Büchern verfügbaren, schriftlichen Tradition geworden war, war die Wahrscheinlichkeit seines Verschwindens deutlich geringer als bei Bräuchen, die lediglich zur mündlichen, »kleinen Tradition« gehörten. Die Wahrscheinlichkeit der Ausbreitung schriftlich fixierter Bräuche war größer als bei solchen, die niemand für wert hielt niedergeschrieben zu werden.

Gründe für lokale Variationen

Obwohl immer mehr Bräuche als schriftliche Gesetze kodifiziert wurden, konnte man sie unmöglich alle niederschreiben. Ohne ein westliches Notationssystem konnte die jüdische liturgische Musik nicht schriftlich fixiert werden. Um sie vortragen zu können, war man immer auf mündliche Überlieferung angewiesen. Bekleidungsvorgaben waren ebenso schwer schriftlich zu fixieren. Man konnte vielleicht einen speziellen Aspekt verbieten (möglicherweise verschwenderische Kleider, die als unschicklich galten, oder bei denen Fremde zu viel vom menschlichen Körper zu sehen bekamen) und ein anderes Kleidungsstück vorschreiben (beispielsweise eine Kopfbedeckung für verheiratete Frauen), doch es war unmöglich, die Bekleidung in allen Einzelheiten zu kodifizieren. Farbe, Schnitt, Material, Art der Stick- oder Näharbeit und Verzierungen waren zu kompliziert, um sie in einem Gesetzbuch vorzuschreiben. Und selbst wenn, war es beinahe unmöglich, so viele Details durchzusetzen. Das Gleiche gilt für jüdische Essensbräuche. Bestimmte Speisen oder Kombinationen konnte man verbieten oder fordern, doch ein ganzes Rezept konnte man nicht vorschreiben. Selbst wenn ein Bekleidungsartikel oder ein festliches Gericht an zwei verschiedenen Orten denselben Namen trug, musste es sich dabei nicht um das gleiche handeln.

Andere Abweichungen in der Tradition waren das Ergebnis der im jeweiligen Land vorherrschenden Bedingungen. Welche Speisen eine bestimmte Kulturgruppe aß, hing in hohem Maße von der Verfügbarkeit verschiedener Grundnahrungsmittel ab. In vormoderner Zeit standen der Gruppe nur die Nahrungsmittel zur Verfügung, die in ihrer unmittelbaren Umgebung wuchsen. Die in kaltem Klima lebenden Juden verfügten selbstverständlich über andere Nahrungsmittel als die, welche auf subtropischem Gebiet lebten. Wie andere Einwohner betraf es auch die Juden, ob die Hauptgetreidesorte in ihrer Region Roggen, Weizen oder Reis war, oder welche Früchte oder Gemüsesorten auf dem Markt erhältlich waren. Die Sprachen, welche die Juden untereinander sprachen, waren stark von den Sprachen ihrer Nachbarn beeinflusst. Manchmal eigneten sie sich eine Variante der Sprache ihrer Nachbarn an, ein andermal brachten sie eine gesprochene Sprache wie Jiddisch oder Ladino von einer früheren Migrationsstation mit. Doch auch im letztgenannten Fall übernahmen sie alle möglichen Wörter, Wendungen und grammatikalischen Formen aus den um sie herum gesprochenen Sprachen.

Dieses Buch konzentriert sich auf diejenigen Aspekte jüdischer Überlieferung und Kultur, die nicht in den heiligen Büchern stehen. Es wird sich insbesondere mit der »kleinen Tradition« befassen. Hier sollen nicht bloß Varianten aufgelistet werden, um zu zeigen, dass innerhalb des Judentums eine große Vielfalt existierte, denn das ist offensichtlich. Mit diesem Buch soll vielmehr der Versuch unternommen werden, die geographischen Unterschiede in der jüdischen Tradition vergleichend zu betrachten. Indem ich gemeinsame Funktionen und unterschiedliche Formen in Musik, Kleidung, Sprache, religiösen Zeremonien und bei Namen erforsche, werde ich in diesem Buch die Migrationsstadien nachvollziehen, die zu den verschiedenen jüdischen Volkstraditionen geführt haben, und die Kulturen betrachten, die diese Traditionen beeinflusst haben. Das vorliegende Buch enthält sehr viele Beschreibungen spezifischer Speisen, Bekleidungsartikel und Zeremonien, ich werde sie aber stets mit den grundlegenden Analysethemen dieser Untersuchung verknüpfen:

1. Die »große Tradition« als Rahmen und die »kleine Tradition« als Inhalt.
2. Die Wechselwirkungen von gemeinsamer Funktion und unterschiedlicher Herkunft.
3. Ähnlichkeiten und Unterschiede zwischen Juden und ihren Nachbarn.
4. Die Beziehung zwischen äußeren kulturellen Einflüssen sowie Naturgewalten (z. B. dem Klima) und inneren Glaubenssystemen.

Alle diese Unterthemen werden bei der Beantwortung der vom Untersuchungsmaterial aufgeworfenen Grundfrage helfen: Warum sind Juden in verschiedenen Ländern sich so ähnlich und zugleich so verschieden voneinander, und weshalb ähneln sie ihren nichtjüdischen Nachbarn so sehr, während sie sich gleichzeitig so stark von ihnen unterscheiden?

II

Regionale Kulturen

Von Jerusalem nach Spanien, Polen und Marokko: Der Einfluss jüdischer Migrationsbewegungen

Einleitung: Die wichtigsten regionalen jüdischen Kulturen

Seit über 2 500 Jahren wird jüdisches Leben geprägt von der Koexistenz einer nationalen jüdischen Heimat im Lande Israel und einer Diaspora (dem griechischen Wort für »Zerstreuung«) außerhalb der Heimat. Die meiste Zeit über war die im »Zentrum« lebende jüdische Bevölkerung deutlich weniger zahlreich als die in der Diaspora, die zudem das Leben der Weltjudenheit häufig stärker beeinflusste als Israel. Zu manchen Zeiten gab es praktisch kein jüdisches Leben in der jüdischen Heimat – beispielsweise nach der Eroberung Jerusalems durch die Kreuzfahrer 1099. Die Juden lebten über viele Länder verstreut und kamen so in Kontakt mit vielen unterschiedlichen Völkern, klimatischen Regionen, Sprachen und Lebensweisen.

Sie waren nicht das einzige verstreut lebende Volk auf der Welt. Andere Völker waren die Armenier, die Parsen (die Zoroastrier in Indien), die Übersee-Chinesen und die Zigeuner. Vielleicht mit Ausnahme der Zigeuner wurde jedoch keines dieser Völker derart in alle Winde zerstreut wie die Juden. Gleich anderen Migranten zogen auch die Juden aus zwei Gründen von einem Ort zum anderen: Entweder bessere Verdienstmöglichkeiten, Abenteuerlust oder die Chance eines Neuanfangs zogen sie in ein neues Land (so genannte Pull-Faktoren), oder sie flohen aufgrund von religiöser Verfolgung, finanzieller Not, Krieg oder allgemein chaotischen Zuständen aus einer alten Heimat (so genannte Push-Faktoren). Manchmal war es eine Kombination aus Pull- und Push-Faktoren, welche die Juden zum Ortswechsel trieb.

Um zu verstehen, wie die Juden von Jerusalem aus an so weit entfernte Orte wie Krakau in Polen, Kaifeng in China und Gondar in Äthiopien gelangten, müssen wir uns sowohl die Geschichte der Juden als auch Geschichte und Kultur der Völker ansehen, bei denen sie ein neues Leben begannen. Am Anfang dieser Geschichte spielen militärische Eroberungen und Invasionen eine wesentliche Rolle. Später sind dann Verfolgung und bessere Verdienstmöglichkeiten oft von größerer Bedeutung. Die gesamte Geschichte hindurch wechseln lange Phasen der Stabilität mit Phasen schneller Veränderungen ab. Manchmal standen die Juden den neuen Kulturen, mit denen sie in Berührung kamen, sehr aufgeschlossen gegenüber und lernten rasch deren Sprache, Bräuche und Gewohnheiten. In anderen Fällen schienen sie hartnäckig an der Kultur der alten Heimat (welcher »alten Heimat« auch immer) festzuhalten und vermieden es, wie die Völker zu werden, bei denen sie lebten.

Nach über 2 000 Jahren des Umherziehens lebten die Juden schließlich über ein ausgedehntes Gebiet mit vielen unterschiedlichen Lokalkulturen verstreut. Dennoch war ihre Diaspora nicht grenzenlos. Die Juden waren nicht überall (zumindest bis vor sehr kurzer Zeit nicht), und sie waren auch nicht dem Einfluss sämtlicher Kulturen der Welt unterworfen. Vor dem 19. Jahrhundert lebten in Zentral- und Südafrika, Japan, Indochina, Sibirien, Irland, Australien oder Skandinavien (außer Dänemark) keine Juden. Nur ganz wenige ließen sich vor 1800 in Nord- und Südamerika nieder.

Ehe ich mich einem geschichtlichen Abriss der Frage zuwende, auf welche Weise die Juden in ihre späteren Siedlungsgebiete gelangten, scheint mir eine kurze Übersicht über die wesentlichen Gebiete und Kulturen, in denen sie lebten, angebracht. Oft unterscheidet man zwischen aschkenasischen (mittel- und osteuropäischen) und sephardischen Juden (den Juden des Mittelmeerraums), doch ist diese Unterscheidung viel zu vereinfachend, um die vielen verschiedenen jüdischen Traditionen zu erklären.

Wir können eine Art »Stammbaum« der verschiedenen Nachkommen des alten Judentums zeichnen (Tabelle 2.1). Manche dieser Nachkommen gehören nicht mehr zum Judentum – wie natürlich das Christentum – und werden in diesem Buch nicht behandelt. Andere, denen ich mich noch widmen werde, spalteten sich vom rabbinischen Judentum, das zur normativen jüdischen Tradition wurde, ab. Einige dieser nichtrabbinischen Juden, wie die Samaritaner, bildeten bereits zur Zeit des Zweiten Tempels (Zeittafel) eine separate Volksgruppe, doch andere, wie die Karäer, spalteten sich erst im Mittelalter ab, also über 1000 Jahre später. Samaritaner und Karäer verwendeten die Bibel und andere heilige Bücher weiterhin auf Hebräisch. Zwei andere nichtrabbinische jüdische Volksgruppen jedoch – die Beni Israel in Indien und Beta Israel

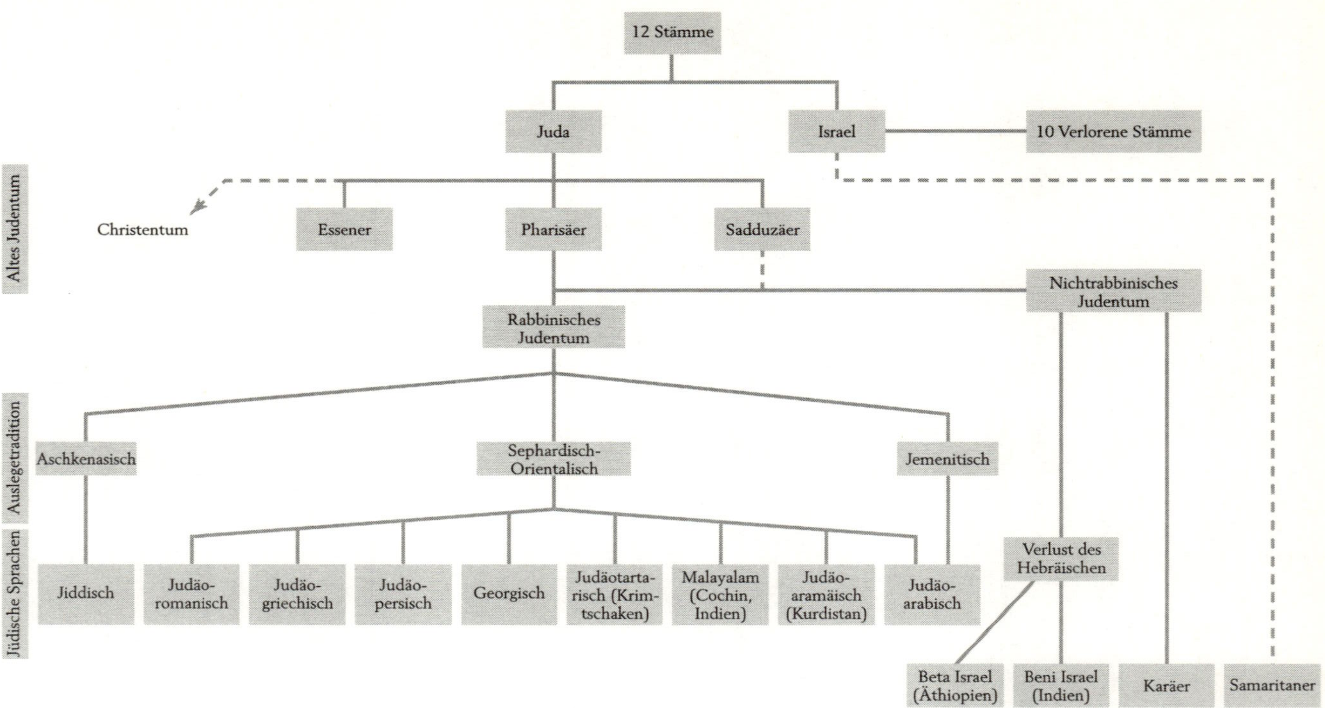

Tabelle 2.1a: Genealogie der wichtigsten jüdischen Kulturgruppen.

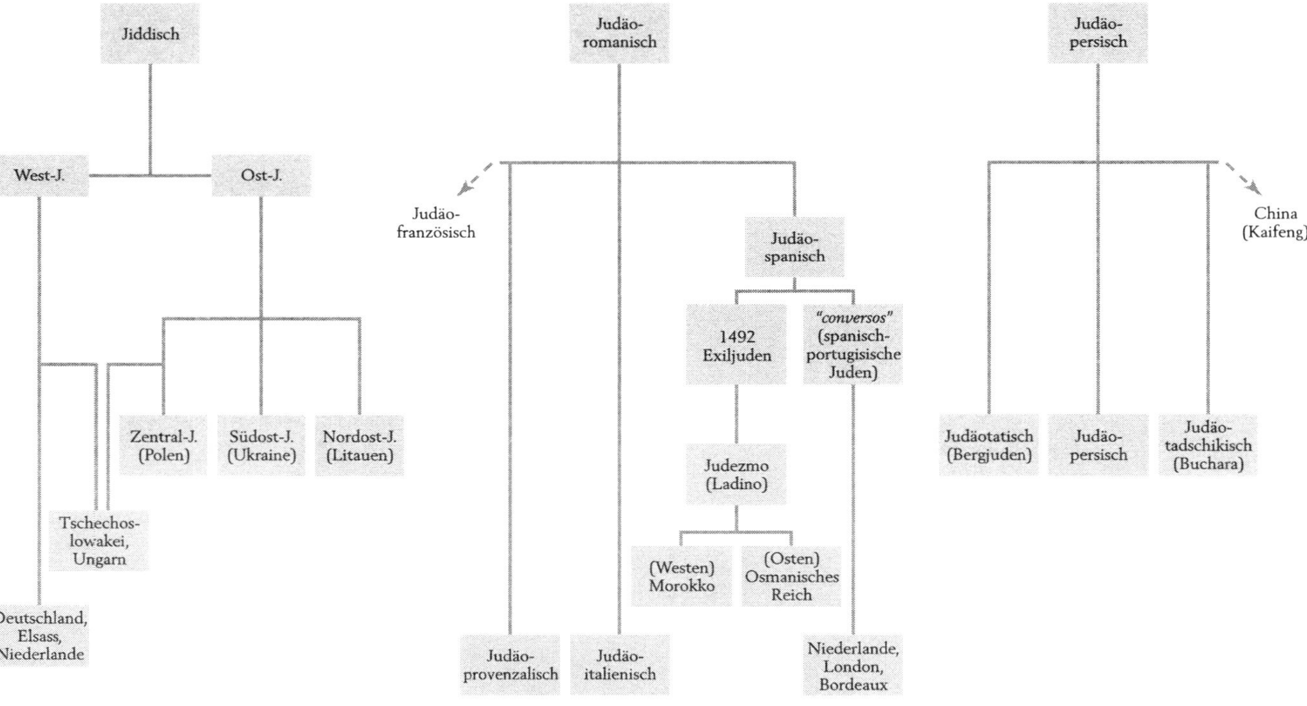

Tabelle 2.1 b: Untergruppen der jüdischen Sprachgruppen.

	Politische Geschichte	*Migrationsgeschichte*
1800	**1772–1795** Teilungen Polens	
1700		
1600	**1569** Realunion von Lublin zwischen Polen und Litauen	
1500	**1492** Vertreibung der Juden aus Spanien	**1450–1550** Hauptperiode aschkenasischer Migration nach Osteuropa
1400		
1300		
1200		
1100		
1000		Erste aschkenasische Juden
900		
800	**711** Islamische Eroberung Spaniens	Bekehrung der Chasaren zum Judentum
700		Beginn der Karäer-Bewegung
600	Entstehung des Islam	
500	**476** Ende des Römischen Imperiums	
400	**312** Christianisierung des Römischen Imperiums	
300		
200		
100 n.d.z.	**70** Zerstörung des zweiten Tempels	Anfänge des Christentums
0	**63** Eroberung Judäas durch die Römer	
100 v.d.z.	**168–165** Makkabäeraufstand gegen die Griechen	Erste jüdische Siedlungen im Römischen Imperium **146** Beginn der römischen Eroberung Griechenlands
200		
300	**333** Alexander der Große erobert das Perserreich	Erste jüdische Kontakte mit der griechischen Kultur (Hellenismus) Separate Gruppe der Samaritaner
400		
500	**515** Wiederaufbau des zweiten Tempels **538** Eroberung Babylons durch die Perser	Anfänge des iranischen Judentums Anfänge des irakischen Judentums
600	**587** Eroberung Jerusalems durch die Babylonier	
700	**721** Eroberung des Nordreichs Israel durch die Assyrer	"Zehn verlorene Stämme"
800		

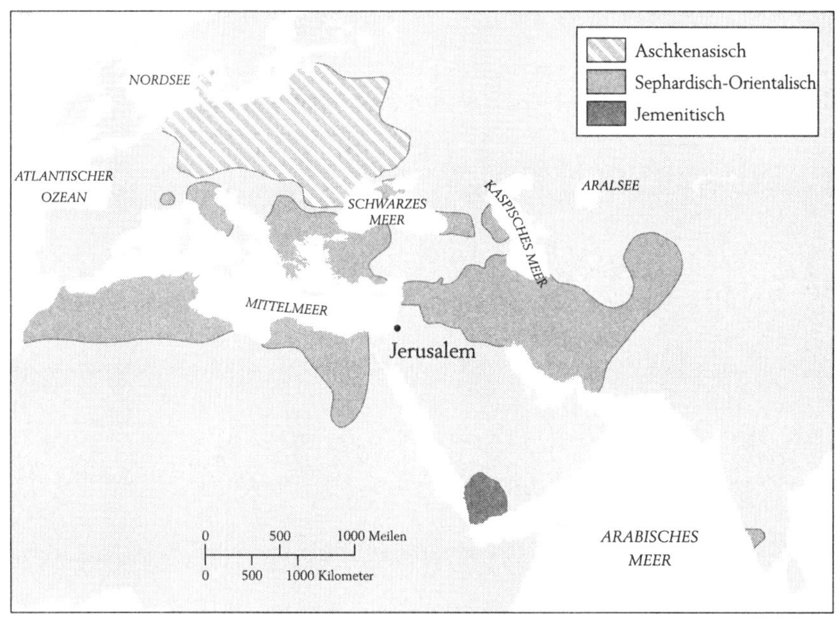

Karte 2.1: Hauptaussprachetraditionen des Hebräischen.

in Äthiopien – vergaßen die hebräische Sprache (oder erlernten sie nie).

Die Unterscheidung in rabbinische und nichtrabbinische Juden ist die elementarste Unterteilung des jüdischen Volkes in vormoderner Zeit. Im Vergleich zu den oben genannten Gruppen hatten die rabbinischen Juden vieles gemeinsam: die hebräische Sprache, die Grundstruktur des Gebetbuches, die Feiertage und die Struktur des jüdischen Religionsgesetzes. Dennoch blieb viel Raum für lokale und regionale Unterschiede. Für eine Unterteilung der rabbinischen Juden in Hauptgruppen gibt es verschiedene Möglichkeiten. Man kann sie (1) gemäß ihrer Aussprachetradition des Hebräischen, der Liturgie des Gebetbuchs und der liturgischen Musik unterteilen; (2) entsprechend der Tradition der jüdischen Umgangssprache; oder (3) gemäß ihrer Siedlungsgeschichte. Diese Einteilungen weisen in gewissem Maße Überschneidungen, doch auch wichtige Unterschiede auf. Nach dem ersten Kriterium ergibt sich zunächst eine Dreiteilung in Aschkenasim, Sephardim/Orientalen und Jemeniten (Karte 2.1). Diese drei Kulturgruppen und ihre Hauptmerkmale werde ich im folgenden Kapitel erläutern. Innerhalb der drei Gruppen gibt es zahlreiche Untergruppen, von denen einige ziemlich bedeutsam sind. Die italienischen Juden bilden, wie ich später noch zeigen werde, eine Art Zwischenglied zwischen den aschkenasischen und den sephardisch-orientalischen Gruppen.

Bei einer Einteilung entsprechend der Tradition der Umgangssprache reicht die Unterteilung in drei Gruppen nicht aus. Um die komplizierten Gruppen und Untergruppen nachvollziehen zu können, ist ein Blick auf die Karte 2.2 hilfreich. Nicht weniger als neun Hauptgruppen jüdischer Sprachen, die von rabbinischen Juden gesprochen werden, haben sich bis in die Moderne erhalten (einige weitere sind vorher ausgestorben). Die meisten dieser Gruppen können weiter unterteilt werden. Nach Größe geordnet ergibt sich beginnend mit der größten Gruppe für das 19. Jahrhundert folgende ungefähre Reihenfolge:

1. Aschkenasische Juden in Mittel- und Osteuropa, deren traditionelle Sprache, das Jiddische, im Wesentlichen germanischen Ursprungs war. Um 1900 zählten sie mehr als zehn Millionen.
2. Etwa 470000 Juden sprachen verschiedene Varianten von Judäoarabisch. Die Traditionen einer Untergruppe, der Juden des Jemen, unterschieden sich stark von denen der anderen. In beinahe jedem arabischsprachigen Land (Irak, Syrien, Libanon, Ägypten, Libyen, Tunesien, Algerien und Marokko) mit Ausnahme des Sudan, Jordaniens und Saudi-Arabiens lebten weitere arabischsprachige Juden.
3. Juden, deren Sprachen romanischen Ursprungs waren. Die bekannteste Gruppe waren die etwa 400000 Sephardim, die eine Sprache mit hauptsächlich spanischem Ursprung verwendeten. Nach ihrer Vertreibung aus Spanien trugen die Juden dieses Judäospanisch (auch als Spaniolisch, Judezmo oder Ladino bekannt) ins Osmanische Reich (die Gebiete der heutigen Länder Griechenland, Türkei, Bulgarien, Rumänien, Bosnien, Mazedonien und Serbien). Andere siedelten sich in Marokko an. Später flohen ehemalige *conversos* – das waren Juden, die zumindest nach außen hin zum Christentum übergetreten waren – aus Spanien und Portugal und ließen sich in Amsterdam, London, Hamburg, Bordeaux und anderen westeuropäischen Hafenstädten nieder.

   Eine weniger bekannte Gruppe war die alte, etwa 45000 Personen starke jüdische Gemeinde Italiens, die bis heute überlebt hat. Die Judäofranzösisch sprechende Gemeinde verschwand nach den mittelalterlichen Judenvertreibungen aus Frankreich, doch eine kleine

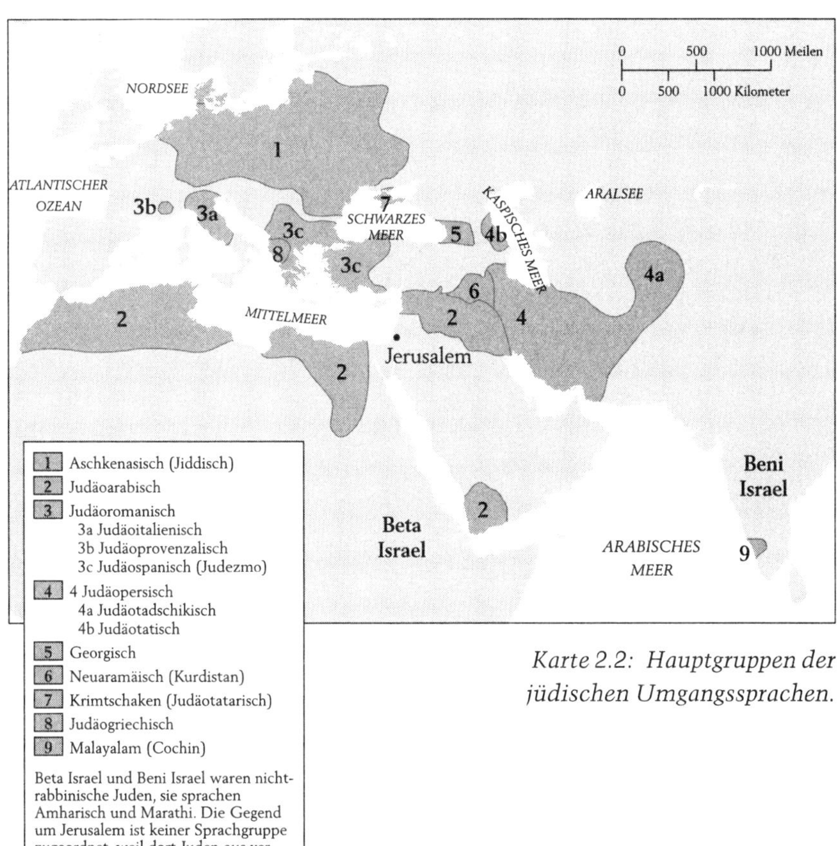

Karte 2.2: Hauptgruppen der jüdischen Umgangssprachen.

Gruppe von Judäoprovenzalisch sprechenden Juden überlebte bis ins frühe zwanzigste Jahrhundert in der Umgebung von Avignon.

4. Etwa 90 000 Juden mit Sprachen persischen Ursprungs. Hierzu gehörten neben den Juden des Iran die Juden in Buchara, die »Bergjuden« in den Bergen des Kaukasus in der ehemaligen Sowjetunion und die Juden Afghanistans. Die mittlerweile ausgestorbene jüdische Gemeinde im mittelalterlichen China stammte ebenfalls von dieser Gruppe ab.
5. Ungefähr 20 000 Georgisch sprechende Juden in der früheren Sowjetrepublik Georgien.
6. Die 10 000–15 000 aramäischsprachigen Juden in Kurdistan im Nordirak.

7. Die etwa 3 500 Krimtschaken – rabbinische Juden, die auf der heute zur Ukraine gehörenden Halbinsel Krim lebten und eine tatarische Sprache verwendeten.
8. Zwischen 3 000 und 5 000 Juden in der Region Ioannina (Epirus) in Nordgriechenland, die anders als die übrigen griechischen Juden, die sich des Judäospanischen (siehe 3. Sprachgruppe) bedienten, einen jüdischen Dialekt des Griechischen verwendeten.
9. Zwischen 1500 und 2 000 Juden in Cochin in Südindien, die eine indische Sprache verwendeten (Malayalam).

Wie das folgende Kapitel verdeutlichen wird, entwickelten Juden manchmal eine eigene Variante der Sprache ihrer nichtjüdischen Nachbarn, und manchmal verwendeten sie eine ganz andere (und für Nichtjuden unverständliche) Sprache.

Migrationsgeschichte

Migration spielte bei der Entstehung der oben umrissenen Untergruppen eine große Rolle. In den meisten Fällen hilft die Migrationsgeschichte, die Sprachmuster der verschiedenen jüdischen Gruppen zu erklären, doch manchmal wechselten Gruppen von Juden die Sprache, ohne dass eine Migration erfolgt war. Da über einen sehr langen Zeitraum hinweg sehr viele Migrationsbewegungen stattfanden, wird dies nur eine sehr knappe Zusammenfassung (die stellenweise etwa 200 Jahre oder mehr auf einer Seite abhandelt). Erneut begleiten Karten und Zeittafeln den Text. Zunächst beziehe ich mich hauptsächlich auf die Asienkarte (Karte 2.3).

Die Geschichte der jüdischen Diaspora beginnt im Jahre 587 v.d.Z., als das Königreich Juda von den Babyloniern, die den Tempel in Jerusalem zerstörten, erobert wurde. Ein großer Teil der jüdischen Bevölkerung von Juda wurde aus dem Land verbannt und nach Babylonien (dem südlichen Teil des heutigen Irak) verschleppt. Von der Zeit des ersten Exils bis zu den Jahren unmittelbar nach Gründung des Staates Israel 1948, als die meisten der irakischen Juden nach Israel auswanderten, waren im Irak ununterbrochen Juden ansässig.

Es gab dort schon Juden, lange bevor der Irak ein arabisches oder muslimisches Land wurde. Die alten Babylonier sprachen eine uralte semitische Sprache namens Akkadisch (und später Chaldäisch); ihre Religion war polytheistisch. Später wurde das Aramäische (ursprüng-

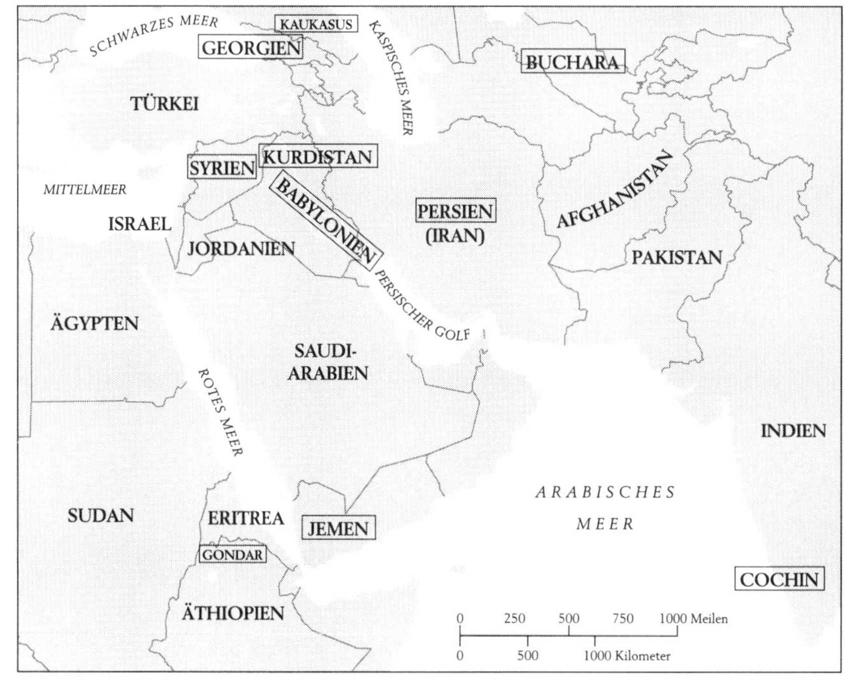

Karte 2.3: Jüdische Siedlungsgebiete in Asien.

lich die Sprache Syriens) Amtssprache in Babylon und im gesamten östlichen Mittelmeerraum. Erst nach der Eroberung durch die Araber im siebten Jahrhundert (1200 Jahre nach der Ankunft der ersten Juden) lernte die Bevölkerung Arabisch und nahm die muslimische Religion an.

Eigentlich war das babylonische Exil nicht das erste Exil der Israeliten. Zuerst kam die in der Bibel erwähnte Knechtschaft in Ägypten. Später wurde das israelitische Königreich von David und Salomo aufgeteilt in Nordreich (Israel mit der Hauptstadt Samaria) und Südreich (Juda mit der Hauptstadt Jerusalem). Das nördliche Königreich wurde 721 v.d.Z. von Assyrern aus dem Nordirak erobert und die Bevölkerung deportiert. Was aus den Deportierten des nördlichen Königreichs wurde, weiß niemand. Unter der Bezeichnung der »Zehn verlorenen Stämme« sind sie Gegenstand zahlloser Legenden; Fakten wurden bis heute nicht ermittelt.

Das assyrische Exil schuf noch eine zweite Untergruppe von Israeliten. Es war die Politik der Assyrer, die Bewohner der verschiedenen, von ihnen eroberten Provinzen zu deportieren und mit den alten, einheimischen Bevölkerungen zu vermischen, um den eroberten Nationen eine Rebellion zu erschweren. Als die »Zehn verlorenen Stämme« nach Assyrien deportiert wurden, brachte man Teile der Bevölkerung aus anderen Gegenden des assyrischen Reichs in das eroberte Gebiet um Samaria. Die Samaritaner, wie sie später genannt wurden, traten schließlich zu einer bestimmten Form des Judentums über, wurden jedoch vom Gros der Juden, die zurückkehrten, um in Jerusalem den Zweiten Tempel zu bauen (siehe unten), nicht anerkannt. Von anderen Israeliten unterschieden sie sich beispielsweise in ihrer Ablehnung Jerusalems als Stätte des heiligen Tempels und ihrer Verwendung eines anderen hebräischen Alphabets sowie eines anderen Kalenders. Sie selbst hielten sich für Nachkommen der alten Israeliten, doch im Talmud werden sie Kutim genannt, was impliziert, sie seien Nichtjuden aus Kuta im Süden Iraks. Einst gab es viele tausend Samaritaner, doch heute leben nur noch einige hundert in Nablus in der West Bank und in Holon, einem Vorort von Tel Aviv.

Lassen Sie uns zurückkommen auf das babylonische Schicksal der Exilanten aus Juda. Der Überlieferung zufolge dauerte ihr Exil nur 70 Jahre. Doch bereits vor Ablauf dieser 70 Jahre wurde das Babylonische Reich von den Persern unter König Kyros erobert (538 v.d.Z.). Das Persische Reich war viel größer, als das Babylonische Reich jemals gewesen war; im Buch Esther heißt es, es habe »von [der Grenze] Indien[s] bis [an die Grenze von] Äthiopien« gereicht. Die Perser kontrollierten die gesamte heutige Ostküste des Mittelmeers einschließlich eines großen Teils der heutigen Türkei sowie den Irak und den heutigen Iran, Gebiete im zentralasiatischen Teil der ehemaligen Sowjetunion und sogar Ägypten (Karte 2.4). Im westlichen Teil des Reiches verwendeten die Perser das Aramäische als Amtssprache, im östlichen Teil Persisch (eine nichtsemitische indoeuropäische Sprache).

Kyros erlaubte den Juden, in ihre Heimat zurückzukehren und den Tempel in Jerusalem wiederaufzubauen, und so kehrten im Verlauf der darauf folgenden eineinhalb Jahrhunderte Teile der jüdischen Migranten in Wellen zurück. Doch die Mehrheit der Juden blieb in ihrer neuen Heimat in Babylonien und in anderen Teilen des Persischen Reichs. Die persischsprachigen Juden des Iran konnten wie die Juden des Irak auf 2 500 Jahre ununterbrochener jüdischer Siedlungsgeschichte zurückschauen.

Das Aramäische, die Amtssprache der Westhälfte des persischen Reiches, hatte enormen Einfluss auf die Juden. Das jüdische Gebetbuch

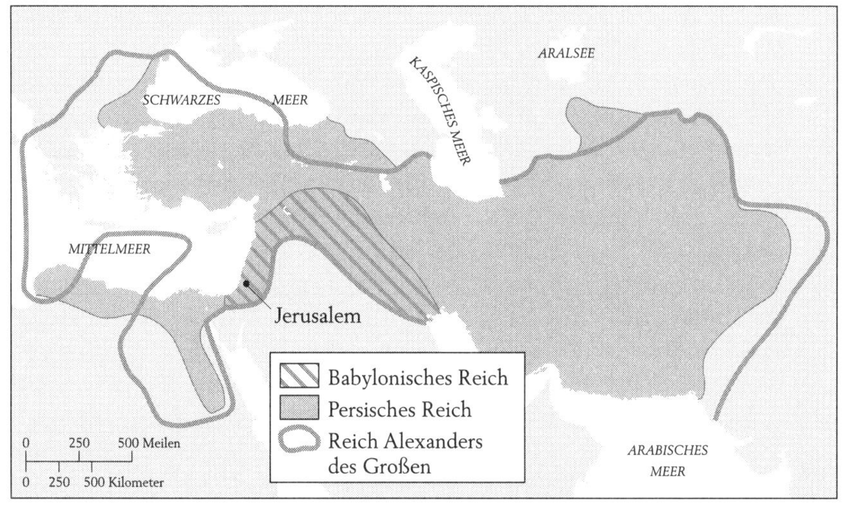

Karte 2.4: Grenzen der alten Imperien.

beinhaltet eine Reihe von Gebeten auf Aramäisch, besonders das Kaddisch ist hier zu nennen. Einige der wichtigsten religiösen Schriften des rabbinischen Judentums einschließlich des Talmud wurden auf Aramäisch verfasst.

Die nächste große Veränderung in der jüdischen Migrationsgeschichte war wiederum das Resultat der Eroberung des Reiches, in dem die Juden lebten. 333 v.d.Z. besiegte Alexander der Große aus Makedonien das Perserreich und errichtete sein eigenes, griechisch dominiertes Herrschaftsgebiet. Obwohl sein Weltreich kurz nach seinem Tod in mehrere, einander bekriegende Königtümer zerfiel, wurde die Hellenismus genannte griechische Kultur zum beherrschenden Einfluss in allen von Alexander eroberten Gebieten. Wie schon bei früheren Eroberungen reagierten die Juden auf die Eroberung, indem sie die neue Sprache erlernten und sich über das gesamte Gebiet des siegreichen Imperiums verbreiteten.

Der Einfluss der griechischen Kultur auf die Juden war mindestens so groß wie der der aramäischen. Die hellenistische Kultur unterschied sich von den übrigen Erobererkulturen im Nahen Osten des Altertums, weil sie beanspruchte, allgemein gültig und somit offen (und richtig) für jedermann zu sein. Dadurch stand der Hellenismus – in seiner extremsten Ausformung – im Konflikt mit dem Judentum, der einzigen anderen Nationalkultur in der Region mit Allgemeingültigkeitsanspruch, wie man an der berühmten Chanukkageschichte sehen kann. Als jüdische Hellenisten im Tempel von Jerusalem griechische Rituale vorschrieben und der »syrisch-griechische« Herrscher aus der Dynastie der Seleukiden, einer der Nachfolger Alexanders des Großen, viele jüdische Rituale verbot, erhoben sich die Juden unter Führung von Judas Makkabäus 167 v.d.Z. gegen die Griechen. Sie eroberten nicht nur den Tempel zurück und reinigten ihn von hellenistischen Einflüssen, sondern sie stellten schließlich auch die jüdische Unabhängigkeit wieder her. Das souveräne jüdische Königreich unter der Herrschaft des Geschlechts der Makkabäer (der Hasmonäer-Dynastie) existierte etwa 80 Jahre lang, von circa 140 bis 63 v. d .Z.

Die »Bergjuden« und die Juden von Buchara

Der Einfluss verschiedener Ableger der persischen Sprache war nicht auf die Gebiete beschränkt, die heute zum Iran gehören. Nordwestlich des heutigen Iran, in der heute russischen Region Dagestan, und im nördlichen Teil des früher sowjetischen Aserbaidschan lebten die »Bergjuden« in den Ausläufern des Kaukasus. Sie ragten aus der übrigen Weltjudenheit heraus, denn sie waren wie ihre christlichen und muslimischen Nachbarn bewaffnet und trugen Hemden mit Patronengurten voller Munition (Abbildung 2.1). Offenbar waren im fünften und sechsten Jahrhundert n.d.Z. Juden aus Persien in diese Region gekommen. Ihre Sprache, ein Judäotatisch, war mit den Dialekten der nichtjüdischen Taten verwandt, die in derselben Region lebten wie sie, allerdings nicht unbedingt auch in denselben Orten.

Abb. 2.1: Gruppe bewaffneter Bergjuden aus dem Kaukasus, mit Taschen für Patronen auf der Brust.

Nordöstlich des Iran lebten die Juden von Buchara. Im Mittelalter konzentrierten sich diese Juden in der Stadt Buchara, der Hauptstadt des gleichnamigen Emirats. Im 19. Jahrhundert breiteten sie sich auf viele der wichtigsten Städte Usbekistans aus, unter anderem Samarkand und Taschkent sowie auf benachbarte Gebiete. Eine dem Persischen eng verwandte Sprache namens Tadschikisch wurde von vielen Muslimen Zentralasiens gesprochen, insbesondere im heutigen Tadschikistan. Die Juden von Buchara sprachen eine Variante des Tadschikischen, obwohl sie hauptsächlich unter Muslimen lebten, die das mit dem Türkischen, nicht aber mit dem Persischen verwandte Usbekisch sprachen. Im heutigen Afghanistan lebten damals auch Juden, die Judäopersisch sprachen. Schließlich emigrierte irgendwann im Mittelalter eine Gruppe persischsprachiger Juden nach Kaifeng in Zentralchina. Das wissen wir, weil die Anleitungen in ihren Gebetsbüchern auf Judäopersisch abgefasst waren. Obwohl sie bereits im 15. Jahrhundert äußerlich nicht mehr von den Chinesen zu unterscheiden waren, zeigen ihre Sprache und Liturgie, dass sie eine Seitenlinie des iranischsprachigen Judentums waren.

Elephantine

Zu den Juden im Perserreich, von denen wir wissen, dass sie Aramäisch sprachen, gehörte eine seltsame jüdische Kolonie in Elephantine in Oberägypten. Zur Zeit der babylonischen Eroberung Jerusalems flohen einige Juden nach Ägypten und nahmen den biblischen Propheten Jeremia gegen seinen Willen mit. Etwa 150 bis 200 Jahre später (Ende des 5. Jahrhunderts v.d.Z.) verfasste eine Kolonie jüdischer Soldaten in der persischen Armee eine Reihe von Dokumenten und Briefen auf Aramäisch, die erhalten geblieben sind. Diese Texte belegen, dass es in Elephantine einen Tempel mit Opferdienst gab (trotz des biblischen Verbots von Tempeln außerhalb Jerusalems), man dort das Pesachfest feierte und, wie es scheint, mehrere kanaanäische Göttinnen neben dem Gott der Juden verehrte.

Doch Hellenismus und Judentum standen nicht nur miteinander in Konflikt; sie befruchteten sich auch gegenseitig. Die Juden, die überall im östlichen Mittelmeerraum verstreut in von der griechischen Kultur dominierten Städten lebten, gründeten selbstverwaltete Gemeinwesen innerhalb der griechischen Stadtstaaten. Dort kamen sie mit vielen konkurrierenden Philosophien und Religionen in Berührung, von denen sie sich in ihrer eigenen Praxis aus mehreren Gründen jedoch unterschieden. An ihren Versammlungsorten, den *Synagogen* (einem griechischen Wort), gab es weder Bilder von Göttern noch Tieropfer. Ihr uraltes heiliges Buch, die Bibel, wurde bald als *Septuaginta* ins Griechische übersetzt und war dadurch sowohl gebildeten Nichtjuden als auch Juden zugänglich. Da die Bibel auf Griechisch erhältlich war, entstanden große jüdische Gemeinden, deren Haupt-, vielleicht sogar einzige Sprache das Griechische war, und die das Hebräische möglicherweise gar nicht beherrschten. Die Übersetzung der Bibel hatte auch zur Folge, dass viele Nichtjuden Interesse am Judentum entwickelten und manche von ihnen zum Judentum übertraten, während andere sympathisierende »Gottesfürchter« blieben. In dieser Diasporaumgebung entstand eine Auslegung des Judentums, die versuchte, es mit der dominanten Kultur der Griechen in Einklang zu bringen. Aus dieser Mischkultur entsprang nicht nur ein großer Teil des heutigen Judentums, sondern auch das frühe Christentum.

Der kulturelle Einfluss der Griechen beherrschte jahrhundertelang weite Gebiete des Mittelmeerraums, doch ihr politischer Einfluss überdauerte bei weitem nicht so lange. Bereits 200 Jahre nach Alexanders Eroberung geriet die griechische Welt unter die militärische und politische Herrschaft der Römer. Zunächst hießen die Juden, die ihre Unabhängigkeit zurückgewonnen hatten, die Römer als Verbündete im Kampf gegen die Griechen willkommen. Doch nachdem die Griechen bezwungen waren, wandten die Römer sich Judäa zu und besetzten es 63 v. d. Z. Einhundertdreißig Jahre später – 70 n. d. Z. – zerstörten die Römer den Zweiten Tempel, und in den darauf folgenden Jahrhunderten nahm die jüdische Bevölkerung des Landes, das die Römer Palästina nannten, stetig ab.

Juden, die deportiert wurden oder ihre Heimat freiwillig verließen, schlossen sich anderen Juden an, die bereits in den griechischen Städten lebten, um innerhalb des übrigen Römischen Reichs zu siedeln. In der Stadt Rom leben seit der Zeit Julius Caesars – bereits über 100 Jahre vor der Zerstörung des Zweiten Tempels – ununterbrochen Juden. Viele Römer aus angesehenen Familien traten zum Judentum über, und es gibt eine (vermutlich übertriebene) Schätzung, nach der ein Zehntel der Einwohner des Römischen Reichs Juden waren. Im gesamten Imperium hatten Juden sich angesiedelt: dort, wo heute Syrien, Ägypten, Griechenland, die Türkei, Libyen, Marokko, Spanien, Italien, Ungarn und Frankreich liegen, im ehemaligen Jugoslawien und sogar im fernen Deutschland. Die jüdischen Katakomben oder unterirdischen Friedhöfe, die man in Rom und andernorts entdeckt hat, zeigen, dass viele Juden sich der nichtjüdischen Kultur assimilierten. Ihre Grabinschriften waren normalerweise auf Griechisch (der Sprache ihrer Heimat vor Rom) anstatt auf Hebräisch verfasst (einige jüdische Inschriften waren auch lateinisch), doch oft wiesen sie jüdische Symbole oder das hebräische Wort *schalom* in einer Ecke auf (Abbildung 2.2).

Das Römische Reich beherrschte noch jahrhundertelang die Welt des Mittelmeerraums, erhielt die Ordnung aufrecht, führte Handel ein und einte einen Großteil der westlichen Welt. Doch das Reich begann sich zu verändern, und dann setzte der Niedergang ein. Das Christentum, ehemals eine verachtete, jüdische Sekte, entwickelte sich zur dominanten Religion der städtischen Bevölkerung, und um 312 n. d. Z. trat der römische Kaiser Konstantin zum Christentum über. Unterdessen bereitete es Rom immer größere Schwierigkeiten, die Hunnen, germanische und andere Barbarenstämme abzuwehren, die auf den Norden des Reichs einstürmten. Ende des fünften Jahrhunderts nach der Zeitrechnung eroberten die germanischen Goten, Vandalen, Franken und andere Stämme das Reich und teilten dessen westliche Hälfte in verschiedene Stammeskönigtümer auf. Die östliche Hälfte blieb bis zum 15. Jahrhundert ein Griechisch sprechendes »Römisches« Reich mit der Hauptstadt Byzanz (später Konstantinopel genannt, heute Istanbul).

Abb. 2.2: Grabstein aus den jüdischen Katakomben in Rom mit jüdischer und lateinischer Inschrift. Beachten Sie die jüdischen Symbole und das hebräische Wort »schalom« im unteren Drittel.

Nach der Zerstörung des Römischen Reiches lässt sich die geographische Verbreitung des jüdischen Volkes in etwa wie folgt zusammenfassen: Die Juden im nördlicheren Europa (Deutschland, Nordfrankreich und Ungarn) verschwinden aus dem Blickfeld. Man weiß nicht, ob sie fliehen konnten, getötet wurden oder weiter dort lebten, ohne irgendwelche schriftlichen Dokumente zu hinterlassen. In den dem Mittelmeer am nächsten gelegenen Teilen des ehemaligen Römischen Reiches überlebten jüdische Gemeinden im heutigen Nordafrika, Spanien, Südfrankreich und Italien sowie in den byzantinischen (oströmischen) Gebieten in Ägypten, Syrien, Griechenland und der Türkei, wo der griechische Einfluss noch stark war. Außerhalb des vormaligen Römischen Reiches lebten viele Juden im heutigen Irak und Iran, und einige hatten sich in andere Teile West- und Zentralasiens zerstreut.

Im siebten Jahrhundert eroberte eine weitere Macht, die sich gerade erst gebildet hatte, weite Teile der westlichen Welt – der Islam. Die islamische Religion entstand in Arabien, als Mohammed mit den Juden und Christen in der Region in Berührung kam. Diese monotheistische Religion, deren Lehren im Koran bewahrt werden, lehrte die Gläubigen, es sei ihre Pflicht, die muslimische Religion in der ganzen Welt zu verbreiten, wo nötig auch mit dem Schwert. Bei Mohammeds Tod 632 n.d.Z. war der Islam noch hauptsächlich auf das Gebiet der arabischen Halbinsel beschränkt. Doch schon weniger als 80 Jahre später hatte er die meisten Länder des Byzantinischen Reiches (Palästina, Syrien, Ägypten) erobert, das ehemalige Perserreich eingenommen, war über Nordafrika hinweggefegt und hielt beinahe ganz Spanien besetzt.

Die muslimische Eroberung teilte das Abendland in zwei Hälften. Die Gebiete nördlich und westlich des Mittelmeers blieben größtenteils christlich, und was südlich und östlich davon lag, wurde größtenteils muslimisch. Beinahe in der gesamten muslimischen Welt westlich des Iran ersetzte die arabische Sprache allmählich die früheren Muttersprachen Aramäisch, Griechisch und Koptisch (eine spätere Stufe des Altägyptischen). Ein riesiges arabischsprachiges Gebiet mit einer gemeinsamen Sprache und Kultur, vielen Handelsmöglichkeiten und einer hochentwickelten Kultur brachte alle Bevölkerungsgruppen im Herrschaftsbereich miteinander in Kontakt (Karte 2.5).

Die muslimische Eroberung hatte tiefgreifende Auswirkungen auf Leben und Siedlungsmuster der Juden. Im heutigen Saudi-Arabien bedeutete die Ausbreitung des Islam die Vertreibung der jüdischen Bevölkerung. Die einzigen Juden, die auf der arabischen Halbinsel zurückblieben, lebten im Süden (das arabische Wort für Süden ist »Jemen«). Die jemenitischen Juden, die Jahrhunderte zuvor auf die

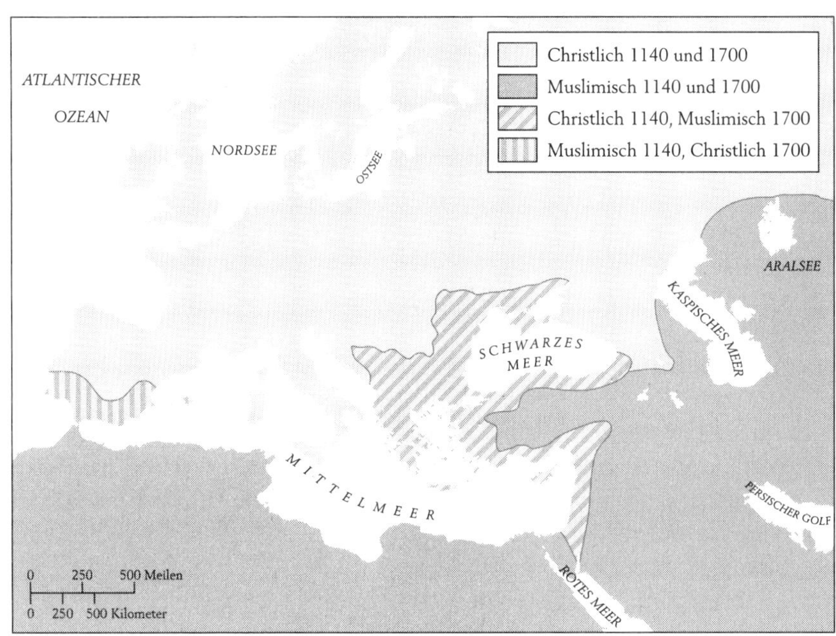

Karte 2.5: Grenzverschiebungen zwischen der christlichen und der muslimischen Welt.

Halbinsel gekommen waren (wann genau, weiß niemand), befanden sich plötzlich Hunderte von Meilen von ihren nächsten jüdischen Nachbarn in Ägypten, im Irak oder in Syrien entfernt, was vermutlich erklärt, warum ihre Traditionen sich deutlich von denen anderer rabbinischer Juden unterschieden. In anderen Teilen der muslimischen Welt durften Juden als »geschütztes Volk« oder »Volk des Buches« mit niederem Status leben. Tatsächlich bedeutete die arabische Eroberung in manchen Gebieten wie Spanien, wo die Juden unter christlicher (westgotischer) Herrschaft verfolgt worden waren, eine neue Chance auf Religionsfreiheit. Juden in der gesamten arabischen Welt handelten nun miteinander, zogen von einer Region zur anderen und hielten Kontakt, indem sie korrespondierten und die Werke anderer Juden lasen. Im Laufe der Jahrhunderte begannen die Juden dieser Länder allmählich, wie ihre christlichen und muslimischen Nachbarn das Arabische als reguläres Kommunikationsmedium zu verwenden. Sogar Werke religiöser jüdischer Philosophie, wie Maimonides' *Führer der Unschlüssigen*, wurden auf Arabisch verfasst (allerdings in hebräischen Lettern).

Vom Triumph des Arabischen über die zuvor gesprochenen Sprachen gab es eine bedeutende Ausnahme. Im Nordirak liegt die Region Kurdistan. Die Mehrheit der Muslime dort sprach (und spricht noch heute) Kurdisch, eine dem Persischen verwandte Sprache. Aber einige der Christen und die meisten Juden in dieser Region behielten eine regionale Variante des alten gesprochenen Aramäischen bei. (Die jüdische Variante wird üblicherweise die »Sprache der Targume« oder Neuaramäisch genannt, die christliche Variante Assyrisch oder Chaldäisch.)

Ehe wir uns wieder den Juden Europas zuwenden, sollten wir die Ursprünge der Gruppen von Juden in Asien und Afrika erörtern, die ich bisher nicht behandelt habe.

Bereits erwähnt wurden die Bergjuden, die in den nördlichen und östlichen Ausläufern des Kaukasus lebten und ein Judäotatisch sprachen. Südwestlich der Berge lag das alte christliche Königreich Georgien (Grusinien). Hunderte, ja, vielleicht Tausende von Jahren lebten Juden bei den Georgiern. Zwar lebten sie, in Meilen gerechnet, nicht weit entfernt von den Bergjuden, aber die hohen Berge trennten sie völlig von ihnen (zumindest bis zum 19. Jahrhundert). In ihren Traditionen und ihrer Sprache unterschieden sie sich sehr von den Tatisch sprechenden Bergjuden. Vielmehr sprachen diese Juden wie ihre christlichen Nachbarn Georgisch, das weder dem Persischen noch dem Arabischen oder irgendeiner indoeuropäischen oder semitischen Sprache verwandt war.

Nordwestlich von Georgien liegt am nördlichen Ende des Schwarzen Meers die Halbinsel Krim. Sie hat in ihrer Geschichte viele Eroberungen und kulturelle Veränderungen erduldet. Die Einheimischen dort wurden zunächst von den alten Griechen kolonisiert, gefolgt von den Goten, den Chasaren und den turksprachigen Tataren. Seit die muslimischen Tataren nach dem Zweiten Weltkrieg vertrieben worden sind, ist die Krim hauptsächlich von Ukrainern und Russen bevölkert. Die jüdische Ansiedlung auf der Krim scheint den gleichen kulturellen Veränderungen wie die allgemeine Bevölkerung unterlegen zu haben. Die ersten Juden kamen vermutlich 2000 Jahre zuvor mit den Griechen und waren Teil der jüdisch-hellenistischen Kultur. Während der Zeit der Chasaren scheinen viele Juden auf der Flucht vor Verfolgung im Byzantinischen Reich auf die Krim gelangt zu sein; später siedelten sich zudem Juden aus Italien und Spanien dort an. Die rabbinisch-jüdische Bevölkerung der Krim im 19. Jahrhundert war als Krimtschaken bekannt. Sie sprachen eine tatarische Sprache, die einige Ähnlichkeit mit der Sprache der Karäer hatte, die ebenfalls in großer Anzahl auf der Krim lebten. Die Nazis verfolgten die Krimtschaken als Juden, die Karäer dagegen ließen sie in Ruhe.

Die Karäer

In der muslimischen Welt spaltete sich im achten Jahrhundert eine große Sekte vom rabbinischen Judentum ab. Gegründet von Anan ben David, Mitglied einer vornehmen irakisch-jüdischen Familie, wurde diese Sekte unter der Bezeichnung Karäer bekannt. Der Name leitet sich von einem hebräischen Wort her, das die schriftliche Bibel bezeichnete. Die Karäer lehnten den Talmud und die mündliche Tradition ab und entwickelten ihre eigenen Bräuche, die sich in vielerlei Hinsicht von denen der rabbinischen Juden unterschieden. Später breiteten die Karäer sich östlich nach Persien und westlich in andere muslimisch kontrollierte Gebiete wie Palästina und Ägypten aus.

Im Mittelalter verschoben sich die Zentren karäischen Lebens in die heutige Türkei, und in der frühen Neuzeit entstanden neue Zentren der Karäer auf der Krim und in verstreut liegenden Teilen Osteuropas. Auf der Krim und in Osteuropa sprachen die Karäer eine tatarische Sprache, während sie in Ägypten Arabisch sprachen. Mittlerweile sind die Karäer in Osteuropa und auf der Krim im Allgemeinen assimiliert. Das Gros der ägyptischen Karäer ist nach Israel emigriert, wo sie mit 7 000 Mitgliedern die größte existierende Karäergemeinde bilden.

So, wie zwei separate jüdische Bevölkerungsgruppen auf der Krim lebten – Karäer und Krimtschaken –, gab es auch auf dem fernen Subkontinent Indien zwei (später drei) eigenständige jüdische Bevölkerungsgruppen. Zwar lebten Zehntausende von Juden in Indien, doch sie waren im Vergleich zu den Hunderten von Millionen von Indern eine verschwindend kleine Gruppe. Im Gegensatz zu praktisch allen anderen traditionellen jüdischen Siedlungen (China ist die andere Ausnahme), lebten sie in Indien nicht inmitten einer muslimischen oder christlichen Mehrheit. Vielleicht war die Anzahl der Juden dort zu gering, oder es gab keine Verbindung zu den einheimischen Religionen Indiens, doch in Indien kam kaum oder gar keine antijüdische Stimmung auf. Die beiden ältesten jüdischen Volksgruppen in Indien waren die Beni Israel, die vor allem in der Umgebung von Bombay ansässig waren, und die Cochin-Juden, die hauptsächlich in der gleichnamigen Stadt im südindischen Staat Kerala lebten.

Die Herkunft der Beni Israel ist in geheimnisvolles Dunkel gehüllt. In ihren Überlieferungen ist die Rede davon, dass Juden vor der indischen Küste Schiffbruch erlitten, allmählich ihre Traditionen vergessen und durch die Lehren des David Rahabi in uralter Zeit erneut Anschluss an die jüdische Tradition erhalten hätten. (Nach Meinung der Historiker lebte Rahabi im 18. Jahrhundert statt Hunderte von Jahren zuvor, wie die Beni Israel glaubten.) Die Beni Israel sprachen nur Marathi und so gut wie kein Hebräisch; an jüdischen Bräuchen schienen ihnen unter anderem der Sabbat und einige Speisevorschriften bekannt zu sein. Das Begehen des Sabbat und das überwiegend von ihnen ausgeübte Gewerbe bewog ihre Nachbarn, sie die »Ölpresser vom Samstag« zu nennen. In den vergangenen 200 Jahren haben die Beni Israel sich die jüdischen Traditionen erneut angeeignet, die hebräische Sprache erlernt, Synagogen errichtet und die jüdischen Feiertagsbräuche und Gebete übernommen. Zwar befolgen sie nicht alle rabbinischen Traditionen, doch ihre religiösen Praktiken stehen der jüdischen Standardtradition nun viel näher als früher.

Anders als die Beni Israel sind die Juden von Cochin stets rabbinische Juden gewesen. Dennoch haben sie gewisse indische Praktiken übergenommen, von denen die bemerkenswerteste das indische Kastenwesen ist, das die Juden in »weiße Juden« und »schwarze Juden« einteilt. Bekanntlich leben seit über 1000 Jahren Juden in Südindien, doch ihre frühesten Anfänge sind kaum dokumentiert. Man hat festgestellt, dass zwischen ihrer musikalischen und liturgischen Tradition und denen der Juden im Irak (einschließlich Kurdistans) und im Jemen eine Verwandtschaft besteht. Ein Blick auf Karte 2.3 zeigt, dass man von dort gut nach Indien hätte absegeln können. Es besteht auch Grund zu der Annahme, dass viele der »weißen Juden« Nachfahren spanischer und portugiesischer Juden sind, die nach der Vertreibung geflohen waren, und dass die »schwarzen Juden« enger mit der einheimischen indischen Bevölkerung verwandt sind. Zumindest einige scheinen freigelassene indische Sklaven zu sein (hebräisch als *meshuchrarim* bezeichnet).

Die dritte Gruppe von Juden kam im 19. Jahrhundert aus dem Irak nach Indien. Einige von den gewöhnlich Baghdadi genannten Juden wurden sehr reich. Normalerweise vermischten sich die drei Gruppen nicht untereinander. Die Iraker Juden sahen auf die »einheimischen« Juden herab, und weder für die Cochin-Juden noch für die Iraker waren die Beni Israel (die größte Gruppe) echte Juden. Nichtsdestotrotz wanderte das Gros aller drei Gruppen nach 1948 nach Israel aus.

Ein anderes fernes Land mit einer beträchtlichen jüdischen Bevölkerung war Äthiopien. Die Beziehung zwischen den Juden und Äthiopien ist schon sehr alt. Einige der äthiopischen Sprachen gehören zur semitischen Sprachfamilie, und die ehemalige Königsfamilie des Landes hielt sich für Nachfahren von König Salomo und der Königin von Saba. Die christliche Mehrheitsreligion des Landes weist beträchtliche jüdische Einflüsse auf. Insofern hat eindeutig bereits früh ein Kontakt zwischen Äthiopien und der jüdischen Religion stattgefunden. Die Herkunft der (als Beta Israel bekannten) jüdischen Minderheit ist jedoch weniger eindeutig. Sie waren zweifellos keine Christen, obwohl sie solch scheinbar christliche Traditionen wie das Mönchtum aufwiesen. Es existieren drei Haupttheorien über die Herkunft der äthiopischen Juden. Eine Theorie besagt, die Juden seien von Ägypten her den Nil hinaufgefahren; die zweite behauptet, die Juden seien aus Südarabien (dem heutigen Jemen) über das schmale Rote Meer gekommen; und nach der dritten Theorie setzt sich Beta Israel entweder aus einheimischen Äthiopiern, die zu einer Form des Judentums übergetreten waren, zusammen, oder ist eine Sekte der äthiopischen Kirche, die jüdisch wurde, sich abspaltete und eine separate jüdische Gruppe bildete. Die wichtigsten Zentren der äthiopischen Juden waren die bergigen Nordprovinzen Gondar und Tigre. Es gab eine Zeit, da Beta Israel, dessen Angehörige die Christen Falascha nannten (das bedeutet »Fremde« oder »Verbannte ohne Land«), eine ernsthafte militärische Bedrohung für die herrschenden Dynastien darstellte, doch in neuerer Zeit war es eine relativ kleine Minderheit, die in wechselndem Maße diskriminiert wurde. Seit 1905, als der europäische jüdische Wissenschaftler Jacques Faitlovitch sein »Pro-Falascha-Komitee« gründete, beherrscht Beta Israel (wieder) die hebräische Sprache und kennt einige rabbinische Überlieferungen, allerdings weniger als die indischen Beni Israel. Heute lebt der Großteil in Israel, doch viele bewahren weiter ihre uralten religiösen Traditionen.

Zur gleichen Zeit, als sich jüdisches Leben in Asien und Afrika entwickelte, durchliefen auch die jüdischen Minderheiten in Europa unter der christlichen Herrschaft bedeutende Veränderungen (Karte 2.6). Ab dem neunten, zehnten und elften Jahrhundert wanderten allmählich wieder Juden aus dem Mittelmeerraum nach Nordeuropa. Juden aus Südfrankreich zogen nach Nordfrankreich, und Juden aus Frankreich und Italien (und vielleicht dem Byzantinischen Reich) begannen sich in

Karte 2.6: Muster jüdischer Migration in Europa.

Süd- und Westdeutschland niederzulassen. Von Frankreich aus emigrierten manche Juden nach England.

Wir können nur vermuten, aus welchen Gründen die Juden des mittelalterlichen Westeuropa ihre Wohnländer mit biblischen Namen belegten, die ursprünglich Gebiete im Mittleren Osten bezeichneten. Vielleicht fühlten sie sich auf diese Weise zuhause, so weit entfernt von ihrer Heimat. (Schließlich schrieb einer der größten spanisch-jüdischen Dichter ein Gedicht, das mit den Worten begann: »Mein Herz ist im Osten, und ich bin im äußersten Westen.«) Was auch immer der Grund war – die Juden in Nordfrankreich nannten ihr Land Zarefat, ursprünglich der Name einer Stadt in Nordisrael. (Südfrankreich wurde nicht Zarefat genannt, sondern mit dem nichtbiblischen Namen Provensa

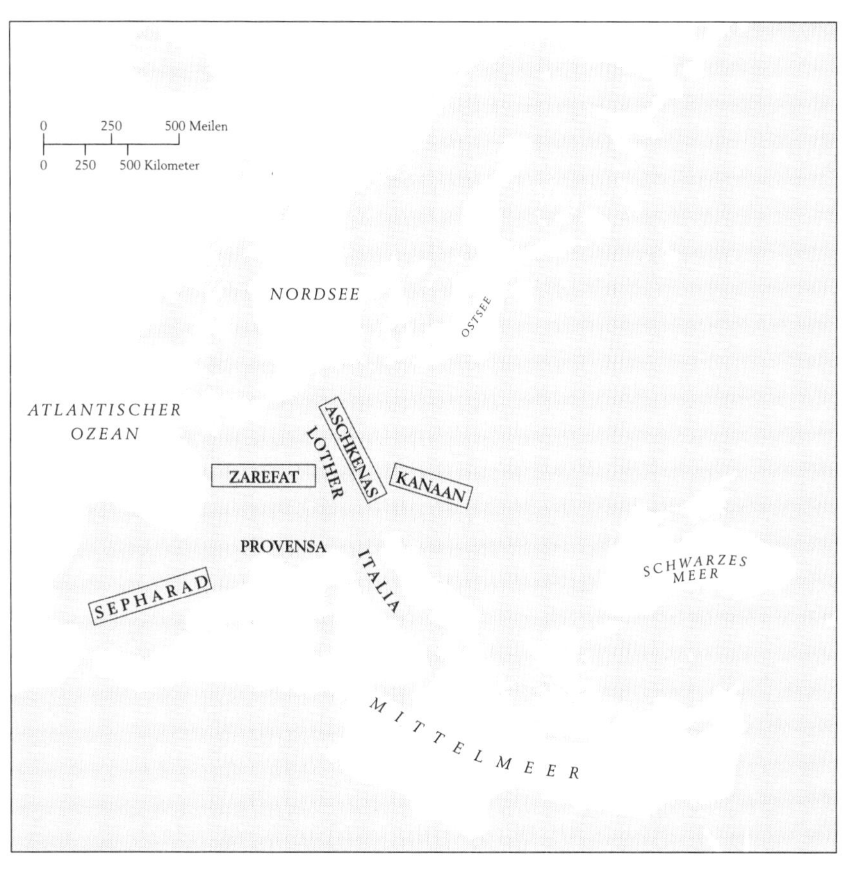

Karte 2.7: Mittelalterliche Bezeichnungen der Juden für ihre Siedlungsgebiete.

bezeichnet, was »Provence« bedeutet.) Die Juden Spaniens gebrauchten den biblischen Namen Sepharad (ursprünglich vermutlich die Stadt Sardes auf dem Gebiet der heutigen Türkei) für ihr Land. Die Juden Deutschlands begannen, den Namen Aschkenas zu verwenden (eins der in Genesis 10 aufgeführten Völker, vielleicht bezeichnete es die Skythen, die in der Nähe der heutigen Krim am Schwarzen Meer lebten). Die slawischen Länder (insbesondere Böhmen) nebst ihren Bewohnern nannten sie Kanaan. Dies basierte auf einer Assoziation der biblischen Geschichte, dass Kanaan »ein Diener von Dienern« sein sollte, mit der Verwandtschaft zwischen den Wörtern »Slawe« und »Sklave« (engl. »Slav« und »slave«) (Karte 2.7).

Da die unter christlicher und die unter muslimischer Herrschaft lebenden Juden kaum Kontakt zueinander hatten, entwickelten sich auch ihre Kulturen unterschiedlich. Doch im Laufe der Zeit änderten sich die Grenzen zwischen muslimischen und christlichen Ländern. Das muslimische Spanien wurde von den Christen in einem langsamen Prozess von etwa 1000 bis 1492 zurückerobert. Auf der anderen Seite Europas wurde das Byzantinische Reich von den muslimischen Türken erobert, die außerdem den größten Teil Südosteuropas unter ihre Kontrolle brachten (die heutigen Länder Griechenland, Serbien, Bosnien, Albanien, Bulgarien, Rumänien und einen Teil Ungarns) (Karte 2.5).

Im Spätmittelalter entfremdeten sich die Juden ihren nichtjüdischen Nachbarn in kultureller Hinsicht immer mehr. Bis dahin hatten Juden, die in ein neues Land kamen, sich normalerweise die lokale Sprache und Kultur angeeignet, wenn auch häufig unter Beibehaltung einer starken jüdischen Färbung. Dieses Verhaltensmuster änderte sich während der beiden folgenschwersten jüdischen Migrationsbewegungen: denjenigen der deutschen (aschkenasischen) und der spanischen (sephardischen) Judenheit in verschiedene Gegenden Osteuropas.

Die Geschichte der sephardischen Migration ist kompliziert, aber weniger verwirrend als die der aschkenasischen. Sie wurzelt eindeutig in Verfolgung. Die Lebensbedingungen der Juden verschlechterten sich ab 1391, als antijüdischer Aufruhr sich überall auf der iberischen Halbinsel ausbreitete und zum erzwungenen Konfessionswechsel eines großen Teils der spanischen Judenheit führte. Der letzte Schlag kam 1492, als das frisch vereinte Königreich von Ferdinand und Isabella die Juden vor die Wahl stellte, zu konvertieren oder innerhalb von drei Monaten das Land zu verlassen. Die Juden verließen Spanien in Scharen, einige blieben in der Nähe, in Portugal und Marokko, andere gingen nach Italien; das Gros gelangte schließlich ins Osmanische Reich, wo sie willkommen waren. Neue große sephardische Gemeinden entstanden in Städten wie Saloniki, Konstantinopel, Smyrna (Izmir), Sarajewo, Safed im Heiligen Land und anderen osmanischen Städten (Karte 2.8).

Die Juden, die Spanien 1492 verließen, nahmen ihre spanisch-jüdische Kultur und Sprache mit. Wenn sie sich in bestehenden jüdischen Gemeinden niederließen, verschmolzen sie nicht mit der älteren jüdischen Bevölkerung. Auch nahmen sie die Sprache ihrer neuen Heimat nicht an. In Nordafrika weigerten sich die Juden spanischer Herkunft jahrhundertelang, Mischehen mit arabischsprachigen Juden einzugehen. Im Osmanischen Reich waren die sephardischen Neuankömmlinge der griechischsprachigen einheimischen jüdischen Bevölkerung

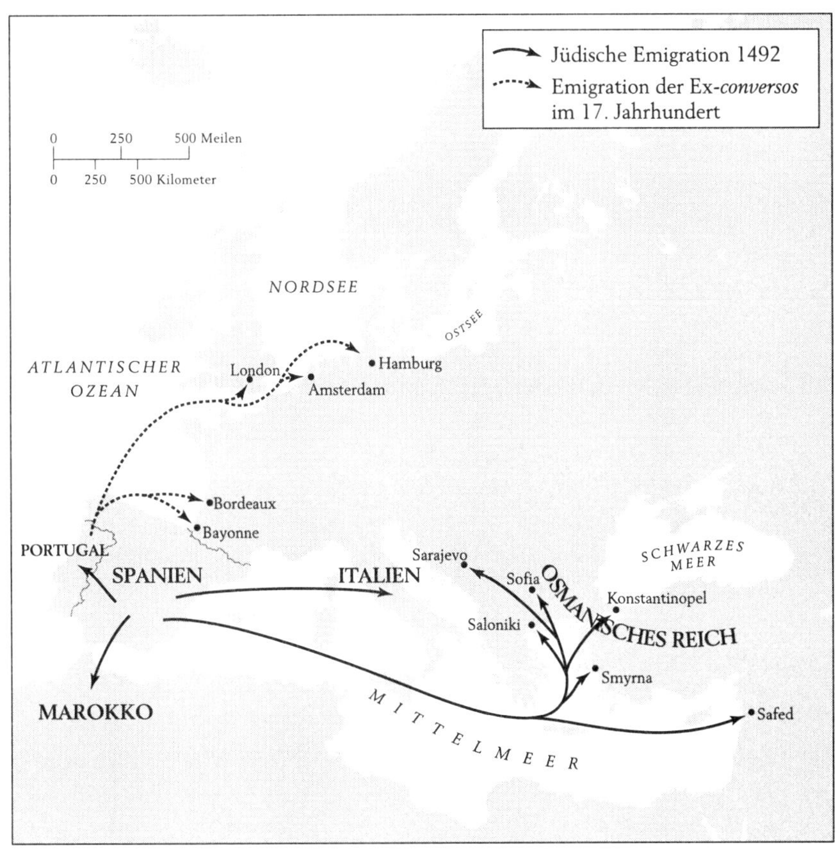

Karte 2.8: Verschiedene Auswanderungswellen sephardischer Juden aus Spanien.

bald zahlenmäßig überlegen. Vielerorts (mit Ausnahme der Gegend des oben erwähnten Ioannina) machten sie die einheimischen Juden zu Sprechern des Judäospanischen (Judezmo) und drängten ihnen ihre sephardischen Bräuche auf.

Ein zweiter Typ sephardischer Migration trat nach 1492 auf und unterschied sich stark von der Emigration nach Marokko und in die Türkei. Diesmal handelte es sich um Juden, die sich entweder für den Übertritt zum Christentum entschieden hatten, anstatt Spanien zu verlassen, oder die 1497 in Portugal aufgegriffen worden waren, als man auch dort den Juden befohlen hatte, zu konvertieren oder ohne ihre Kinder das Land zu verlassen. Einige der Konvertiten *(conversos)* wurden aufrichtige Christen, andere hingegen behielten zumindest einige ihrer jüdischen Bräuche und Glaubensauffassungen bei. Unter der ständigen Bedrohung von Entdeckung und Bestrafung durch die Inquisition hatten die *conversos* kaum eine andere Wahl, als ihr Jüdischsein so lange zu verleugnen, bis in den 1570er Jahren die Bewohner der ehemals spanischen Besitzungen in den Niederlanden revoltierten, ihre Unabhängigkeit erlangten und ihnen Zuflucht boten. In den darauf folgenden 100 Jahren ließen sich viele *conversos* (offiziell die »portugiesische Nation« genannt) in Holland und in westeuropäischen Hafenstädten wie Hamburg, London und Bordeaux nieder. Unter christlichen Familiennamen wie Nunez, Castro und Rodriguez hatten diese spanischen und portugiesischen Juden wie Christen gelebt, in der Kirche geheiratet und ihre Kinder getauft, sprachen akzentfrei Portugiesisch oder Spanisch und kannten außer der Bibel wenig vom Judentum. Oft fiel es ihnen schwer, sich wieder ins Judentum zu integrieren, doch einige von ihnen wurden zu Pionieren eines modernen Judentums, da sie als Erste nach außen hin nichtjüdische Kultur und Sitten zeigten, dies aber mit einem Festhalten am Judentum verbanden. Diese ehemaligen *conversos* unterschieden sich in Kleidung, Namen und Umgangssprache (Portugiesisch statt Judezmo) sowie im Ausmaß ihres Festhaltens am rabbinischen Judentum von den »östlichen Sephardim« des Osmanischen Reichs.

Wie die sephardischen Juden, die ins Osmanische Reich zogen, nahmen auch die aschkenasischen Juden, die von Deutschland nach Osteuropa emigrierten, die Kultur der Heimat mit. Die Migration von Deutschland nach Polen, dem Hauptsiedlungsland der Juden in Osteuropa, war ein weniger abrupter Prozess als die Migration der Sephardim 1492. Er begann langsam, teilweise aus der zunehmenden Verfolgung im Deutschland des zwölften und dreizehnten Jahrhunderts resultierend, verstärkte sich durch die schrecklichen Massaker zur Zeit des Schwarzen Todes 1348–1350 und erreichte seinen Höhepunkt vermutlich zwischen 1450 und 1550. Etwa 90 Prozent der aschkenasischen Juden landeten im polnischen Staatenbund, der Rest blieb im deutschsprachigen Mitteleuropa. Neben den Push-Faktoren der Massaker und Vertreibungen aus Teilen Deutschlands (sowie aus Frankreich und England) gab es auch den Pull-Faktor der besseren Verdienstmöglichkeiten in Polen. Der polnische Staatenbund war ein riesiges Grenzland voller Möglichkeiten für die Juden, in dem ihnen nur eine kleine einheimische Mittelschicht Konkurrenz machte. Da die diskriminierenden Gesetze des Westens im Polen des Mittelalters kaum jemals angewandt wurden, galt das Land bei manchen als »das Paradies der Juden«.

Die »Chasaren-Theorie«

Es gibt eine Alternativerklärung für die Herkunft der osteuropäischen Judenheit, die von den meisten Wissenschaftlern zurückgewiesen wird, ansonsten jedoch sehr populär ist. Die »Chasaren-Theorie« wurde von Arthur Koestler in seinem Buch *Der dreizehnte Stamm* literarisch bearbeitet und seither nicht nur von einigen Juden, sondern auch von vielen antisemitischen Autoren (die sie als Beweis dafür verwenden, dass die Juden nicht die wahren Nachfahren des biblischen Israel sind) aufgenommen. Die Chasaren waren ein Nomadenstamm, sprachen eine Turksprache und errichteten ein ausgedehntes Reich mit Zentrum an der Wolgamündung, das weite Teile der heutigen Ukraine und Südrusslands umfasste. Im achten Jahrhundert traten der König der Chasaren und ein nicht zu beziffernder Teil seiner Untertanen zum jüdischen Glauben über. Niemand weiß, was genau mit diesen jüdischen Chasaren nach dem Untergang des chasarischen Königreichs im zehnten Jahrhundert passierte. Die Theorie behauptet, sie seien westwärts emigriert und hätten den Kern der späteren osteuropäischen jüdischen Bevölkerung gebildet.

Die Chasaren-Theorie ist aus einer Reihe von historischen, kulturellen und besonders sprachlichen Gründen abzulehnen, von denen der wohl gewichtigste lautet, dass die Sprache der aschkenasischen Juden, das Jiddische, von seiner Struktur her eine germanische Sprache ist. Die Mehrheit seines Vokabulars entstammt dem Deutschen, und nicht einer Turksprache. Tatsächlich weist das Jiddische praktisch überhaupt keine Wörter türkischen oder tatarischen Ursprungs auf.

Andererseits sprachen zwei jüdische Bevölkerungsgruppen in Osteuropa, die Krimtschaken und die Karäer, tatsächlich Sprachen aus der türkischen Sprachenfamilie. Einige Karäer-Gemeinden befanden sich zusammen mit Gemeinden aschkenasischer Juden in denselben Städten, obwohl es nur wenige enge Bindungen zwischen ihnen gab. Es ist wahrscheinlicher, dass die Nachkommen der Chasaren unter den Krimtschaken und osteuropäischen Karäern zu suchen sind, statt unter den Aschkenasim.

Das Verhalten der deutschen Juden bei ihrer Ankunft in Polen weist eine bemerkenswerte Parallele zur Ankunft der spanischen Juden in der Türkei auf. Auch die deutschen Juden fanden eine einheimische jüdische Bevölkerung vor, doch wie die Sephardim in Südosteuropa übernahmen sie nicht die Sprache ihres neuen Wohnlandes, sondern drängten der ansässigen jüdischen Bevölkerung ihre eigene Sprache auf. So sprachen nach 500 Jahren in Polen die meisten Juden Jiddisch, Polnisch jedoch kaum oder gar nicht, genau wie die sephardischen Juden im Osmanischen Reich eher Judezmo sprachen als Griechisch oder Türkisch.

Die nach Polen kommenden Juden fanden Bedingungen vor, die sich von denen in ihren Herkunftsländern stark unterschieden. Das mittelalterliche Polen war eines der größten Länder in Europa (nur Russland war noch größer) und umfasste nicht nur das heutige Polen, sondern außerdem die ehemaligen Sowjet- und nunmehr unabhängigen Republiken Litauen, Lettland, Ukraine und Weißrussland (Karte 2.9). Polen war nicht nur ein riesiges, sondern zugleich ein schwaches Land, das weitgehend von einem zwar zersplitterten, doch machtvollen Adel anstatt vom König beherrscht wurde. Im 17. Jahrhundert war der König nur mehr eine Galionsfigur, gewählt von einer Versammlung von Adligen; der Kandidat, der dem Adel die größten Konzessionen machte, gewann üblicherweise. Im 18. Jahrhundert war die Zentralregierung so stark destabilisiert, dass ein einziges adliges Mitglied des Sejm (des Parlaments) ein Gesetz durch Veto zu Fall bringen konnte. Die Schwäche der polnischen Regierung war zugleich gut und schlecht für die Juden. Einerseits hatten die Juden unter der schwachen Regierung den Spielraum, sich selbst zu regieren; andererseits war diese oft zu schwach, um sie zu schützen.

Der polnische Staatenbund entstand 1386 durch die Heirat des Großfürsten Jagiello von Litauen und der Königin Jadwiga von Polen. Durch diese Vereinigung wurden zwei separate Staatswesen lose miteinander verbunden: das katholische, vorwiegend polnischsprachige Königreich Polen und das ursprünglich heidnische, später hauptsächlich russisch-orthodoxe Großfürstentum Litauen, das von vielen Nationalitäten bevölkert wurde, insbesondere von Litauern, Weißrussen und Ukrainern. Durch die Lubliner Union 1569, die auch die inneren Grenzen Polens veränderte, wurde die Verbindung der beiden Länder enger. Der Südosten (Ukraine) wurde Litauen abgenommen und der direkten Regierung des Königreichs Polen unterstellt. Nur das Gebiet nördlich der Linie 1 (Karte 2.9) gehörte weiterhin zu Litauen.

Karte 2.9: Jüdische Kulturgrenzen im mittelalterlichen Polen und das Schicksal der polnischen Gebiete nach der Aufteilung.

Die einzelnen Verschiebungen der polnischen Grenzen im 16. Jahrhundert sind von entscheidender Bedeutung für die Geschichte der Aschkenasim, denn sie wurden zu den wichtigsten Kulturgrenzen für die osteuropäische Judenheit. Die Unterteilungen zwischen den wichtigsten Dialekten des Jiddischen folgen dem Grenzverlauf zwischen Litauen und Polen sowohl vor 1569 (Linie 2) als auch danach (Linie 1). Keine spätere Grenzverschiebung hatte auch nur annähernd solche Auswirkungen. Diese Grenzen markieren auch bedeutende kulturelle

Unterschiede. So waren die Chassidim größtenteils auf das Gebiet südlich der Linie 1 beschränkt. Die Juden westlich von Linie 2 aßen mit Zucker gesüßten, gefillten Fisch – zum Entsetzen derer östlich der Linie, die ihn mit Pfeffer und Salz würzten. Es ist schwer zu sagen, warum diese Grenze für das kulturelle Leben der Aschkenasim eine solche Bedeutung hatte.

Da Polen so schwach war, über wenige natürliche Grenzen verfügte und von starken Ländern umgeben war, konnte es seine Souveränität nicht lange bewahren. Zwischen 1772 und 1795 teilten Russland, Österreich und (das später zu Deutschland gehörige) Preußen Polen untereinander auf. Nach einem kleinen Zwischenspiel bei Napoleons Eroberung Osteuropas wurde die Teilung 1815 endgültig. Der Löwenanteil des alten Polen ging dabei ans zaristische Russland. Die ehemals polnischen Juden fielen danach unter vier verschiedene Gerichtsbarkeiten (Karte 2.9). In der westlichen Provinz Posen (und Westpreußen), die an Preußen ging, verstärkten sich die Germanisierungstendenzen. Die Juden dort lernten Deutsch, unterstützten die herrschende deutsche Minderheit gegen die polnische Mehrheit und wurden schließlich Teil der deutschen Judenheit. Die meisten von ihnen emigrierten in deutsche Städte wie Berlin oder Breslau. Das zweite Gebiet, Galizien, wurde Teil des Vielvölkerstaates Österreich. Obwohl die galizischen Juden zunächst eine schroffe Behandlung erfuhren, erhielten sie schließlich 1867, als aus Österreich die Österreichisch-Ungarische Monarchie wurde, volle Bürgerrechte. Da es in Österreich keine Nationalität gab, die für sich allein die Mehrheit gebildet hätte, behielten die galizischen Juden ihre jiddischsprachige Kultur bei. Sie blieben größtenteils Chassidim und arm. Das dritte Gebiet machte man 1815 auf dem Wiener Kongress zu einem polnischen Königreich, das üblicherweise Kongresspolen genannt wurde. Der König dieses neuen Staates war zugleich der russische Zar, und so war die Semisouveränität dieses Gebietes bald dahin, es wurde praktisch wie das übrige russische Imperium behandelt. Das vierte und größte Teilgebiet Polens wurde einfach Russland einverleibt, ohne jeden Anschein von polnischer Autonomie. Die meisten Bewohner dort waren aus ethnischer Sicht keine Polen, im Gegensatz zur Bevölkerung Kongresspolens.

Vor der Aufteilung Polens war Russlands Politik hinsichtlich der Juden einfach: Es war ihnen verboten, in Russland zu leben. Danach herrschte Katharina die Große auf einen Schlag über die größte jüdische Bevölkerung der Welt. Nach langem Zögern beschloss die russische Regierung einen Kompromiss: Man würde die Juden nicht aus den neu erworbenen Gebieten einschließlich der vor kurzem den Türken abgenommenen Teile Südrusslands vertreiben, ihnen jedoch nicht erlauben, sich in anderen Gegenden des Reiches niederzulassen. Die Provinzen in Westrussland, in denen die Juden leben durften, wurden als »Ansiedlungsrayon« bezeichnet. Die Einrichtung dieser Gebiete hatte zur Folge, dass Juden kaum unter ethnischen Russen lebten, sondern unter anderen nationalen Minderheiten wie den Ukrainern, Letten, Litauern und Polen. Dadurch bestand für sie kaum Anreiz, sich der russischen Kultur zu assimilieren.

Diese Aufteilung blieb wirksam, bis die Landkarte Osteuropas durch den ersten Weltkrieg vollständig neu gezeichnet wurde. 1917 wurde der Ansiedlungsrayon in Russland schließlich durch die russische Revolution abgeschafft. Die drei großen Imperien Russland, Österreich-Ungarn und Deutschland wurden entweder aufgelöst oder erfuhren einschneidende Verkleinerungen ihrer Staatsgebiete. Statt ihrer schuf man auf der Grundlage des Prinzips der nationalen Selbstbestimmung eine größere Anzahl neuer Länder, beziehungsweise schuf sie in einigen Fällen erneut. Die Grenzen der neu geschaffenen Staaten Polen, Litauen, Lettland, Estland, Tschechoslowakei, Ungarn, Rumänien und Jugoslawien wurden (zumindest teilweise) entsprechend der Verteilung der ethnischen Bevölkerungsmehrheiten festgelegt.

Diese neuen Grenzen zerstörten die alten kulturellen Bindungen und schufen neue. Häufig passten die alten Kulturgruppen der Juden überhaupt nicht in die neue politische Situation. Was zuvor eine ziemlich einheitliche ungarisch-jüdische Bevölkerung gewesen war (in der die meisten die ungarische Sprache übernommen hatten), lebte nunmehr verteilt auf ein kleineres Ungarn und die Tschechoslowakei, Rumänien und Jugoslawien. Die Juden in Westrumänien (Transsylvanien und Maramureş), der Südslowakei und Karpato-Russland (in der Tschechoslowakei) betrachteten sich nach wie vor als ungarische Juden (Karte 2.10). Das Ende des Ersten Weltkriegs brachte ein stark vergrößertes rumänisches Königreich mit sich. Außer den Gegenden des alten Rumänien (Moldawien und der Walachei) umfasste es die Ungarn abgenommenen Gebiete im Nordwesten (siehe oben), vormals österreichisches Terrain im Norden (Bukowina) sowie Gebiete im Nordosten, die Russland abgeben musste (Bessarabien) (Karte 2.11). Zwischen den Weltkriegen bestand die rumänische Judenheit aus kulturell grundverschiedenen jüdischen Gemeinden mit unterschiedlichen Bräuchen, Dialekten des Jiddischen und religiösen und politischen Einstellungen. Die ungarischen Juden im rumänischen Staat sprachen einen anderen

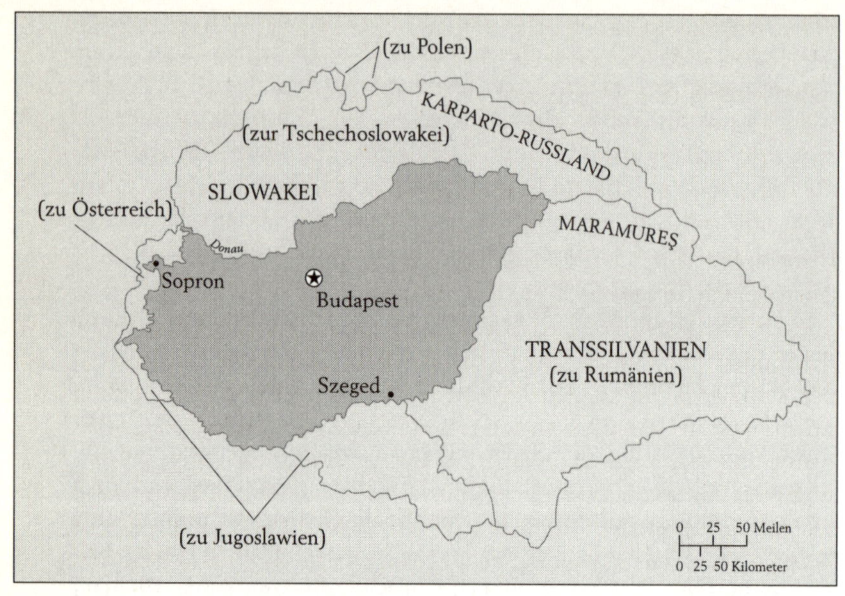

Karte 2.10

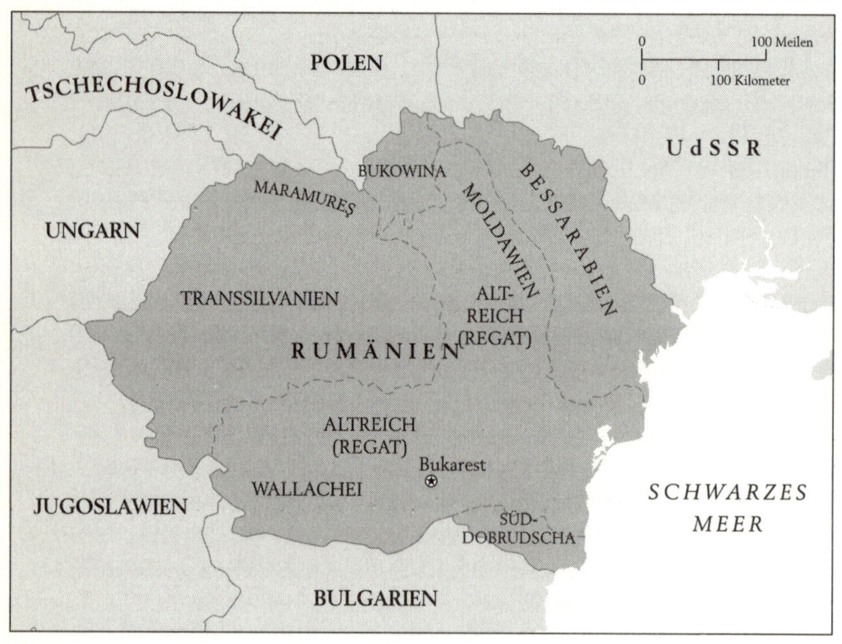

Karte 2.11

jiddischen Dialekt als die übrigen Juden (eher wie das Jiddische Galiziens), häufig sprachen sie auch Ungarisch, und sie waren stark von der ungarischen Kultur beeinflusst.

»Jüdische Geographie«

Topographie, Klima und Herrscher waren für Juden und ihre nichtjüdischen Nachbarn jeweils dieselben, dennoch hatten die Juden oftmals eine andere Vorstellung von geographischen Verhältnissen als die Nichtjuden. Die Bindung der Juden ans Heilige Land mochte rein religiös sein, doch Bilder von Jerusalem und anderen heiligen Städten tauchten oft in Gemälden an den Wänden von Synagogen oder in illustrierten Volksbüchern auf und spielten insofern in der jüdischen Vorstellungswelt häufig eine wichtige Rolle. Als Kaufleute und Handwerker reisten Juden nicht selten mehr als ihre in der Landwirtschaft tätigen Nachbarn und hatten somit auch eine breitere geographische Perspektive. Sie waren womöglich bereits am nächsten Marktflecken oder sogar in der nächsten großen Stadt gewesen und standen vermutlich im Briefwechsel mit weit entfernt lebenden Angehörigen. In einigen Fällen waren die Netzwerke der Juden aus Geschäftsverbindungen, Angehörigen und Briefpartnern weniger an politische Grenzen geknüpft als die der Nichtjuden, doch manchmal war auch das Gegenteil der Fall. Ihr Geschichtsgedächtnis reichte zu anderen Vorfahren und Herkunftsorten zurück als das ihrer Nachbarn. Noch nach 1000 Jahren beteten die aschkenasischen Juden in Nord- und Osteuropa für den Exilarchen und die Leiter der babylonischen Akademien, die es nicht mehr gab. An der Wand der Synagoge in Mohilew, tief im Osten Weißrusslands, befand sich eine phantasievolle Zeichnung von Worms, einer der ersten aschkenasischen Ansiedlungen am Rhein. In der Vorstellungswelt der religiösen Juden spielten die Zentren jüdischen Lebens in Städten wie dem antiken Alexandria, Sura, dem mittelalterlichen Fez, Rotenburg oder Troyes und in den kleinen Städten der Neuzeit Woloschin, Lubawitsch, Radin und Sadagora eine große Rolle. Nichtjuden hatten andere Assoziationen: Rom, Byzanz, Mekka und Moskau.

Die Juden grenzten Regionen auch anders ab, als es die übrige Welt tat. »Aschkenas« ist ein Begriff, der in der jüdischen Kultur mindestens drei unterschiedliche Bedeutungen gehabt hat: In der Bibel bezeichnete er eine Gegend in der Nähe des Schwarzen Meers. Im Mittelalter gebrauchten Juden diese Bezeichnung für Deutschland. Nach der Emigration der deutschen Juden nach Osteuropa wurden die Bedeutungen von »Aschkenas« und »aschkenasisch« geographisch erweitert und bezeichneten schließlich ganz Europa von Holland bis Weißrussland, von Rumänien bis Lettland. Bei der Bezeichnung »Sepharad« fand eine ähnliche Ausweitung statt. Ursprünglich war damit ein bestimmter Ort in Kleinasien gemeint. Später war es der Name für Spanien, und nach der Vertreibung der Juden aus Spanien erweiterte sich die Bedeutung auf sämtliche Länder, in denen die Exilanten sich niederließen (das Osmanische Reich, Holland und Teile Nordafrikas). Der Begriff »sephardisch« hat sogar eine noch größere Ausweitung erfahren als »aschkenasisch«, denn er wird unbestimmt für sämtliche nichtaschkenasischen Juden gebraucht. Litauen war in der jüdischen Vorstellung mehr als sechsmal so groß wie die moderne Republik Litauen. Im heutigen populären Sprachgebrauch Israels bezeichnet »kurdisch« nicht das Kurdische und die Kurden, sondern das Aramäische und das ethnisch Spezifische der Juden aus den kurdischen Regionen. Die Juden Zentralasiens sind heute noch die »Juden aus Buchara«, nach dem ehemaligen Khanat Buchara, gleichgültig ob sie nun im heutigen Usbekistan oder in Tadschikistan oder Turkmenistan leben.

Nicht nur die Bezeichnungen für die verschiedenen Gruppen von Juden, auch die Geographie unterscheidet sich von der der Nichtjuden. In Deutschland trennen die grundlegendsten sprachlichen und ethnischen Unterschiede den Norden vom Süden des Landes. Bei den Juden Deutschlands bestanden die tiefgreifendsten kulturellen Unterschiede zwischen den Gebieten östlich und westlich der Elbe. Ebenso folgen die größten kulturellen Unterschiede innerhalb der osteuropäischen Judenheit Verwaltungsgrenzen des 18. Jahrhunderts oder noch früheren Grenzen, während spätere Grenzen viel weniger tiefgreifende Auswirkungen hatten. Die Kulturgrenzen innerhalb der slawischen Kultur verlaufen oft ganz anders als die innerhalb der jüdischen Kultur.

Allgemeine Strukturen jüdischer Ansiedlung

Wie man sieht, ist die Migrationsgeschichte des jüdischen Volkes lang und komplex, sie eignet sich nicht zu Verallgemeinerungen. Und doch scheint es einige wenige allgemein gültige Muster zu geben, die man zur Kenntnis nehmen sollte. Erstens beschränkte sich die jüdische Besiedlung traditionell mehr oder weniger auf die Gegenden, in denen Christentum oder Islam zur dominierenden Religion wurden. Zwar siedelten Juden sich manchmal auch in Gebieten an, deren Bewohner Heiden waren, doch scheint eine solche Situation im Mittelalter und danach nicht von großer Dauer gewesen zu sein. Entweder wurden die Heiden christianisiert (wie in Litauen) oder islamisiert, oder die jüdische Gemeinde assimilierte sich allmählich und löste sich auf (wie in China). Sogar die scheinbare Ausnahme Indien, wo die Hauptreligion keine der »Tochterreligionen« des Judentums war, ist keine echte Ausnahme. Die am längsten überdauernde Siedlung rabbinischer Juden in Cochin befand sich in derjenigen indischen Provinz (Kerala), in welcher der christliche Einfluss am stärksten war.

In Asien stimmten die östlichen Grenzen der großen Reiche Persiens und Alexanders des Großen mit wenigen Ausnahmen auffällig mit den östlichen Grenzen jüdischer Besiedlung vor dem 19. Jahrhundert überein. Lediglich im Jemen und in Indien entstanden bedeutende jüdische Gemeinden in Gebieten, die nicht zu den beiden Weltreichen gehört hatten. Sogar das ferne Buchara war vormals Teil des Persischen und des Alexanderreiches gewesen. Auch in Afrika beschränkte sich die vorneuzeitliche jüdische Besiedlung größtenteils auf Gebiete, die zum Territorium des Römischen Reiches gehört hatten. Äthiopien, die einzige Ausnahme, hatte eine ungewöhnliche Gemeinde, und sogar dort lebten die Juden in einer christlich dominierten Kultur. Nur in Europa gab es bedeutende jüdische Gemeinden weit nördlich und östlich der alten Weltreiche. Die Aschkenasim, die jemenitischen Juden und in geringerem Maße auch die Sephardim waren die jüdischen Hauptgruppen außerhalb der alten Reiche. Die externen und internen Push- und Pull-Faktoren verstreuten die traditionellen Juden über ein großes, aber noch immer begrenztes Gebiet in Asien, Nordafrika und Europa. Zwar änderte sich das Muster im Laufe der Zeit, doch an den meisten Orten blieb das Gesamtbild über Jahrhunderte stabil.

Wenn wir Alter und Größe der verschiedenen jüdischen Kulturgruppen vergleichen, werden wir mit einem interessanten, ungelösten Paradoxon konfrontiert. Die bei weitem größte jüdische Gruppe, die Aschkenasim, ist zugleich die jüngste. Und die höchste Konzentration aschkenasischer Besiedlung fand sich genau in den Gebieten Osteuropas, wo sie am jüngsten war. 500 Jahre Massenansiedlung in Osteuropa ist zwar gewiss keine kurze Zeitspanne, doch gemessen an uralten jüdischen Gemeinden wie denen im Irak und Iran ist es auch keine außerordentlich lange.

Als die aschkenasische Gemeinde vor etwa 1000 Jahren im Rheintal in Erscheinung trat, war sie eine kleine Gruppe. Viele Historiker beziffern die aschkenasische Judenheit des Mittelalters mit nur ungefähr 10 000 bis 20 000 Personen. Die große Mehrheit der Juden lebte im Mittelalter in muslimischen Ländern, und Judäoarabisch war vermutlich die von den meisten Juden gesprochene Sprache. In späteren Jahrhunderten vermehrte sich die aschkenasische Judenheit jedoch explosionsartig, während die Größe anderer jüdischer Gruppierungen stagnierte. 1650 bildeten die Aschkenasim bereits die Mehrheit in der Weltjudenheit, und 1900 lag ihr Anteil bei weit über 80 Prozent, die sich vor allem auf dem Gebiet des ehemaligen mittelalterlichen Königreichs Polen konzentrierten.

Das enorme Bevölkerungswachstum der aschkenasischen Judenheit ist umso verblüffender, als sie im christlichen Europa lebten, dem größten Schauplatz der Judenverfolgung. Obwohl unter den Aschkenasim viel häufiger Massaker angerichtet wurden als unter den Juden der muslimischen Welt, waren es doch die Aschkenasim, deren Zahl weiter zunahm. Weder kennen wir die genauen Gründe für diese demographischen Veränderungen, noch haben mehr als einige wenige Wissenschaftler diesem Phänomen überhaupt Beachtung geschenkt. Wuchs die aschkenasische Bevölkerung hauptsächlich durch Zuwanderung aus anderen Teilen der Welt, aufgrund von explosionsartig ansteigenden Geburtenraten oder, was am wahrscheinlichsten ist, infolge wachsenden Wohlstands und gesunkener Sterbeziffern in den westlichen Ländern der Moderne?

Meine Erörterung der Migrationsgeschichte der Juden hat sich im Wesentlichen auf die Aufzählung der verschiedenen Kulturregionen mit einigen Informationen zur Chronologie der ersten Besiedlung im jeweiligen Gebiet beschränkt. Nicht genau nachvollzogen haben wir – hauptsächlich, weil es praktisch unmöglich zu rekonstruieren ist –, auf welchen Routen die Juden von einem Land zum nächsten zogen. Schon die wenigen Angaben, die ich zu ihrer Herkunft gemacht habe, können einen Eindruck von Genauigkeit erwecken, der in Wirklichkeit irreführend ist. Für fast keines der Siedlungsgebiete ist die früheste Ansiedlung dokumentiert. Häufig sind die mündlichen Überlieferungen, Legenden und schriftlichen Belege über die ersten Juden in einer jeweiligen Region sehr widersprüchlich.

Ein weiteres Charakteristikum jüdischer Siedlungsmuster ist ihre Diskontinuität. Das ist in Europa besonders auffällig, kann jedoch auch in Teilen von Asien und Afrika beobachtet werden. Die jüdische Besiedlung wurde oftmals von Verfolgung und Vertreibung unterbrochen, und manch eine jüdische Gemeinde musste in vier oder fünf Anläufen jeweils neu gegründet werden. Manchmal war eine spätere Gemeinde anderen Ursprungs als die erste. Ein einfaches Beispiel ist Wien. Juden ließen sich dort erstmals im 13. Jahrhundert nieder, wurden 1421 vertrieben und kehrten im 16. Jahrhundert zurück – nur, um 1670 »endgültig« vertrieben zu werden. Auch nach dieser Vertreibung blieb eine kleine Anzahl privilegierter Juden in der Stadt. Bis zur Mitte des 19. Jahrhunderts war die jüdische Bevölkerung Wiens klein, doch zwischen 1857 und 1910 wuchs sie von 6 200 auf 175 000 an. Ein weiteres Beispiel ist die jüdische Ansiedlung in Spanien. Zum ersten Mal gelangten Juden in römischer Zeit dorthin, wurden jedoch von den christlichen Westgoten im sechsten und siebten Jahrhundert verfolgt. Nach der muslimischen Eroberung 711 siedelten die Juden wieder in Spanien. Waren die Juden im muslimischen Spanien die Abkömmlinge heimlicher Juden, Überlebender aus römischer Zeit, oder waren sie neu mit den Arabern eingewandert, und wenn ja, aus welchen arabischen Ländern? Vergleichbare Geschichten, die ähnliche Fragen aufwerfen, ließen sich für Hunderte europäischer Gemeinden finden.

Die Migrationsrichtung kehrte sich im Laufe der Zeit häufig um. Im frühen Mittelalter wanderten die Juden von Südeuropa, insbesondere von Italien, nach Nordeuropa, vor allem nach Frankreich, England und Deutschland. Die Vertreibungen des 13., 14. und 15. Jahrhunderts zwangen die Juden, ostwärts nach Polen zu ziehen. Im 18. und 19. Jahrhundert kehrte sich die Migration dann um, und Juden aus Galizien und dem Russischen Reich zogen westwärts nach Deutschland, Frankreich und England. In den beiden letztgenannten Länder stellten sie die Mehrheit der jüdischen Bevölkerung. In ähnlicher Weise siedelten aschkenasische Juden im späten Mittelalter und in der Renaissance in Norditalien und kehrten damit die Richtung der Jahre zuvor erfolgten Migration wieder um. Zwischen Polen und Italien fand Migration in beide Richtungen statt. Infolgedessen hatten manche osteuropäischen Juden Namen wie Padwa, und manche italienischen Juden hießen Polacco. Würden wir eine genaue Karte aller jüdischen Migrationsbewegungen anfertigen, wäre sie so voller sich überlagernder Pfeile, Richtungsumkehrungen und Mischungen der aus verschiedenen Richtungen kommenden, diversen Immigrantenwellen, dass sie unlesbar wäre. Die konkrete Geschichte jeder einzelnen jüdischen Gemeinde ist komplizierter, als man es in einer zusammenfassenden Übersicht darstellen kann. Jede Gemeinde, wie groß auch immer, ist anders. Einige Sephardim wanderten nach Polen, und manche Aschkenasim gingen in die Türkei, selbst wenn sie dort eine Minderheit bildeten. Nachkommen verschiedener Migrationswellen lebten in denselben Gemeinden, heirateten untereinander und verschmolzen schließlich zu einer einzigen Gemeinde. Ähnliche Migrationsmuster und Vermischungen kultureller Gruppen setzen sich bis heute fort, allerdings in viel größerem Maßstab als je zuvor.

Seit dem späten 19. Jahrhundert hat sich das in diesem Kapitel umrissene traditionelle geographische Muster der Diaspora völlig verändert. Die Gründe dafür waren verbesserte Geschäfts- und Beförderungsmöglichkeiten, die Gräueltaten des Holocaust und die bemerkenswerte Wiedergeburt des Staates Israel. In den Gebieten, in denen vor 150 Jahren die größten jüdischen Bevölkerungen lebten, gibt es heute gewöhnlich nur noch kleine oder gar keine jüdischen Gemeinden mehr. Die größten jüdischen Gemeinden befinden sich jetzt in Gebieten, in denen 1850 kaum oder gar keine Juden lebten: in den Vereinigten Staaten, in Israel, in der Republik Russland, in Frankreich, England und Argentinien. Sogar in Russland, das eine Ausnahme zu bilden scheint, konzentrieren sich die Gebiete jüdischer Ansiedlung heute auf Moskau und St. Petersburg – beides Gebiete außerhalb des Ansiedlungsrayons, der bis 1917 galt. Während das traditionelle jüdische Siedlungsmuster sich mit den Mustern traditioneller Kultur, die sich in Sprache, Speisen und Kleidung ausdrückt, deckte, hat sich die überwältigende Mehrheit der Juden in den neuen Bevölkerungszentren von den meisten dieser traditionellen Muster gelöst oder hat lediglich wenige symbolische Überreste beibehalten. Das jüdische Leben geht weiter, doch die Zeit der alten Gemeinden der Diaspora ist größtenteils zu Ende.

III

Jüdische Sprachen

Ähnlichkeiten und Unterschiede

Was ist eine jüdische Sprache? Das ist eine einfache Frage mit einer komplizierten Antwort. Eine Sprache ist nicht schon deshalb jüdisch, weil einige Juden sie sprechen. Sonst wäre Englisch heute die am weitesten verbreitete jüdische Sprache. In der Diaspora waren die Juden meistens mehrsprachig. Das bedeutete nicht nur, dass sie untereinander ihre jüdische Sprache und im Gespräch mit ihren nichtjüdischen Nachbarn eine andere Sprache verwendeten. Es war eher so, dass die Juden über eine innere Zweisprachigkeit verfügten. An den meisten Orten kommunizierten sie in zwei verschiedenen »jüdischen« Sprachen. Eine davon, das Hebräische, war die Sprache des Gebets, der heiligen Schriften und der Gelehrsamkeit; die andere war die jüdische Umgangssprache, die im Alltag gesprochen wurde. Nach der im ersten Kapitel vorgenommenen Kategorisierung steht das Hebräische für die »große Tradition« und die Umgangssprache für die »kleine«. Das Hebräische war den Juden in den meisten, jedoch nicht in allen Kulturen gemeinsam, die Umgangssprachen hingegen waren von Land zu Land verschieden und für die jeweils andere Kultur nicht verständlich.

Wodurch wurde eine jüdische Umgangssprache jüdisch? Meistens wiesen die Umgangssprachen der traditionellen jüdischen Gemeinden diverse gemeinsame Eigenschaften auf. Erstens handelte es sich um Sprachen, welche die Juden an irgendeinem Punkt ihrer Migrationsbewegungen im Kontakt mit Nichtjuden erlernt hatten. Somit waren sie nicht jüdischen Ursprungs, obwohl sie häufig jüdische Merkmale (wie das hebräische Alphabet) aufwiesen und jüdische Funktionen erfüllten (wie die Beschreibung von Einzelheiten des jüdischen Zeremoniells). Zweitens wurden sie meist nicht formal im Schulunterricht erlernt, sondern durch einfaches Zuhören. Da die Sprachen mündlich erlernt wurden und auf dem Gebrauch der Umgangssprache basierten, verwendeten die Juden für die Niederschrift gewöhnlich ihr eigenes hebräisches Alphabet. Die wichtigste Ausnahme bildet das

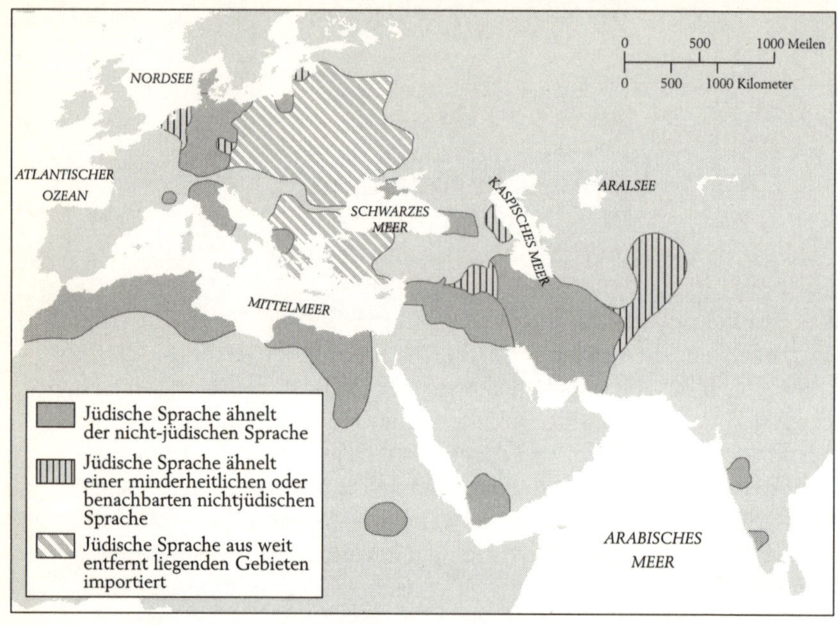

Karte 3.1: Ähnlichkeiten und Unterschiede jüdischer und nichtjüdischer Sprachen.

Altgriechische, für das die Juden tatsächlich das griechische Alphabet verwendeten. Drittens war den jüdischen Sprachen normalerweise eine mehr oder weniger große Anzahl von Wörtern hebräischen Ursprungs beigemischt (genauer gesagt: hebräischen und aramäischen Ursprungs). Viertens wiesen jüdische Sprachen oft Bestandteile der Sprachen auf, die Juden in einem früheren Migrationsstadium gesprochen hatten. Und schließlich unterschieden sich die jüdischen Sprachen oft hinsichtlich Semantik, Aussprache, Intonation und Grammatik von der Sprache der nichtjüdischen Bevölkerung, bei der die Juden lebten.

Normalerweise glichen die jüdischen Sprachen anfangs denen ihrer andersgläubigen Nachbarn. Manchmal jedoch sprachen Juden und Nichtjuden als Resultat der Migration völlig verschiedene Sprachen, und die Umgangssprache der Juden glich der von Nichtjuden in einem anderen Teil der Welt (Karte 3.1).

Variationen im Hebräischen

Ich habe zwar zu Anfang das Hebräische als den Faktor bezeichnet, der die Juden weltweit eint, doch diese Feststellung muss in einigen Punkten eingeschränkt werden. Erstens kannten, wie in Kapitel zwei erwähnt, gewisse Gruppen von Juden überhaupt kein Hebräisch, beispielsweise Beta Israel in Äthiopien. Doch sogar bei der Mehrheit der Juden, die das Hebräische verwendeten, waren der einenden Kraft der gemeinsamen Sprache Grenzen gesetzt. Mit Ausnahme der Rabbiner und Gelehrten (und manchmal galt das nicht einmal für alle von ihnen) konnten die meisten Juden das Hebräische als eigenständige Sprache kaum schreiben, geschweige denn sprechen. Sie konnten ihre Gebete auf Hebräisch verrichten, mechanisch ablesen, vielleicht sogar einige Passagen aus der Bibel oder dem Talmud in die Umgangssprache übersetzen. Das Hebräische fungierte als heilige, nicht als lebendige, gesprochene Sprache. Die einende Kraft des Hebräischen beschränkte sich auf seine schriftliche Erscheinungsform. Was die Juden in aller Welt miteinander teilten, waren hebräische oder aramäische *Schriften*, darunter die Bibel, das Gebetbuch, der Talmud und die Pesach-Haggada. Da sie jedoch nur die schriftliche Version dieser Texte gemeinsam hatten, konnten sie nicht hören, wie das Hebräische ihrer jüdischen Glaubensgenossen *klang*. Infolgedessen konnten Juden in verschiedenen Ländern die gleichen Wörter lesen, folgten dabei jedoch unterschiedlichen Lese- und Aussprachetraditionen.

Ohne zu sehr ins Detail zu gehen, mag ein Blick auf verschiedene Beispiele unterschiedlicher Lesetraditionen doch hilfreich sein. Bei den rabbinischen Juden gab es, wie im zweiten Kapitel erwähnt, drei Hauptaussprachetraditionen: die aschkenasische, die sephardisch-orientalische und die jemenitische. Nichtrabbinische Gruppen wie die Samaritaner hatten eine ganz andere Lesetradition. Betrachten Sie das bekannte hebräische Wort שַׁבָּת (»Sabbat«). Auch wenn Sie nicht Hebräisch lesen können, wird Ihnen auffallen, dass unter den Buchstaben dieses Wortes zwei verschiedene Vokalzeichen stehen. Hebräisch wird von rechts nach links gelesen. Der erste Vokal (unter dem rechten Buchstaben) heißt Patach und der zweite Kamatz. Außerdem können Sie sehen, dass sich im letzten Buchstaben ת (Tav) kein Punkt (Dagesch) befindet. In der aschkenasischen Tradition wird das Wort *sha'bos* ausgesprochen, mit zwei verschiedenen Vokalen und Betonung auf der ersten Silbe. Der letzte Buchstabe wird *s* ausgesprochen, weil das End-Tav keinen Punkt hat. Hätte es einen Punkt, würde es *t* ausgesprochen. In der sephardisch-orientalischen Tradition, der Basis des modernen israelischen Hebräisch, wird das Wort *shaba't* ausgesprochen, mit Betonung auf der zweiten Silbe. Zwischen dem ersten und zweiten Vokal oder zwischen Tav mit und ohne Punkt (beides wird *t* ausgesprochen) wird kein Unterschied gemacht. Somit haben sich im aschkenasischen Hebräisch diverse Unterscheidungen erhalten, die im sephardisch-orientalischen Hebräisch nicht zu finden sind. Das jemenitische Hebräisch unterscheidet sich wiederum von beiden Systemen. Hier wird das Wort *shabo'th* ausgesprochen. Wie das aschkenasische Hebräisch unterscheidet es zwischen den beiden Vokalen und zwischen Tav mit oder ohne Punkt, doch anders als im aschkenasischen Hebräisch wird im jemenitischen der letzte Buchstabe *th* ausgesprochen (wie im englischen *teeth*), und die Betonung liegt auf der Endsilbe. Die Aussprache der italienischen Judenheit, einem Zwischenglied zwischen sephardischer und aschkenasischer Tradition, stellte ein Zwischenstadium dar: In Italien wird das Wort *shaba'd* ausgesprochen, mit sephardisch-orientalischer Betonung und ohne Unterscheidung zwischen den Vokalen, jedoch mit der aschkenasischen Unterscheidung zwischen Tav mit oder ohne Dagesch (allerdings *d* statt *s* ausgesprochen).

Welche ist nun die ursprüngliche Aussprache? Vermutlich keine. Wir können nur vermuten, dass die drei Ausspracheetraditionen von einem gemeinsamen Vorfahren abzweigten, aber wie der geklungen hat, können wir nicht wissen. Wir wissen, dass die Abweichungen im Wesentlichen auf einer Behinderung der Kommunikation durch die Entfernung beruhen. Die Leute hörten nur das in ihrer Gegend gesprochene Hebräisch, andere Aussprachemöglichkeiten kamen ihnen nie zu Ohren. Vermutlich hat sich in jeder Tradition das eine oder andere Element des gemeinsamen Ursprungs bewahrt, das in den anderen Traditionen fehlt. Das samaritanische Hebräisch, das schon sehr früh von den anderen Traditionen abzweigte, verfügt über sehr viel weniger Unterscheidungen als jede der rabbinischen Lesetraditionen. Möglicherweise ist es ganz anderen Ursprungs als die drei rabbinischen Traditionen (Tabelle 3.1).

Es gibt noch viele andere systematische Abweichungen zwischen den drei Haupttraditionen, und auch innerhalb dieser Traditionen gibt es Abweichungen. Einige von ihnen möchte ich skizzieren, ohne zu sehr ins Detail zu gehen. Zurück zum Dagesch: Das Hebräische hat bis zu sechs Buchstaben, die verschieden ausgesprochen werden, je nachdem ob sie einen Punkt haben oder nicht: Beth, Gimmel, Dalet, Kav, Pe und Tav. Das Hebräisch der Samaritaner kennt diese Aussprache-Unter-

Unterscheidung zwischen Buchstaben mit oder ohne Punkt: + = Aussprache unterschiedlich - = Aussprache gleich		Samaritanisch	Jemenitisch	Judäoarabisch (andere)	Judäopersisch	Sephardisch	Italienisch	Georgisch	Aschkenasisch
ב Beth	b/v	-	+	-	+	+	+	+	+
ג Gimmel	g/gh(r)	-	+	+	+	-	-	-	-
ד Dalet	d/dh	-	+	-	-	-	-	-	-
כ Kav	k/kh	-	+	+	+	+	+	+	+
פ Pe	p/f	-	+	+	+	+	+	-	+
ת Tav	t/th, t/d oder t/s	-	+	- (+ im Irak)	-	-	+	-	+
Aussprache von Ajin + = guttural - = stumm ng = wie in »singen« q = gutturales k		-	+	+	-	-	ng	q	-

Tabelle 3.1

scheidung nicht. Sie sprechen diese Buchstaben immer *b, g, d, k, p* und *t* aus. Das jemenitische Hebräisch und einige andere orientalische Traditionen (zum Beispiel die des Irak) machen die Unterscheidung bei allen sechs Buchstaben. So wird zum Beispiel im jemenitischen Hebräisch Beth als *b* und w, Gimmel als *dsch* (wie in »Dschungel«) und *r* (hinten in der Kehle), Dalet als *d* und *dh,* Kaf als *k* und *kh* (wie *ch* im deutschen »ach«), Pe als *p* und *f* und Tav als *t* und *th* gesprochen, je nachdem, ob sie mit einem Dagesch versehen sind oder nicht. Die aschkenasischen und italienischen Juden verfügen nur bei vier Buchstaben über die Unterscheidung zwischen mit und ohne Punkt. Die meisten anderen sephardisch-orientalischen Traditionen haben dieses Unterscheidungsmerkmal bei drei, manche jedoch auch bei zwei, vier oder fünf Buchstaben (Tabelle 3.1). Bei den Aschkenasim sind Alef und Ajin stumme Laute, die meisten Juden in der arabischen Welt sprechen sie hingegen als zwei eigenständige Kehlkopflaute aus. (Um den Unterschied zu erkennen, sollte man »verreisen« und »vereisen« laut aussprechen. Die Aussprache der zweiten Silbe in »ver-eisen« vermag den

Kehlkopflaut (Glottisschlag) in Alef in etwa zu veranschaulichen. Der Kehlkopflaut in Ajin wird dagegen ungefähr so ausgesprochen, als wenn man zur selben Zeit ein *r* hinten in der Kehle und ein *ng* wie in »singen« artikuliert.) Sie unterscheiden auch zwischen Chav und Chet und oft auch zwischen Kav und Kuf. Alle diese Unterscheidungen sind den aschkenasischen und vielen sephardisch-orientalischen Juden außerhalb der arabischen Länder vollständig verloren gegangen.

Das moderne israelische Hebräisch folgt angeblich der sephardischen Tradition. Das stimmt jedoch nur teilweise. Das israelische Hebräisch wurde von säkularisierten Juden geschaffen, die mit ihrer Vergangenheit, der *Galut* (»Diaspora«), brechen wollten. Sie lehnten ihre muttersprachliche Tradition ab und kopierten die Aussprache der Sephardim. Doch sie taten dies mit »aschkenasischen Ohren«. Den Kehlkopflaut Ajin, den Knacklaut Chet oder das hinten aus der Kehle kommende Kuf hörten sie nicht. Insofern wird das moderne Hebräisch im Allgemeinen so ausgesprochen, wie das sephardische Hebräisch nach Meinung der aschkenasischen Juden klang. Die aschkenasischen Juden stellen in Israel das Gros der wohlhabenderen und angesehenen Bevölkerung, und so schämen sich viele Juden aus arabischen Ländern ihrer heimischen Aussprache und haben ihre mittelöstlichen kehligen Laute aufgegeben. Deshalb ist das moderne Hebräisch eine homogenisierte Variante der früheren Vielfalt der Aussprachetraditionen – das Ergebnis des Zusammentreffens der verschiedenen Traditionen in einem Land.

Jüdische Umgangssprachen

So groß die Unterschiede zwischen den Lesetraditionen des Hebräischen auch gewesen sein mögen, verglichen mit den Unterschieden zwischen den Umgangssprachen waren sie eher klein. Beträte ein traditioneller Jude die Synagoge einer anderen Tradition, in der das moderne israelische Hebräisch nicht verwendet wird, würde er vermutlich erkennen, dass die Gottesdienstsprache Hebräisch ist, hätte jedoch Schwierigkeiten, dem Gebet zu folgen. Was ihre Umgangssprachen anbetraf, so hatten die verschiedenen jüdischen Traditionen nicht einmal Texte gemeinsam, die alle lesen konnten. Sogar die in allen Sprachen mehr oder weniger vorhandenen hebräischen Bestandteile wichen oft voneinander ab. Die aschkenasischen Juden wünschten sich *mazel tov* (ein Glückwunsch, wörtlich: »ein gutes Sternbild«), die orientalischen Juden sagten hingegen *besiman tov* (wörtlich: »mit einem guten

Zeichen«). Die aschkenasischen Juden in Osteuropa beteten nach einem täglichen oder wöchentlichen *Sidur* [Gebetbuch], die Aschkenasim in Deutschland und viele Sephardim gebrauchten dagegen das Wort *tfila* (wörtlich: »Gebet«) für das Gebetbuch. An Feiertagen beteten Aschkenasim und Sephardim aus einem *machzor,* während die jemenitischen Juden sich dabei eines *tiklal* bedienten. Ich könnte noch zahllose weitere Beispiele anführen.

Die meisten Wörter in den jüdischen Umgangssprachen waren jedoch überhaupt nicht hebräischen Ursprungs. Manchmal traf dies sogar auf Wörter zu, die religiöse Belange bezeichneten, wie »beten«, »die Tora lesen«, »warme Sabbatspeise«, »Käppchen« oder »Synagoge«. Wollten wir diese Ausdrücke auf einer Karte erfassen, würden wir feststellen, dass die Grenzen für die verschiedenen Wörter jeweils unterschiedlich verlaufen. Beispielsweise hatte das umgangssprachliche jüdische Wort für Synagoge in vielen christlichen Ländern ursprünglich die Bedeutung »Schule« (*schul* bei den aschkenasischen Juden, *scola* bei den italienischen Juden, *ecole* bei den Juden im Frankreich des Mittelalters). Eine Erklärung für diese Bezeichnung ist, dass die Regierungen Beschränkungen für den Bau von Synagogen erließen. Um also das offizielle christliche Gesetz zu umgehen, sagten die Juden, sie bauten Schulen statt Synagogen. In anderen Ländern verwendeten die Juden Varianten des griechischen *synagogḗ* (wörtlich: »Versammlungsort«). Bei den spanischsprachigen Sephardim hieß die Synagoge *esnoga,* was von Juden in Teilen der Arabisch sprechenden Welt *snugha* ausgesprochen wurde (wobei man *gh* wie ein Kehlkopf-*r* spricht). Juden in anderen arabischen Ländern gebrauchten das arabische Wort *sla* (wörtlich: »Gebet«), während man im Iran und bei den Karäern auf der Krim *kenisa* sagte.

Um das Wesen der jüdischen Umgangssprachen zu verstehen, sieht man sich am besten Beispiele einiger konkreter jüdischer Sprachen daraufhin an, wie sie sich entwickelten und was sie voneinander unterschied. Beginnen wir mit einem Blick auf die Sprache, die im Westen am bekanntesten ist und die meisten Sprecher hatte – das Jiddische.

Zwar ist die Grundstruktur des Jiddischen germanisch, doch wies die Sprache (wie sie in Osteuropa gesprochen wurde) zumindest drei weitere wichtige sprachliche Elemente auf: hebräisch-aramäische, romanische und slawische. Darin spiegelt sich die Migrationsgeschichte der aschkenasischen Juden. Das romanische Element, das heute nur noch aus wenigen Wörtern besteht, früher aber größer war, sagt viel über die Herkunft der Aschkenasim aus. Es stützt die auf historischen Dokumenten und jüdischen Namen basierende Theorie, dass die ersten

Juden in Deutschland hauptsächlich aus Frankreich und Italien gekommen waren. Viele Wörter mit Bezug zum religiösen Leben stammten von diesem romanischen Element ab. Das Wort für »segnen«, *benshn,* ist ein solches Wort, es kommt vom lateinischen *benedicere,* vermutlich über das Italienische. Eine Theorie besagt, dass Juden, die ins mittelalterliche Deutschland kamen, das damalige deutsche Wort *segenen* mieden, weil es ursprünglich »das Zeichen des Kreuzes machen« bedeutet hatte. Ein anderes Wort mit religiöser Bindung ist dasjenige für »lesen«, insbesondere »die Tora lesen.« Das aschkenasische Wort hierfür, *leyenen,* stammt vom altfranzösischen *leier* ab. Es ist ein gutes Beispiel für ein Wort, das von einer früheren »Station« in der jüdischen Migration stammt. Eine merkwürdige Eigentümlichkeit veranschaulicht diesen Punkt noch weiter. Wenn aschkenasische Juden das romanische Wort *leier* gebrauchen, dann sollte man doch meinen, dass Juden mit Umgangssprachen, die auf den romanischen Sprachen basierten, ebenfalls dieses Wort verwenden. Dem ist aber nicht so. Stattdessen verwenden sie ein Wort, das von einer noch früheren Migrationsstation herrührt: das griechische *meletare.* Auf Judezmo lautet das Wort also *meldar,* auf Judäoitalienisch *meletare,* und im mittlerweile ausgestorbenen Judäofranzösisch *miauder.* Deutsche Juden bewahrten einige romanische Wörter, die ihren nach Osteuropa emigrierten, aschkenasischen Religionsgenossen verloren gingen. Darunter sind *oren,* was »beten« bedeutet (vom lateinischen *orare), prayen* für »fragen« oder »einladen« (vom altfranzösischen *preier*) und *piltsl* für »Dienstmädchen« (vom altfranzösischen *pulcelle*).

Ein sehr interessantes Beispiel für das romanische Element im Jiddischen ist das Wort, welches die Sabbatspeise bezeichnet, die über Nacht kochen und bis zum nächsten Tag warm gehalten werden musste, um den Juden zu ermöglichen, eine warme Mahlzeit zu sich zu nehmen, ohne das Kochverbot am Sabbat zu verletzen. Solche Speisen gibt es in allen rabbinischen Gemeinden, die Rezepte weichen allerdings weit voneinander ab, wie wir im sechsten Kapitel sehen werden. Im Talmud werden solche Speisen als *chamin* bezeichnet (wörtlich: »erwärmt«). Die aschkenasischen Juden gebrauchten das altfranzösische Wort für »aufwärmen«, *chalent* (es hat die gleiche Wurzel wie das im Deutschen gebräuchliche Wort »nonchalant«, wörtlich: »nicht ganz erwärmt«). Dies ist der Ursprung des jiddischen *tscholent* (in Deutschland *schalet* genannt).

Weitere romanische Elemente sind in den aschkenasisch-jüdischen Eigennamen zu finden. Im Allgemeinen sind die »komisch klingenden« Namen diejenigen mit romanischem Ursprung, beispielsweise *Vitl* (von lateinisch *vita,* »Leben«), *Shprintza* (von italienisch *speranza,* »Hoffnung«), *Bunem* (von altfranzösisch *bon homme* »guter Mann« oder *bon nom* »guter Name«), *Feitel* (von italienisch *vitale,* »lebendig«) oder *Feivush* (von altfranzösisch *vives* oder lateinisch *vivus,* »lebend«). Mein Favorit ist *Yente,* einst ein Frauenname, der vom altfranzösischen oder italienischen *gentil* oder *gentile,* »die Liebenswürdige«, herkam. Heute bezeichnet er gewöhnlich eine Klatschbase oder jemanden, der zu viel redet. Es ist ein weiter Weg von »der Liebenswürdigen« zu einer *yente.*

Als vor etwa 1000 Jahren Sprecher des Judäofranzösischen und -italienischen ins Rheinland gelangten, kamen sie in Kontakt mit verschiedenen deutschen Dialekten. Das moderne Jiddisch weist Bestandteile diverser deutscher, insbesondere süd- und mitteldeutscher, Dialekte auf. Die Dialekte Norddeutschlands, die dem Englischen näher stehen als dem modernen Deutsch, haben das Jiddische fast gar nicht beeinflusst. (In Norddeutschland sprach man in lokalen Dialekten von *up, planten, wat, dat* und *tid,* wohingegen es in süddeutschen Dialekten *auf, pflanzen, was, das* und *zeit* hieß. Im modernen Standardjiddisch heißt es: *af, flantsn, vos, dos* und *tsayt.*) Obwohl die ersten Aschkenasim mit westdeutschen Dialekten in Berührung kamen, basiert das moderne osteuropäische Jiddisch hauptsächlich auf bayrischen und sächsischen Dialekten, die zur Gruppe der östlichen Dialekte gehören. Juden begannen zwar bereits vor mindestens 1000 Jahren, germanische Dialekte zu sprechen, doch ein ausgeprägtes Jiddisch entwickelte sich nur allmählich. Vom Mittelalter bis etwa 1500 machte das Jiddische die meisten Veränderungen in der deutschen Sprache mit. Erst danach traten deutliche Abweichungen auf, als das Gros der Aschkenasim nach Polen abwanderte. Die jiddischen Dialekte der Juden, die in Deutschland zurückblieben, waren enger mit der Sprache ihrer Umgebung verwandt als mit dem osteuropäischen Jiddisch, dennoch gab es auffällige Unterschiede. So, wie die Weißen in den Vereinigten Staaten die Dialekte des Black English normalerweise verstehen konnten, jedoch für fehlerhaftes Englisch hielten, konnten auch die nichtjüdischen Deutschen das meiste von dem, was ihre jüdischen Nachbarn sagten, verstehen, dachten jedoch, diese sprächen ein korrumpiertes Deutsch. Als die meisten Aschkenasim nach Osteuropa abwanderten, verloren sie den Kontakt zu deutschen Sprechern, und ihre Sprache entfernte sich immer weiter vom Deutschen. Allerdings steht das moderne Jiddisch dem Deutschen auch heute noch näher als andere germanische Sprachen wie Niederländisch, Englisch oder Dänisch.

Das hebräische Element im Jiddischen war von Beginn an wichtig und spielt noch heute eine bedeutende Rolle im modernen Jiddisch, auch wenn die Wörter hebräischen Ursprungs gegenüber denen deutschen Ursprungs bei weitem in der Unterzahl sind. Hebräische Wörter finden auf verschiedene Weise Eingang ins Jiddische. Zum einen werden einzelne Wörter in jiddische Sätze unverändert übernommen. Im Allgemeinen werden sie dann eher wie Jiddisch ausgesprochen, als wenn man sie im Gebetbuch liest. So wird das im aschkenasischen Hebräisch *sha'bos* gelesene Wort in der Umgangssprache *sha'bes* ausgesprochen. *Ba'al habayis* (»Hausherr«) wird zu *balebo's,* und *yoym toyv* (»Feiertag«) wird zu *yo'ntef.* Dann werden hebräische Wörter im Jiddischen konjugiert und dekliniert wie germanische Wörter. Oder hebräischstämmige Wörter werden mit deutschen Artikeln kombiniert wie in *der shabes, di mikve* und *dos sefer,* und nichthebräische Wörter bekommen teilweise hebräische Pluralendungen wie in *doktoyrim.* Manchmal setzt sich ein Wort aus Bestandteilen mehrerer verschiedener Sprachenfamilien zusammen: *Rebetsin* (»Frau des Rabbiners«) verbindet die hebräischstämmige Wurzel *rabi* mit romanischen und germanischen weiblichen Endungen (*-etse,* beziehungsweise *-in*).

Schließlich gibt es dann noch das slawische Element im Jiddischen, das von vielen verschiedenen slawischen Sprachen herrührt. Am ältesten sind die tschechischstämmigen Wörter wie *nebech* (»armes Ding«) oder *pareve* (»weder Fleisch noch Milch«). Die meisten slawischen Wörter sind polnischen Ursprungs. Häufig werden sie noch so ausgesprochen wie auf einer älteren Sprachstufe des Polnischen. Zudem werden im Jiddischen im Gegensatz zum Polnischen unbetonte Silben zu ə (*shwa* – Schwa-Laut) reduziert, und die slawischen Kasusendungen der Substantive fehlen. Manchmal vereinfacht das Jiddische die komplizierten polnischen Konsonantengruppen. (So wurde die polnische Stadt Mszczonów – in modernem Polnisch *mschtscho'nuw* ausgesprochen – von den Juden *A'mshenev* ausgesprochen.) Manche Wörter haben im Jiddischen eine andere Bedeutung als im Polnischen. Das extremste Beispiel hierfür ist das polnische *modny* (»stilvoll«), das zu jiddisch *mo'dne* (»seltsam«) wurde. Es gibt Betonungsvarianten, die vom modernen Polnisch abweichen (zum Beispiel *po'dlege,* »Boden«, im polnischen Jiddisch, dagegen *podlo'ga* im Polnischen. Interessanterweise wird das jiddische Wort außerhalb polnischsprachiger Gebiete *podlo'ge* ausgesprochen, fast wie im modernen Polnisch). Polnischstämmige Wörter findet man auch in Gegenden, in denen gar kein Polnisch gesprochen wurde, wie der Ukraine oder Litauen, während einige ukrainische Wörter ins Jiddische der polnischsprachigen Gebiete eingedrungen sind.

Diese verschiedenen Elemente sind im Jiddischen derart miteinander verschmolzen, dass Wörter unterschiedlicher Herkunft grammatisch gewöhnlich gleichbehandelt werden. In ähnlicher Weise sind Wörter angelsächsischen, französischen und lateinischen Ursprungs im modernen Englisch miteinander verschmolzen und bilden eine einzige Sprache.

In Osteuropa hatte das Jiddische einen völlig anderen Stand als in Deutschland. Was immer ihre Nachbarn über die Juden und ihre Sprache gedacht haben mögen, es war nicht möglich, in ihr eine korrumpierte Form der lokalen Sprache zu sehen. Sie mussten sie für eine eigene »Sprache der Juden« halten. Dies kommt schon im Namen *Jiddisch* zum Ausdruck, der wörtlich »jüdisch« bedeutet. Sein damaliger Status ist vielleicht am ehesten mit dem des Spanischen in den Vereinigten Staaten zu vergleichen: nicht beliebt, aber dennoch als eigenständige Sprache anerkannt, im Gegensatz zum Status des Jiddischen in Deutschland als fehlerhaftem, jüdischem Deutsch.

Die Umgangssprache der aus Spanien vertriebenen Sephardim weist viele Parallelen, jedoch auch beträchtliche Unterschiede zum Jiddischen auf. Sie enthält weniger Wörter hebräischen Ursprungs als das Jiddische und nahm in Griechenland und der Türkei weniger neue Elemente auf als das Jiddische in Polen. Dennoch hatte sie den gleichen Status als importierte, fremde Sprache, die von der nichtjüdischen Bevölkerung nicht verstanden wurde. Die Sprache der Sephardim, die seit Ende des 15. Jahrhunderts von jeder Berührung mit lebendigem Spanisch abgeschnitten war, entwickelte sich in eine etwas andere Richtung. Die Sprache hatte zwei separate Varianten: Die Variante, die man für Übersetzungen der Bibel und anderer hebräischer Werke verwendete – das Ladino –, folgte in Satzstellung und Ausdrucksweise dem Hebräischen. Die volkstümlichere, im Alltagsgebrauch verwendete Variante nannte man Judezmo, was wie Jiddisch wörtlich übersetzt »jüdisch« bedeutet.

Einige Beispiele sollen die besondere Natur des Judezmo veranschaulichen. Sein Vokabular meidet bestimmte Wörter mit stark christlicher Konnotation. Während das spanische Wort für »Sonntag« *domingo* ist (wörtlich: »der Tag des Herrn«), verwendet man im Judezmo das neutralere arabische *alchad* (wörtlich: »der erste Tag«). »Samstag« war nicht *sábado*, sondern *shaba't*, und »Freitagabend« hieß *noche de shaba't*. Ähnlich beim spanischen *Dios* (»Gott«), das sich für die Juden wie ein Plural anhörte. So sagten sie stattdessen *el Dio* (wörtlich »*der* Gott«).

Bekanntlich wird das *j* im modernen Spanisch wie das *ch* in »ach« ausgesprochen, zum Beispiel bei »José«. Doch als die Juden Spanien verließen, wurde dieses *j* noch entweder wie der deutsche Laut *dsch* oder wie *j* auf Französisch ausgesprochen. Also sagte man im Judezmo *musher'* für »Frau«, *i'sho* für »Sohn« und *dschidio'* für »Jude«. Die Unterscheidung zwischen *s* und *z*, die im lateinamerikanischen Spanisch verloren ging (in Spanien wird das *z* wie das englische *th* ausgesprochen), wurde im Judezmo beibehalten. Daher können Juden zwischen *caza* (Haus) und *cassa* (Kasten) unterscheiden. Ins moderne Judezmo gingen einige türkische, griechische und slawische Ausdrücke ein, beispielsweise *Ke habe'r* (»Was gibt's Neues?«), außerdem hebräische wie *aboltar de cazal, aboltar de mazal* (»Ein anderes Haus, ein anderes Schicksal«) und *cheynozo,* was »bezaubernd« bedeutet, mit einer hebräischen Wurzel und einer spanischen Endung.

Hispanisten interessieren sich sehr für die Sprache der Sephardim im ehemaligen osmanischen Reich. Bei den sephardischen Juden hat sich viel spanische episch-lyrische Dichtung des Mittelalters *(Romansas)* erhalten, die in Spanien oftmals verloren gegangen ist. Im Gegensatz zu den meisten modernen jiddischen Liedern sind diese Lieder reich an Motiven aus den Bereichen Rittertum und Abenteuer sowie Liebe und Begehren. In der Sprache der Sephardim haben sich auch grammatische und phonetische Formen sowie ein Vokabular erhalten, die im modernen Spanisch nicht mehr zu finden sind. Manche Hispanisten schwärmen (vermutlich zu Unrecht), die Juden sprächen heute noch die klassische Sprache des Cervantes.

Judäoarabisch hat eine längere Geschichte als das Jiddische und auch das Judezmo. Viele der größten Werke jüdischer Philosophie des Mittelalters wurden in dieser Sprache verfasst. Einige der Besonderheiten des Arabischen weist auch das Judäoarabische auf. Die gesprochene Sprache unterscheidet sich außerordentlich stark von der modernen, geschriebenen Sprache und vom klassischen Arabisch. Das über ein ausgedehntes Gebiet verbreitete, gesprochene Arabisch ist in den verschiedenen arabischen Ländern so unterschiedlich, dass die verschiedenen Dialekte untereinander nicht verstanden werden. Besonders große Unterschiede existieren zwischen dem Arabisch Nordafrikas (Marokko, Algerien und Tunesien) und dem anderer Länder.

Die arabische Sprache der Juden in einem bestimmten Land war im Allgemeinen eine Variante des lokalen Arabisch. Üblicherweise bestand jeweils engere Verwandtschaft zur (aber keine Übereinstimmung mit der) lokalen Mundart der Muslime als zu jüdischen Dialekten in anderen Teilen der arabischen Welt. Neben einigen hebräischen Wörtern (manchmal in der grammatischen Form des Arabischen) verwendeten die Juden häufig ein anderes Vokabular und manchmal auch eine andere Aussprache als ihre nichtjüdischen Nachbarn. In Nordafrika sprachen die Juden Zischlaute oftmals anders aus als alle anderen. Mancherorts sagten sie »sch«, wo Nichtjuden ein stimmloses »s« sprachen, und andernorts war es genau andersherum: Dann »zischten« die Juden, statt den *sch*-laut »korrekt« auszusprechen. In Bagdad ähnelten die Sprachen von Juden und Christen einander mehr, als sie denen der Muslime ähnelten, deren Dialekt *badawi* (Beduinensprache) hieß. Das implizierte, dass der Dialekt aus der Wüste stammte. Im muslimischen Orient waren die Muslime oft die Neuankömmlinge und die Juden die alteingesessene Bevölkerung – das Gegenteil also der Situation in Europa.

Arabisch schrieben die Juden mit hebräischen Buchstaben. Es gibt viel Literatur in dieser Art, auch religiöse Werke und sogar Zeitungen. Die schriftliche Form des Judäoarabisch ist – anders als das muslimische Arabisch – nicht so konservativ und weniger vom klassischen Arabisch des Koran beeinflusst.

Viele Menschen wissen gar nicht, dass es jemals ein Judäoitalienisch gab. Es hatte viel weniger Sprecher als das Judäoarabische, obwohl es ebenfalls eine lange Geschichte hat. Die frühesten auf Judäoitalienisch verfassten Texte datieren zurück bis ins Mittelalter. Wie für die anderen jüdischen Sprachen wurde auch für das Judäoitalienische das hebräische Alphabet verwendet, es enthält eine Anzahl hebräischer Wörter und spiegelt die einzigartige Geschichte der italienischen Juden wieder. Wie im Arabischen gibt es auch im Italienischen regionale Dialekte, die stark voneinander abweichen. Einst lebte ein großer Teil der italienischen Juden im Süden in der Gegend von Neapel und auf Sizilien. Doch dann gerieten diese Gebiete unter spanische Herrschaft, und Spanien verbannte die Juden zwischen 1493 und 1510 aus der Südhälfte Italiens. Infolgedessen sprachen die Juden in Italien häufig mit Akzenten, die aus weiter südlich gelegenen Gebieten stammten als die der Nichtjuden. Römische Juden klangen eher wie Neapolitaner, und Florentiner Juden klangen eher wie Römer. Nur weit im Norden in Piemont sprachen die Juden Dialekte mit nur wenigen südlichen Merkmalen.

Karte 3.2: Hauptregionen Italiens.

Variationen innerhalb der jüdischen Umgangssprachen

Wie wir gesehen haben, variierten die jüdischen Sprachen von Ort zu Ort. Manchmal scheint dieses Phänomen hauptsächlich die Variationen in der Sprache der nichtjüdischen Bevölkerung widerzuspiegeln. Im Falle des Jiddischen jedoch waren die geographischen Muster ziemlich unabhängig von den nichtjüdischen Sprachen. Dies wirft Fragen hinsichtlich der üblichen Erklärung auf, Dialektgrenzen würden von

Kommunikationsbarrieren verursacht. Wenn die Grenzen für Juden anders verlaufen als für die übrige Welt, dann waren eine Bergkette, ein Fluss oder die Grenze einer Provinz weniger physische als vielmehr kulturelle Grenzen. Für die eine Gruppe mochten sie Barrieren darstellen, für die andere möglicherweise überhaupt nicht. Daraus können wir ersehen, dass Juden nicht nur ihre eigene Sprache, sondern auch ihre eigene Geographie hatten.

Ein Beispiel für diese unterschiedliche Sicht der Geographie sind die voneinander abweichenden Definitionen von Litauen. Im Europa des zwanzigsten Jahrhunderts verbindet man mit Litauen gewöhnlich die Sprecher der litauischen Sprache und die kleine baltische Republik, die jüngst ihre Unabhängigkeit wiedererlangte. Diese Republik umfasst nur ein recht kleines Gebiet mit einer relativ kleinen Bevölkerung (etwa drei Millionen). Das jüdische Litauen ist viel größer als die litauische Republik (Karte 3.3). Für Juden ist ein »Litwak« (ein litauischer Jude) jemand, der irgendwoher aus dem Großfürstentum Litauen des 18. Jahrhunderts stammt (siehe zweites Kapitel). Das umfasst ein Gebiet, das fünf- oder sechsmal so groß ist wie das moderne Litauen, mit einer Bevölkerung von etwa 15 Millionen Menschen. Litwaks können nicht nur aus dem heutigen Litauen stammen, sondern auch aus Weißrussland, Lettland und dem Nordosten Polens (zum Beispiel aus der Gegend um Białystok).

Der litauische Dialekt des Jiddischen folgt den litauischen Grenzen des 18. Jahrhunderts und ist klar von den anderen Dialekten abzugrenzen. Ein Litwak würde *a por heyzen* (ein paar Hosen) tragen, die *Teyre* (»Tora«) studieren und *kugl* (ein Sabbatdessert) und *fleysh* (»Fleisch«) essen. Er könnte bei der Aussprache nicht zwischen langen und kurzen Vokalen unterscheiden und würde manchmal *s* und *sch* verwechseln (und *gut sa'bes* sagen). Weiter südlich und westlich würde ein polnischer Jude *a puur hoyzen* tragen, die *Toyre* studieren, *kigl* und *flaysh* essen und einen Unterschied machen zwischen dem langen *a* in *haant* (»heute«) und dem kurzen *a* in *hant* (»Hand«). Im Osteuropa außerhalb des Litwak-Territoriums dominierte meist die chassidische Bewegung. Im jüdischen Litauen waren die Chassidim eine Minderheit, häufig sogar eine verachtete, besonders im Westen Litauens (außerhalb Weißrusslands).

Vor dem 18. Jahrhundert wurde das Jiddische nicht nur in Osteuropa gesprochen, sondern auch in Deutschland, wo später das Hochdeutsche seinen Platz einnahm. Die früheren jiddischen Dialekte Deutschlands unterschieden sich sogar noch mehr von denen, die in Osteuropa

Karte 3.3: Das jüdische Litauen im Vergleich zum modernen, unabhängigen Litauen.

gesprochen wurden, als das litauische vom polnischen Jiddisch abwich. Bei Einsatz unserer Testwörter würde ein Jude in Frankfurt *e paar hauzen* tragen, die *Taure* studieren und *kugl* und *flaash* essen. Zudem würde er *ds* und *ts, bs* und *ps* sowie *ks* und *gs* verwechseln. Er würde also *Daure* statt *Taure* sagen. Außerdem würde er viele Vokabeln gebrauchen, die den Juden in Osteuropa unbekannt sind. Er würde *Datscher* oder *Berches* statt *Challe* essen (Sabbatbrot) und zum *oren* statt zum *davenen* (»beten«) in die Synagoge gehen. Trotz dieser Unterschiede lasen Frankfurter Juden im 18. Jahrhundert oft die gleichen jiddischen Bücher wie Juden in Polen oder Litauen, und ihre christlichen

Nachbarn waren der Meinung, sie sprächen in einer eigentümlich jüdischen Weise.

Die Funktionen der jüdischen Umgangssprachen

Die jüdischen Umgangssprachen waren eigentlich keine rein gesprochenen Sprachen. Viele hatten auch eine schriftliche Form (in hebräischer Schrift), und in mehreren entstand eine komplexe und anspruchsvolle Literatur. Insbesondere trifft dies auf Jiddisch, Judezmo (Judäospanisch), Judäopersisch und Judäoarabisch zu. Judäoarabisch war im Mittelalter das Hauptmedium für Schriften der jüdischen Philosophie, und eine Reihe von Epen zu biblischen Themen wurde in Judäopersisch abgefasst.

Obwohl das Hebräische die offizielle Sprache der jüdischen Liturgie war, führte die Volksreligion häufig auch Elemente der Umgangssprache in die Liturgie ein. Am wenigsten traf dies vermutlich auf die aschkenasischen Juden zu, bei denen im Gottesdienst in der Synagoge kaum ein jiddisches Wort zu hören war. Wir könnten höchstens die Einleitung des Dankgebets nach Tisch anführen: *»Rabosai mir veln benshn«* (»Meine Herren, wir wollen das Tischgebet verrichten«), ferner die Gebete der Frauen zu Beginn und am Ende des Sabbat – die sicherlich allesamt eher zu Hause als in der Synagoge gesprochen wurden. Bei anderen jüdischen Gruppen kam etwas mehr Umgangssprache im Gebet vor, sie überwog jedoch nirgendwo. Sephardische Juden sangen: *»Bendicho su nombre de el senyor de el mundo«* (»Gesegnet sei der Name des Herrn der Welt«) auf Ladino, wenn sie die Tora herausnahmen, und beim Singen des »En Kelohenu« wechselten sie zwischen Hebräisch und Ladino hin und her (*»Non como muestro Dio«* – »Es gibt keinen wie unseren Gott«). Ihr Tischgebet nach den Mahlzeiten schloss mit den Ladino-Worten: *»Siempre mezhor, nunca peor, nunca mos manke la meza del Criador«* (»Möge es immer besser werden, niemals schlechter, möge uns der Tisch des Schöpfers nie mangeln«). Auch die Sprecher des Judäoarabischen gebrauchten die Umgangssprache, allerdings nicht so häufig. Beim Schawuotfest trugen nordafrikanische Juden während des Gottesdienstes stundenlang den arabischen Kommentar des Saadia Gaon zu den Zehn Geboten vor. Algerische Juden erzählten mir, dass an diesem Tag Muslime in die Synagoge kämen, um dem klassischen Arabisch des Gottesdienstes zu lauschen.

In den meisten jüdischen Kulturen war der Pesachseder die Zeremonie, bei der die Umgangssprache am meisten gebraucht wurde. Dies passte zur familiären, volkstümlichen Art des Pesachrituals, das seinen Mittelpunkt zuhause hatte. Die Feiernden übersetzten häufig nicht nur die hebräische Haggada in die gesprochene Sprache, sondern sangen auch die diversen Sederlieder manchmal in der Umgangssprache. Neben dem beinahe universellen aramäischen »Had Gadya« hörte man das Judäoitalienische *»Un caporetto que ho compro mio Padre«* (»Eine Ziege, die mein Vater kaufte«), *»Un cavretico que lo merco' mi padre«* auf Ladino, das westjiddische *»Ein Zickelein, ein Zickelein«* und das Judäoarabische *»Wahad al dj'di«*.

In jüngster Zeit übernahmen die jüdischen Umgangssprachen auch modernere, säkulare Funktionen. Zeitungen erschienen auf Judäoarabisch, Judezmo und Jiddisch. In der Sowjetunion erschienen Zeitschriften in mehreren anderen jüdischen Sprachen, darunter Judäotatisch und Judäotadschikisch. Einige jüdische Zeitschriften in Polen hatten Auflagen von mehr als 100 000 Exemplaren. Es gab literarische Magazine, Theater, Werbung und manchmal sogar amtliche Dokumente (beispielsweise Geburts- und Heiratsurkunden) in den jüdischen Sprachen. Jiddisch wurde zur Sprache eines ganzen Netzwerks moderner Schulen in Osteuropa, und in den zwanziger und dreißiger Jahren des 20. Jahrhunderts wurden die Schulbücher für manche Fächer auf Jiddisch herausgebracht.

Das Schwinden der jüdischen Umgangssprachen

Im Zuge der Modernisierung der Gesellschaft gerieten die jüdischen Sprachen massiv unter Druck. In dem Maße, in dem die Juden politische Rechte erhielten und eine säkulare Ausbildung erwerben mussten, verdrängten auch die Nationalsprachen der Bevölkerungsmehrheit allmählich die jüdischen Umgangssprachen. In vielen Ländern weigerte man sich zunehmend, Dokumente oder auch nur Unterschriften in hebräischer Schrift zu akzeptieren. Gebildete Juden trachteten eher danach, Französisch oder Deutsch zu lernen als Jiddisch oder Judezmo. Statt der »richtigen« Sprache, die in der Schule gelehrt wurde, einen jüdischen Dialekt zu sprechen, galt nun als Zeichen von Rückständigkeit. In den überall im Mittleren Osten von der *Alliance Israélite Universelle* (einer französisch-jüdischen Organisation) gegründeten Schulen war die Unterrichtssprache Französisch, und die Organisation versuchte, unter den Juden Persiens,

Nordafrikas und des Osmanischen Reichs die französische Kultur zu verbreiten.

In der Türkei mussten in den zwanziger Jahren des 20. Jahrhunderts alle Sprachen im lateinischen Alphabet geschrieben werden; seit jener Zeit verwendeten Zeitungen auf Judezmo lateinische Buchstaben. Ähnliche Versuche wurden in der Sowjetunion unternommen. Dort zwang man die Schreiber von Judäotatisch und Judäotadschikisch, zunächst das lateinische und später das kyrillische Alphabet anstelle der hebräischen Schrift zu gebrauchen. Im Zuge des Niedergangs der traditionellen Religionserziehung und -ausübung in vielen Ländern konnten immer weniger Juden das Alphabet lesen, in dem die jüdischen Umgangssprachen geschrieben wurden.

Eine weitere, völlig unerwartete Entwicklung besiegelte vermutlich das Schicksal der im Niedergang begriffenen jüdischen Umgangssprachen – die Renaissance des Hebräischen. In der Geschichte der Diaspora war das Hebräische lange Zeit die Sprache der Gelehrten und die Volkssprachen Jiddisch, Judezmo oder Judäoarabisch waren die Alltagssprachen der allgemeinen jüdischen Bevölkerung gewesen. Als nun zu Beginn des 20. Jahrhunderts immer mehr Juden in ihre alte Heimat zurückkehrten, wurden Versuche unternommen, das Hebräische zur gesprochenen Alltagssprache der modernen jüdischen Siedler zu machen. Die Sache des Hebräischen wurde weiter unterstützt durch die Tatsache, dass das Hebräische die einzige Sprache war, die den Juden, die aus so vielen verschiedenen Ländern kamen, gemeinsam war. Die früheren jüdischen Umgangssprachen der neuen Siedler Israels trennten sie, das Hebräische einte sie.

Ironie des Schicksals – das Hebräische ist nunmehr eine lebendige Sprache, die von praktisch allen israelischen Juden gesprochen und als solche in der Diaspora gelehrt wird. Das Jiddische und die anderen Umgangssprachen werden hingegen außerhalb extrem orthodoxer Kreise von immer weniger Menschen gesprochen. Sie sind zu einem esoterischen Fachgebiet geworden, werden eher von Wissenschaftlern erforscht, als von breiteren Bevölkerungsgruppen erlernt. Heute sprechen die meisten Juden auf der Welt entweder die Sprache ihrer nichtjüdischen Umwelt oder Hebräisch. Die alten Strukturen gesprochener jüdischer Sprache in der Diaspora sind fast vollständig verschwunden.

IV

Namen

Was sie bedeuten, und wie sie sich entwickelt haben

So, wie die Juden in verschiedenen Teilen der Welt ihre eigenen Sprachen hatten, die sich von den Sprachen der Nichtjuden unterschieden, für Juden in anderen Teilen der Welt aber unverständlich waren, so trugen sie auch Namen, die ihre andersgläubigen Nachbarn für jüdisch hielten, obschon Juden anderswo sie womöglich nicht als solche erkannt hätten. Oft finden sich gleichartige Namensbildungsmuster in weit voneinander entfernten, nicht miteinander verwandten Kulturen, doch es gibt einige, die charakteristisch jüdisch sind. Um die Dinge noch komplizierter zu machen: Ein Name, der in einer Region als spezifisch jüdisch galt, mochte in einer anderen als nichtjüdisch gelten.

Ursprünglich besaßen Namen in beinahe jeder Kultur eine bestimmte Bedeutung, die den Namensgebern bekannt war. So stehen in der Bibel viele Passagen von der Art: »seine Hand faßte Esaws Ferse [*'akev*], man rief seinen Namen Jaakob [Ya'akov].« Dieses Bildungsmuster kennen wir von den Namen der amerikanischen Ureinwohner, die wir üblicherweise ins Englische übersetzen, wie Sitting Bull und Crazy Horse. Ursprünglich war es jedoch geradezu universell. Dies steht im Gegensatz zu der Art, wie heute in vielen westlichen Gesellschaften Namen vergeben werden, häufig, indem man sie im Ausland entlehnt. In unserer Gesellschaft stellt ein Name lediglich eine Klangfolge dar – dass George oder John, Mary oder Alice die ursprüngliche Bedeutung ihrer Namen kennen, ist selten.

In kleinen Gemeinden, wo jeder jeden kennt und offizielle Aufzeichnungen keine Rolle spielen, kommen die Leute normalerweise mit einem einzelnen »gegebenen« Namen, d. h. Vornamen aus. In komplexeren oder größeren Gesellschaften müssen sie oft einen Nachnamen (englisch *surname*, wörtlich: »Über-Name«) hinzufügen, um sich von anderen Menschen gleichen Vornamens zu unterscheiden. Diese Nachnamen müssen keine festen oder erblichen Familiennamen sein. Stattdessen könnten auch Beinamen gewählt werden, die von Generation zu

Generation wechseln. In der Geschichte des jüdischen Volkes gab es lange Zeit schlichtweg keine festen Familiennamen.

In der Bibel wird eine Person normalerweise durch einen einzigen Namen identifiziert, der im Hebräischen eine klare Bedeutung hatte: Yitzhak (»er möge lachen«), Rachel (»Mutterschaf«), David (»Geliebter«), Yonatan (»der Herr hat gegeben«), Naomi (»die Angenehme«) und so fort. Ist eine genauere Identifizierung vonnöten, erfolgt diese üblicherweise durch Beigabe eines Vaternamens: Moses, Sohn des Amram (Moshe ben Amram), Joshua, Sohn des Nun (Yehoshua ben Nun) oder David, Sohn des Jesse (David ben Yishai). Hin und wieder führt die Bibel zur Identifizierung gleich die gesamte Abstammung auf: Bezalel ben Uri ben Hur oder Mordechai ben Yair ben Shime'i ben Kish. Manchmal wird noch die Stammeszugehörigkeit oder die Heimatstadt ergänzt. Doch nirgendwo steht ein Familienname.

Das Fehlen von Familiennamen zog sich durch die gesamte talmudische Periode bis weit ins Mittelalter hinein. Große Anführer, Weise und Personen des öffentlichen Lebens wurden weiterhin durch ihren Beruf, Vaternamen oder Wohnort näher bezeichnet, aber nie durch einen Familiennamen. Herausragende Persönlichkeiten der frühen rabbinischen Periode wie die Rabbis Akiva, Hillel, Shim'on ben Yochai und Yochanan HaSandlar (»der Sandalenmacher«) kamen alle ohne Familiennamen aus. Raschi, der bedeutendste mittelalterliche Talmudkommentator (1040–1105), hieß eigentlich Rabbi Shlomo, Sohn des Yitzhak. Raschi war nur die Abkürzung dieses Namens. Das Beiwort »Maimonides« in Moses Maimonides (1135–1204) war ebenfalls kein Familienname, sondern Griechisch für »Sohn des Maimon«. Bei Juden in den muslimischen Ländern und in Italien traten Familiennamen ab dem Spätmittelalter auf, wie sich an den Namen der großen Rabbis Joseph Caro (1488–1575), Itzhak Abravanel (1437–1508) und Ovadia Sforno (etwa 1470–1550) zeigt. Bei den Aschkenasim waren Familiennamen im 18. Jahrhundert immer noch eine Seltenheit. Nehmen wir zum Beispiel die drei religiösen und geistigen Führer der aschkenasischen Judenheit im 18. Jahrhundert: den Baal Schem Tov († 1760), Gründer der chassidischen Bewegung; den Wilnaer Gaon († 1797), einen großen Talmudgelehrten und Hauptgegner der Chassidim; und Moses Mendelssohn (1729–1786), den ersten bedeutenden jüdischen Philosophen der Aufklärung in Deutschland. Keiner von ihnen besaß einen Familiennamen. Sogar Mendelssohn, der eine Ausnahme zu sein scheint, war der Sohn von Mendel Sofer (Mendel dem Schreiber). Wenn er hebräisch unterzeichnete, schrieb er Moshe Dessau (Moses aus Dessau), niemals Mendelssohn.

Die meisten modernen Gesellschaften mussten jedoch aus Gründen der Bürokratie ihre Einwohner früher oder später auffordern, bleibende, erbliche Familiennamen anzunehmen. In manchen Ländern erfolgte das Annehmen von Familiennamen erst vor relativ kurzer Zeit. In einigen, wie dem heutigen Island, verwendet man immer noch keine Familiennamen. Stattdessen bestehen die Nachnamen aller Isländer aus dem Vornamen des Vaters und der Endung *-son* oder *-dottir.* Bei den Europäern waren die aschkenasischen Juden eine der letzten Gruppen, die sich feste Familiennamen zulegten, meist zwischen 1781 und 1835.

Bei der Auswahl der Vornamen konnten die Juden auf Namen hebräischer Herkunft oder auf solche aus der Umgangssprache zurückgreifen. Selbst, wenn sie Namen hebräischer Herkunft wählten, unterschieden sich diese oft von Region zu Region. Hebräische Männernamen wie Chai, Rachamim, Saadia, Ovadia und Nissim sowie Frauennamen wie Mazaltov und Simcha (letzterer ist bei den Aschkenasim ein Männername) sind typisch für die Juden in den muslimischen Ländern, bei den Aschkenasim jedoch praktisch unbekannt. Die Namen Shraga, Yerachmiel, Shifra und Basya sind wohl eher typisch aschkenasisch und in muslimischen Ländern selten. Auch wenn Juden wie die Nichtjuden einheimische Namen verwendeten, so mieden sie doch traditionell solche, die nichtjüdische religiöse Konnotationen aufwiesen (z.B. Christoph, Maria und Johannes in christlichen oder Ali, Aysha und Mohammed in muslimischen Ländern).

Die Entscheidung zwischen hebräischen oder einheimischen Vornamen fiel je nach Geschlecht unterschiedlich aus. Männer trugen eher Namen biblischen oder hebräischen Ursprungs, Frauen häufiger einheimische Namen. Dafür gibt es diverse Gründe. Erstens werden in der Bibel und in der rabbinischen Literatur mehr Männer- als Frauennamen genannt, da Frauen in den alten jüdischen Schriften oft anonym blieben und lediglich Noahs Weib oder Lots Weib und Töchter genannt wurden. Zweitens wurden in der traditionellen jüdischen Gesellschaft nur Männer zur Tora aufgerufen, wobei sie einen »heiligen« hebräischen Namen verwenden mussten. Und drittens gab man Frauen eher Kosenamen, deren Bedeutung in der Umgangssprache wohlbekannt war (Gold, Rose, Blume, Königin). Insofern variierten die Männernamen in der jüdischen Welt weniger als die Frauennamen.

Bildungsmuster von Familiennamen

Die Entwicklung der Nachnamen, die zu Familiennamen wurden, folgt in vielen Ländern ähnlichen Mustern. Die international am weitesten verbreiteten vier Herleitungstypen basieren auf (1) den Namen der Eltern (Patronyme und Metronyme), (2) dem Beruf, (3) Beinamen (charakteristische Eigenschaften) und (4) Ortsnamen. Einige Beispiele für die einzelnen Kategorien im Deutschen sind: (1) Ottensen, Johnson, (2) Zimmermann, Bauer, Schmied, (3) Kurz, Schwarz, Weiß, (4) Hamburger und Ulmer.

Diese vier Grundkategorien sind auch bei den Juden zu finden, allerdings sind Verteilung und spezifische Beispiele sehr anders. Zunächst waren Nachnamen noch nicht erblich. Wenn Jacob also einen Sohn namens Abraham hätte, würde dieser Sohn Abraham Jacobson heißen, würde Abraham jedoch seinen Sohn Moses nennen, hieße dieser Moses Abramson. Später wurde der Familienname dann erblich, mit der kuriosen Folge, dass Frauen Familiennamen wie Jacobson oder Ben Chaim (»Sohn des Chaim«) tragen konnten.

Das Patronym, also der Vatername, ist in vielen Gegenden der Welt eine sehr verbreitete Form des jüdischen Familiennamens, die spezifische Form hängt jedoch von den lokalen Sprachen ab. Unser oben angeführtes Beispiel Abraham, Sohn des Jacob, hieße auf Hebräisch Abraham ben Ya'akov. Doch die meisten jüdischen Nachnamen entstammten der Umgangssprache, nicht dem Hebräischen. Bei den jiddischsprachigen Aschkenasim wurde der Nachname zu Jacobs oder Jacobson. In Osteuropa, wo die meisten Aschkenasim lebten, gebrauchten die Regierungen häufig slawische Übersetzungen der jiddischen Nachnamen. Jacobson wäre in polnischen Aufzeichnungen also als Jakubowicz verzeichnet und würde »Jakubo'witsch« ausgesprochen. Die Endung *-owicz* würde in den übrigen osteuropäischen Sprachen anders geschrieben, darunter *-ovič* (tschechisch), *-ovics* (ungarisch) und *-ovici* (rumänisch), die Aussprache bliebe jedoch »owitsch«. Deutsche Schreiber hätten den Namen vielleicht mit der Endung *-owitz* transkribiert. Russische Beamte verwendeten das kyrillische Alphabet. Als die Juden aus Russland in die Vereinigten Staaten kamen, gaben sie ihre Nachnamen im Englischen manchmal phonetisch mit *-ovitch* wieder. Manche Juden im Kaukasus, in Buchara oder auf der Krim erhielten Nachnamen mit den russischen Endungen *-owitsch* und *-ow,* als die Russen ihre Heimatländer im 19. Jahrhundert eroberten.

Der Name Jacobson konnte in vielerlei Formen auftreten. Im Iran wurde »Sohn« in Namen durch die Endungen *-zadeh* oder *-ian* ausgedrückt; in Georgien durch *-eshvili;* im Arabischen wie im Hebräischen durch *ben* (oder *ibn*), das eher vor als hinter dem Namen stand. Italienische Juden hängten oft die Endung *-i* an, wie in Abrami oder Israeli. Einige marokkanische Juden besitzen Namen, die auf der patronymischen Vorsilbe der Berber *O-* basieren (zum Beispiel Ohana, »Sohn des Hanna«), beinahe wie die irische Vorsilbe in O'Donnell und O'Malley.

Noch komplizierter wird die Situation dadurch, dass es in vielen jüdischen Umgangssprachen (insbesondere im Jiddischen) gang und gäbe war, Übersetzungen in die Umgangssprache oder Spitznamen für hebräische Namen aus Bibel und Talmud zu finden. Die Aschkenasim hatten für Jacob die Spitznamen Yankel und Koppel. Daraus entstanden Familiennamen wie Yankelovich und Koppelson. Manchmal waren mit biblischen Namen bestimmte Symbole oder Spitznamen verbunden. Yehuda (Judah) war zum Beispiel mit dem Löwen assoziiert (Aryeh auf Hebräisch, Leib auf Jiddisch), außerdem gab es dazu den Spitznamen Yudel. Das ist der Ursprung von Familiennamen wie Yudelson, Leibson, Leibowicz und Lefkowitz (»Sohn des kleinen Leib«). Benjamin assoziierte man mit dem Wolf (Wolf im Jiddischen, Volk in den slawischen Sprachen, Farkas auf Ungarisch). Daher stammen die Namen Wolfson, Volkovich, Wouk und so weiter. Mit Naphtali assoziierte man eine Gazelle (Zvi im Hebräischen, Hirsh oder Herch auf Jiddisch), woraus Patronyme wie Hershenson und Herszkowicz (»Sohn des kleinen Hersh«) entstanden. Der aschkenasische Familienname Moscowitz hat nichts mit der Stadt Moskau zu tun; vielmehr leitet er sich vom polnischen Moszek/Moszko (»kleiner Moses«) her. Andere Tiernamen, auf die in aschkenasischen Eigennamen, und später auch in Familiennamen, Bezug genommen wurde, waren der Bär (Ber, wurde in den Familiennamen Berenson, Berkowitz und in den russischen Medved und Medvedev verwendet), der Falke (Falk, Sokol, Sokolovsky) und der Adler.

Manchmal wurden nichtbiblische hebräische Namen in die Umgangssprache übersetzt und entwickelten sich dann weiter. Yechiel und Chayim (deren Wurzel »Leben« bedeutet) hießen im mittelalterlichen Frankreich Vives und Vital, woraus sich die jiddischen Namen Feivusch und Feitel entwickelten. Ein marokkanischer Jude namens Ben-Hayim erzählte mir einmal, er habe seinem aschkenasischen Nachbarn Mr. Feitelson gesagt: »Wir haben den gleichen Nachnamen« – beide Namen bedeuten »Sohn des Lebens«. Ein anderes Beispiel zweier Namen, die zumindest teilweise auf Patronymen basieren, welche die gleiche Bedeutung haben, obwohl sie völlig anders klingen, sind das aschkenasische Rabinowitz und das iranische Akhamzadeh; beide bedeuten »Sohn eines Rabbiners«.

Metronyme, die sich vom Namen der Mutter ableiten, sind bei den Aschkenasim gebräuchlicher als in den meisten anderen Gesellschaften. Angesichts des üblichen Bildes von der jüdischen als einer patriarchalischen Kultur mag das überraschen. Es gibt verschiedene mögliche Erklärungen für die Entwicklung von Metronymen. In manchen Fällen war der Vater schon verstorben; in anderen leitete die Mutter wie häufig in Osteuropa das Geschäft. In wieder anderen Fällen war die Mutter einfach als Persönlichkeit denkwürdiger als der Vater. Beispiele für Metronyme bei den Aschkenasim sind Sarason (»Sohn der Sara«), Rifkin (von Rivka/Rebecca), Chanin (von Chana), Beilis (von Beila) und Goldenson (»Sohn der Golda«). Manche Namen konnte man sowohl vom Namen der Mutter als auch aus anderer Quelle ableiten. Rosenson beispielsweise konnte von »Rosen« oder von einer Mutter, deren Name Rose war, abgeleitet werden. Perlmutter konnte sowohl von jemandem herrühren, der mit Perlmutt arbeitete, als auch von jemandem, dessen Mutter Perl hieß.

Namen, die auf Berufen basieren, sind bei den Juden recht verbreitet, allerdings nicht so weit wie Namen, die sich von den Eltern ableiten. Einige dieser Namen stammen aus dem Hebräischen wie Chait (»Schneider«), Melamed (»Lehrer«), Hazan (»Kantor«) und Katzoff (»Metzger«), doch die meisten leiten sich aus der Umgangssprache ab. Aus diesem Grund klingen jüdische Namen in verschiedenen Teilen der Welt nicht verwandt, auch wenn sie die gleiche Bedeutung haben. Der bei den Aschkenasim am häufigsten in Familiennamen verewigte Beruf ist der des Schneiders. Außer dem bereits erwähnten Chait gibt es Schneider (deutsch oder jiddisch, manchmal zu Snyder amerikanisiert), Kravitz (vom polnischen Krawiec), Kravchik (aus dem Ukrainischen) und Portnoy (aus dem Russischen). Zudem fand der Beruf des Schneiders noch auf zahlreichen Umwegen Eingang in einen Familiennamen. Beispiele hierfür sind Nadelman oder Nudelman (Nadelmacher), Sherman (vom jiddischen Sher, »Schere«) und Fingerhut. Andere Berufe in aschkenasischen Familiennamen sind Fleischer (Fleisher, Metzger, Katzoff, Reznick), Glaser (Glass, Glazer, Sklar), Blechschmied (Blechner), Schmied (Schmidt, Kovalsky), Kürschner (Futterman, Kirshner, Peltz) und Schreiber (Sofer, Schreiber).

Ähnliche Namenbildungsmuster, jedoch verbunden mit einem ganz anderen Klang, finden sich auch bei Juden in anderen Teilen der Welt. In

Arabisch sprechenden Ländern sind Abitbol, Boutboul oder Teboul (Trommler), Abulafia (Arzt), Alalouf (Verkäufer von Viehfutter), Almozeg (Glaser), Asayag (Goldschmied), Siton (Getreidegrossist) und Tabib (Arzt) zu verzeichnen. Im Iran scheint Hakimi (Arzt) ein typisch jüdischer Name zu sein.

Die dritte Kategorie – Beinamen, die ihren Ursprung in charakteristischen Eigenschaften haben – scheint bei den Juden weniger verbreitet zu sein als die ersten beiden Kategorien. Beispiele für aschkenasische Namen dieser Art sind Schwarz, Klein, Roth, Graubart, Geduldig, Dicker und Schoen. Es heißt (nicht ganz im Ernst), alle ungarischen Juden hießen Weiss, Schwarz, Gross und Klein, weil die Regierungsbeamten aufs Geratewohl Namen herausgesucht hätten. Arabische Beispiele wären Assouline (Adel), Elkyess (gescheit) und Tawil (lang oder groß), italienische sind Pacifici (friedlich, eine Übersetzung von Schalom) und Rossi (Rotschopf). Zu den sephardischen Familiennamen, die von Beinamen herrühren, gehören Azulay (blau), Caro (geliebt), Castel (Burg), Cordozo (herzhaft), Esformes (schön), Galante (galant) und Pardo (braun).

Die letzte, in vielen Kulturen anzutreffende Kategorie rührt von Ortsnamen her. Diese Art von Namen ist bei den Juden weiter verbreitet als in den meisten übrigen Kulturen, und zwar aus einem einfachen Grund: Juden zogen, entweder weil sie verfolgt wurden oder weil bessere Verdienstmöglichkeiten winkten, eher von Ort zu Ort als Bauern, die in den meisten Gesellschaften die Mehrheit stellten.

Einige jüdische Namen sind leicht zurückzuverfolgen, weil sie ihren Ursprung in wohlbekannten Städten derselben Region haben, in der die Familie lebte. Die naheliegendsten Beispiele bei den Aschkenasim sind Berliner, Minsky (aus Minsk), Prager und Vilner (aus Wilna). Frankfurter, Hamburger und Wiener stammen ebenfalls von Städtenamen, nicht von Fastfood-Gerichten ab. Oft gab ein und dieselbe Stadt Anlass zu verschiedenen Familiennamen. So sind die Namen Warschauer (die deutsche Form) und Warszawski (die polnische Form) beide auf Warschau zurückzuführen. Pinsk ist der Ursprung von Pinsky und Pinsker, Wilna der von Vilner und Wilensky. In anderen Teilen der Welt waren es natürlich andere Städte, nach denen die Juden benannt wurden. Im Irak finden wir etwa Bagdadi und Basri (von Basra), im Iran Tehrani, Isfahani und Shirazi. In arabischen Ländern finden wir Namen wie Alfasi (von Fez), Masri (von Ägypten) und Adni (von Aden). Manchmal brachten Juden ihre Namen aus der »alten Heimat« mit. So hießen Juden in Marokko, Syrien oder der Türkei nach spanischen Städten: Toledano (von Toledo), Cordovero (von Córdoba) und Alkalay (von Alcalá). Manche Namen überraschen, wie die aschkenasischen Namen London (ein häufiger Name in Osteuropa) oder Schottlander (wörtlich »Schotte«, tatsächlich ist sein Ursprung jedoch Altschottland, ein kleiner Vorort von Danzig).

Ortsnamen sind auch bei Familiennamen italienischer Juden allgemein üblich. Viele rühren von kleinen italienischen Städten her wie Bassani (von Bassano), Castelnuovo, Finzi (von Faenza), Modigliani (von Modigliano), Sinigaglia und Viterbi (von Viterbo). Weitere Namen wurden von jüdischen Immigranten aus anderen Ländern importiert. Aus Südfrankreich kamen Lattès und Foà (Foix auf Französisch). Im 16. Jahrhundert und danach ließen sich viele aschkenasische Juden in Italien nieder und italianisierten die Namen ihrer Herkunftsorte. Deswegen hießen viele Juden Morpurgo (von Marburg), Ottolenghi (von Ettlingen), Luzzatti oder Luzzatto (von der Region Lausitz), Treves (von Trier), Tedesco (»Deutscher«) oder Polacco (»Pole«).

Einige der unter Aschkenasim am weitesten verbreiteten Namen stammten von sehr unbedeutenden Orten. Zu den ersten Aschkenasim, die sich Familiennamen zulegten, gehörten Rabbiner, die stolz auf die Herkunft ihrer Familie waren. Viele ihrer Namen leiten sich von relativ kleinen Ortschaften her. Die alte jüdische Gemeinde in Speyer am Rhein ist der Ursprungsort von Schapiro und Spiro. Andere leiteten ihre Namen ab von den Städtchen Günzburg in Bayern (der Ursprung von Ginzburg), Eppstein in Hessen, Heilbronn (daher Halpern), Hořovice in der Nähe von Prag (der Ursprung von Horowitz), Landau, das südlich von Speyer liegt und sogar Katzenellenbogen am Rhein nordwestlich von Frankfurt. Die Stadt Trier, von der die italienischen Juden den Namen Treves bekamen, gab den elsässischen und südwestdeutschen Juden zudem den Namen Dreyfus. Einige osteuropäische Juden hatten am Ende italienischstämmige Namen wie Padwa und Rappaport (von Porto).

Manche Namen stammten von Ländern oder Regionen. Aschkenasim trugen oft Namen wie Deutsch, Ungar, Litvak (Litauer), Pollack, Russ und sogar Spanier, Franzos und Italiener. Zu den bei den Namen vertretenen Regionen gehören Franken (Frankel), Hessen (Hess), Schlesien (Schlesinger) und Schwaben (Schwab). Einige dieser Namen sind hauptsächlich außerhalb ihres Ursprungslandes anzutreffen. Die meisten Deutsches lebten in Ungarn, nicht in Deutschland. Sarfatis (Franzosen) lebten in Italien und Nordafrika und Eskenazis (Deutsche) in Griechenland.

Die vier bisher angeführten Namensbildungsmuster sind Juden und Nichtjuden gemeinsam. Es gibt jedoch mehrere Bildungsformen, die offenbar spezifisch jüdisch sind. In die erste Gruppe gehören die Bezeichnungen für Stämme und Priester wie Cohen und Levy und deren Ableitungen. Der Name Sacerdote (»Priester«) war in Italien ein typischer jüdischer Name, das Äquivalent des Namens Cohen in anderen Ländern. Bei den Aschkenasim haben diese Namen oft Alternativformen. Zu Cohen (in vielerlei Schreibweisen, darunter Kohn, Kohen und Cohn) gab es das aramäische Äquivalent Kahan oder Kahana in verschiedenen Schreibweisen. Eine andere, auf Cohen oder Kahan basierende Form ist Kahn (das im Deutschen auch »Boot« bedeuten kann). Manchmal wurde der Begriff des Priesteramtes auch in synonyme Wörter der Umgangssprache wie Kaplan »übersetzt«. Im Russischen, das über kein *h* verfügt, schrieb man das *h* als *g*, wodurch die Namensvarianten Cogen, Kagan und Kagana entstanden. Zu Levy existieren solch aufpolierte Varianten wie Levitt, Levine, Levitus und Löwy.

Ein weit verbreitetes Äquivalent von Cohen – Katz – leitet eine neue Kategorie von Namen ein, die offenbar fast nur bei Juden zu finden ist: Namen, die von Abkürzungen abgeleitet werden. Solche Namen sind für Juden besonders einfach zu bilden, weil das Hebräische nur die Konsonanten schreibt und für die Vokale diakritische Zeichen benutzt. Eine Konsonantenkette kann daher unter Ergänzung von Vokalen, die nicht niedergeschrieben sein müssen, ausgesprochen werden. Katz, das auf Jiddisch »Katze« bedeutet, mit diesem Tier jedoch nichts zu tun hat, ist eine Abkürzung von Kohen Tzedek (»gerechter Priester«). *KTz* wurde ausgesprochen, als enthielte es den Vokal »a«. Der Name Katz konnte auch erweitert werden, zu Katzman, Katzenstein, Katzenberg und so fort.

Es gibt noch viel mehr Namen, die von Abkürzungen abgeleitet werden, besonders bei den Aschkenasim. Dazu gehören Babad (»Sohn des Oberrabbiners« – Ben Av Bet Din), Barash (Ben Reb Shmuel oder Ben Reb Shlomo, »Sohn des Samuel« oder »Sohn des Solomon«), Bril (Ben Reb Yehuda Leib, »Sohn des Judah Leib«) und mein Favorit: Shalit (Sheyichye Leorech Yamim Tovim, »möge er lange leben«).

Erfundene Namen

Möglicherweise ist Ihnen aufgefallen, dass in dieser Erörterung jüdischer Namen bisher einige der häufigsten amerikanisch-jüdischen Namen fehlen. Sie gehören zu einer der bedeutenderen Kategorien aschkenasischer Familiennamen, einer relativ jungen Gruppe. Diese Namen, welche die Juden sich auf staatliche Anordnung zulegten, signalisieren eine außerordentlich wichtige Veränderung im Status der Juden in der westlichen Welt. Bis zum 18. Jahrhundert wurden die Juden in den meisten Teilen der Welt von den Obrigkeiten eher als Kollektiv denn als Individuen behandelt. Für sie galten besondere Gesetze, die sich von denen anderer Bürger unterschieden, und sie wurden von der jüdischen Gemeinde regiert, die Steuern festsetzte, internen Streit schlichtete und das tägliche Leben regelte. Regierungen setzten häufig pauschale Steuern für die gesamte jüdische Gemeinde einer Stadt fest und überließen dann der jüdischen Führung die Entscheidung, wie viel jede einzelne Familie zu bezahlen hatte. Aufgaben der Bürokratie, deretwegen die Regierungen heute über die Menschen und ihre wichtigsten statistischen Daten auf dem Laufenden sein müssen – Besteuerung, Erziehung, Einzug zum Militärdienst, Wohlfahrt – wurden entweder von der jüdischen Gemeinde abgewickelt oder betrafen die Juden nicht. Deshalb beunruhigte es die Regierung nicht weiter, dass die meisten europäischen Juden keine Familiennamen besaßen.

Das änderte sich ab dem 18. Jahrhundert. Zunächst führten die Regierungen in Deutschland und Frankreich und dann in den übrigen europäischen Ländern eine Politik der Integration der Juden ein, anstatt sie wie bisher zu isolieren. Juden fielen nunmehr auch unter allgemeines staatliches Recht, jüdische Gemeinwesen verloren ihre Regierungsmacht, und man versprach den Juden, man würde ihnen, wenn sie sich als würdig erwiesen, volle Bürgerrechte zugestehen. In fast jeder Region war eine der ersten Bedingungen für die Einräumung der neuen Rechte, dass die Juden bleibende Familiennamen annehmen sollten, damit die Regierung sie überwachen konnte, wie sie dies bereits bei ihren nichtjüdischen Untertanen tat.

In den meisten Ländern gab man den Juden drei bis sechs Monate Zeit, um einen festen Familiennamen zu wählen. Mancherorts, wie zum Beispiel in Galizien, teilte man ihnen mit, die Regierung werde Namen für sie aussuchen. Einige Regierungen schränkten den Kreis der Namen, unter denen die Juden wählen konnten, ein. In manchen Ländern waren die Namen von Adligen ausgeschlossen, in anderen waren hebräische oder typisch christliche Namen verboten. Innerhalb dieser Grenzen konnten die Juden wählen. Man kann sich das Dilemma vieler europäischer Juden vorstellen, als sie erfuhren, sie müssten sich schnellstens einen Familiennamen zulegen, einen Namen, der alle ihre Nachkommen begleiten würde. Viele Juden wählten einfach das Patronym, den Beinamen oder den Ortsnamen, den sie bislang verwendet hatten, und ließen diesen Namen als Familiennamen registrieren. Andere jedoch dachten sich – sei es, weil sie keinen Beinamen hatten, oder weil sie ihn nicht mochten – neue Namen aus. Diese neu erfundenen Namen, in Deutschland *Modenamen* genannt, waren im Allgemeinen Verbindungen aus Wörtern, die damals als wohlklingend galten. Man kann sich leicht vorstellen, wie sie Namen aus mehreren Wörtern zusammensetzten, indem sie »eins aus A und eins aus B« herauspickten.

Spalte A	/	*Spalte B*
Rosen-	/	-berg
Blumen-	/	-thal
Gold-	/	-man
Loewen-	/	-baum
Fein-	/	-wasser
Silber-	/	-blatt
Schoen-	/	-stein

Mit »Rosen-« konnten sie Namen wie Rosenberg, Rosenthal, Rosenman, Rosenbaum, Rosenwasser, Rosenblatt und Rosenstein bilden. Beinahe jeder mögliche Baum (und einige, die reine Phantasiegebilde waren), wurde zur Quelle jüdischer Familiennamen: Appelbaum, Birnbaum oder Barenboim, Kirschenbaum, Kestenbaum [Kastanie], Eichenbaum, Flumenbaum [Pflaume], Tannenbaum, Lindenbaum, Feigenbaum, Teitelbaum [Dattel], ja, sogar Goldbaum, oder einfach nur Baum. Oftmals gab es keine Regel, der gemäß Mitglieder derselben Familien auch denselben Nachnamen wählen mussten. Zwei Brüder mochten sich also völlig unterschiedliche Namen aussuchen (z. B. Schoen und Lang), während Menschen, die nicht miteinander verwandt waren, unabhängig voneinander den Namen Goldberg wählten.

Da im russischen Alphabet das *h* fehlte, wurde eine ganze Reihe von Dubletten geschaffen, die eigentlich jeweils denselben Namen darstellen: Hendler/Gendler, Horowitz/Gurevitsch, Galpern/Halpern, Heller/Geller und Hirshenson/Gershenson. In einigen jiddischen Dialekten sprach man wie im englischen Cockney-Dialekt das *h* nicht aus, sodass aus Halpert Alpert und aus Hungerleider Ungerleider wurde. Manchmal wurde auch ein *h* dort hinzugefügt, wo ursprünglich keines war. Daraus ergaben sich Helfand/Gelfand/Elfant, die allesamt »Elefant« bedeuten.

Die festen Familiennamen wurden den Juden als Teil der Zentralisierung und Modernisierung Europas aufgezwungen und daher nie vollständig in der traditionellen aschkenasischen Gesellschaft heimisch. Ganz anders die Situation der sephardischen Judenheit, wo es seit Hunderten von Jahren Familiennamen gibt, die einen offiziell jüdischen Status haben. Viele Gruppen nichtaschkenasischer Juden gebrauchen im Gegensatz zu den Aschkenasim den Familiennamen für den Aufruf zur Tora: »Ya'amod hashem hatov kevod rebi Moshe Toledano« (»Der ehrenwerte Herr Mosche Toledano wird aufgerufen, sich zu erheben und zur Tora zu kommen«), wohingegen die Aschkenasim immer noch das uralte »Mosche ben Schmuel« (»Moses, der Sohn von Samuel«) verwenden. In einer osteuropäischen Synagoge hätte sich »Ya'amod Moshe Shapiro« (»Mosche Schapiro wird aufgerufen, sich zu erheben und zur Tora zu kommen«) wirklich sehr merkwürdig ausgenommen. Familiennamen waren nicht nur im Gottesdienst nicht zugelassen, sondern wurden von vielen Leuten im täglichen Leben einfach nicht benutzt. Wollte man Mosche Schapiro auf der Straße grüßen, würde man auf Jiddisch sagen: »Scholem Aleichem«, oder »Gut Morgn Reb Mosche« (»Hallo, Herr Mosche«), und dabei nur den Vornamen benutzen. Tatsächlich kannten viele *Schtetl*-Bewohner die Nachnamen ihrer Nachbarn nicht, weil sie nur im Umgang mit der Obrigkeit gebraucht wurden. Mosche Schapiro war bei seinen Nachbarn vielleicht eher unter den Beinamen *Moyshe Shloyme dem Bekers* (»Moses, der Sohn von Solomon, dem Bäcker«) oder *der hoycher Moyshe* (»großer Moses«) bekannt denn als Schapiro.

Das Jüdische an den Namen

Die erblichen Familiennamen, die in der jüdischen Welt zur Norm wurden, waren manchmal charakteristisch jüdisch, manchmal aber auch nicht. Deutschland ist voller Nichtjuden namens Gross, Schwarz, Klein, Mayer und Zimmermann. Entsprechend gibt es in Polen Kowalskys, in Russland Medvedevs und Sokolovs, und die Ukraine hatte sogar einmal einen Präsidenten namens Kravchuk. Andere Namen wirken jüdisch, weil sie bei den Juden häufig vorkommen, werden jedoch von einigen Nichtjuden geteilt, beispielsweise Jacobson, Löwenstein und Hamburger in Deutschland. Sogar der »typisch jüdische« Name Rosenberg wurde auch von dem berüchtigten Nazi Alfred Rosenberg getragen, der nicht einmal den Anflug einer jüdischen Abstammung besaß.

Selbstverständlich konnten sowohl ein Jude als auch ein Nichtjude nach demselben Ort, Beruf oder der gleichen persönlichen Eigenschaft benannt sein. Namen, die in einer bestimmten Region typisch jüdisch sind, gelten in anderen als überhaupt nicht jüdisch. In Norwegen oder Schweden denkt niemand, Herr Jacobson sei ein Jude. In Deutschland ist Krause ein typisch nichtjüdischer Name, in Osteuropa ein typisch jüdischer.

Oftmals weiß die lokale Bevölkerung, was ein typisch jüdischer Name ist, auch wenn er in den Ohren eines Aschkenasim nicht jüdisch klingt. Dies trifft auf viele italienische Namen zu, die sich von Ortsnamen ableiten. Einer meiner ehemaligen Studenten namens Viterbi erzählte, eine Flugbegleiterin der Alitalia habe, als sie seinen Namen hörte, sofort entgegnet: »Oh, Sie sind Jude!« Für einen Nordafrikaner klingen Ben-Soussan oder Kalifa wie typisch jüdische Namen, während Goldman und Rosenfeld deutsch klingen. Manchmal schließen wir von einem Patronym auf eine jüdische Verbindung. So würden wir vermuten, dass Eliashvili ein georgisch-jüdischer Name ist, Dschugaschwili (Stalins echter Familienname) dagegen nicht jüdisch. Diese Methode, das Jüdische eines Namens zu bestimmen, ist jedoch niemals unfehlbar. Zwar besteht in den Vereinigten Staaten die Möglichkeit, die jüdische Bevölkerung zu schätzen, indem man nachsieht, wie viele Namen auf der »Liste der unverwechselbar jüdischen Namen« stehen, doch ist das alles andere als eine sichere Methode.

Das System der jüdischen Familiennamen wird noch komplizierter dadurch, dass viele jüdische Familien ihre ursprünglichen Namen geändert haben. In manchen Fällen geschah dies absichtlich, um das eigene Jüdischsein entweder zu verbergen oder wenigstens herunterzuspielen, beispielsweise als in Ungarn aus Kohen Kovacs wurde, oder in den Vereinigten Staaten aus Brownstein Brown, aus Goldberg Graham und aus Schewelewitz Smith. Die Liste der Juden, die beim Theater groß wurden und weniger charakteristische Künstlernamen annahmen, ist beinahe endlos: In Deutschland wurde aus Max Goldmann Max Reinhardt; in den Vereinigten Staaten wurden Judy Tuwim zu Judy Holliday, Isser Danilevich zu Kirk Douglas, und aus Bernie Schwarz wurde Tony Curtis. Erst im heutigen Amerika hat sich dieser Trend umgekehrt, als eine nichtjüdische Schauspielerin ihre Karriere vorantrieb, indem sie ihren Namen von Caryn Johnson in Whoopi Goldberg änderte.

Namensänderungen resultierten nicht notwendigerweise aus dem Wunsch nach Assimilierung. Häufig waren sie lediglich ein Nebenprodukt der Einwanderung in ein neues Land. Viele Witze und Geschichten ranken sich um die Namen, die man den jüdischen Immigranten auf Ellis Island gab, wo sich die Kontrollstelle für Einwanderer befand, darunter der alte Witz über den Immigranten, der sich einen Namen aussuchte und ihn wieder vergaß. Als er zu dem Beamten kam, der ihn nach seinem Namen fragte, antwortete er auf Jiddisch: »Shoyn fargessen« (»Habe ich schon vergessen.«), woraus er mit dem ähnlich klingenden Namen Sean Ferguson hervorging. Sehr oft hatten die Einwanderungsbeamten nicht die Geduld, die langen und scheinbar nicht zu buchstabierenden Namen der Immigranten aufzuschreiben. Sie schrieben einfach Sherman statt Shereshefsky, Matthews statt Matyevitz und Goldberg statt Galeshevsky. Häufig scheinen sie auch entschieden zu haben: »Ich kann das nicht buchstabieren, aber es sind Juden, also nenne ich sie einfach Cohen oder Greenberg oder Halpern.« Viele amerikanisch-jüdische Familien wissen nicht mehr, wie ihr ursprünglicher Familienname lautete.

Vergleichbares geschah in Israel, allerdings wurden die Änderungen dort häufig eher aus ideologischen Gründen vorgenommen. Nach zionistischer Ideologie war die Diaspora abzulehnen, und die alten jüdischen Umgangssprachen waren durch das Hebräische zu ersetzen. Daher trieb man die Neueinwanderer an, ihre ursprünglichen Namen zu hebräisieren. Viele führende Persönlichkeiten im neuen jüdischen Staat besaßen neue hebräische Namen, die sich von ihren Geburtsnamen unterschieden: David Ben Gurion (ursprünglich Green), Levi Eshkol (einst Shkolnik), Golda Meir (früher Meyerson) und Zalman Shazar (zuvor Rubaschoff). An einem bestimmten Punkt in der Geschichte Israels forderte man die Mitglieder des diplomatischen Korps auf, ihre Namen zu hebräisieren. Viele Israelis übersetzten ihre ursprünglichen Namen oder suchten sich solche aus, die irgendwie ähnlich klangen. Lowenstein würde man mit Evenari oder Avenary übersetzen oder klanglich zu Lavi verändern. Aus Steinberg wurde Har Even, aus Goldberg Har-Paz; Gartner wurde zu Ginat (Garten), Benaya zu Ben-Naim und Schoenberg zu Shen-Har (der erste Teil klingt wie *Schoen-*, der zweite ist die hebräische Übersetzung von *-berg*).

Obwohl jüdische Familiennamen eine relativ neue Einrichtung sind und viele Namen zudem in der jüngsten Vergangenheit geändert wurden, halten viele Menschen die Namen immer noch für ein Zeichen von Jüdischsein. Manchem erscheint es als ärgere Verleugnung der jüdischen Zugehörigkeit, seinen Namen zu ändern, um das eigene Jüdischsein zu verbergen, als gegen das jüdische Religionsgesetz zu verstoßen, indem man Schweinefleisch verzehrt oder an einem Samstag Geschäfte macht. In einigen wenigen Fällen haben Kinder den ursprünglichen Familiennamen, den ihre Eltern oder Großeltern aufgegeben hatten, wieder angenommen. Irving Wallace und David Wallechinsky, die Autoren von *The People's Almanach,* sind in Wirklichkeit Vater und Sohn (Wallace ist der Vater und Wallechinsky der Sohn). Dieses Phänomen hängt teilweise zusammen mit der Renaissance der ethnischen Zugehörigkeit und der Suche nach den eigenen Wurzeln, die Teil der heutigen amerikanischen (und israelischen) Kultur sind. Ironischerweise sind die Rückkehr zu den ursprünglichen Namen, die Renaissance der ethnischen Identität und die Suche nach einer Verbindung zur Vergangenheit die Kehrseite des Assimilationsprozesses und des Verlusts der Wurzeln. Erst jetzt, wo die organischen Bindungen an die Vergangenheit durch das moderne Leben geschwächt sind, wird die Suche nach den Wurzeln zu einem weit verbreiteten Streben.

Sogar in unserer heutigen, multi-ethnischen und stark gemischten Gesellschaft stellen Namen weiterhin eine Art Kurzverfahren dar, um Menschen mit einer Volksgruppe zu identifizieren. Noch immer wird diese Methode genutzt: von Wissenschaftlern bei der Erforschung einer Bevölkerungsgruppe und von den Mitgliedern einer Gruppe, die nach anderen mit der gleichen Herkunft suchen. Familiennamen sind zwar gewiss keine narrensichere Methode, um zu bestimmen, wer Jude ist und wer nicht, aber sie setzen ein hilfreiches Zeichen, das von Juden und Nichtjuden genutzt wird, um zu erkennen (oder doch wenigstens zu erraten), ob eine Person Jude ist. Sie werden auch dann noch (vielfach) Erkennungszeichen von Juden sein, wenn Ursprung und ursprüngliche Bedeutung der Namen längst vergessen sind, selbst von ihren Trägern.

V

Religiöse Bräuche

Wie die schriftliche Tradition eint und die mündliche trennt

Die gemeinsamen religiösen Traditionen des rabbinischen Judentums ermöglichten es Juden, die über die ganze Welt verstreut lebten, ähnliche Bräuche zu befolgen. Viele Aspekte des Lebens waren im gewaltigen Korpus des jüdischen Religionsgesetzes kodifiziert: die Grundstruktur des Gebetbuchs, die grundlegenden Verbote am Sabbat und in den Speisevorschriften, Bestimmungen zum Eheleben, der jüdische Kalender und seine Feiertage, Beschneidung, Hochzeits- und Beerdigungsbräuche, sogar, welchen Schuh man zuerst anziehen soll. Überall trugen jüdische Männer wochentags am Morgen einen Gebetsschal (Talit) und Gebetsriemen oder Phylakterien (Tefillin) und beteten drei Mal am Tag auf Hebräisch. Jüdische Frauen gingen jeden Monat nach ihrer Menstruation ins rituelle Bad, zündeten die Sabbatlichter an und verbrannten (zum Gedenken an die Tempelopfer) ein Stück von dem Teig, den sie kneteten. Auf der ganzen Welt lauschten Juden zum Neujahrsfest Rosch Haschana dem Blasen eines Widderhorns, bauten Hütten und nahmen an Sukkot ihre Mahlzeiten darin ein und saßen beim Pesachfest zum jährlichen Seder-Ritual bei Matzen, Wein und bitteren Kräutern um den Familientisch.

Doch keine Tradition, nicht einmal die jüdische, kann alles vorschreiben. Einige Aspekte des Lebens entgehen den formellen gesetzlichen Verfügungen immer. Auch wenn den rabbinischen Juden überall die gleichen schriftlichen Gesetzestexte, die Bibel, der Talmud und der Schulchan Aruch vorlagen, waren immer noch zahlreiche Aspekte dieser Gesetze Gegenstand von Interpretation oder einfach noch nicht ausformuliert. Die schriftliche Tradition mochte ein Festmahl am Sabbat vorschreiben, doch sie lieferte keine detaillierte Speisenfolge. Sie mochte sittsame Kleidung fordern, beschrieb jedoch nicht, welche Kleidungsstücke zu tragen waren. Sie schrieb die Texte für das Gebet vor, legte aber keine Begleitmelodie fest.

Juden in traditionellen Gesellschaften sahen die Lücken in den schriftlichen Vorschriften nicht als Gelegenheit, um den Gemeinschaftsnormen zu entkommen. Statt die unkodifizierten Bereiche individuellem Ermessen zu überlassen, versuchten sie, sie mit religiöser und kultureller Bedeutung zu füllen. Es war charakteristisch für die traditionellen jüdischen Gesellschaften, das Gerüst des jüdischen Rechts mit Zeremonien, Volksglauben, Speisen, Musik und Dekoration zu füllen. Das kodifizierte jüdische Gesetz ist wie ein Entwurf, der die Grundstruktur eines Hauses zeigt, während der Volksglaube der Farbzusammenstellung, den Dekorationen und der persönlichen Note entspricht, die aus den Häusern einer Wohnsiedlung individuelle und persönliche Wohnstätten machen.

Als allumfassendes System enthält das jüdische Gesetz selbst das Prinzip, das die Beziehung zwischen Kodifiziertem und Nichtkodifiziertem regelt. Der kodifizierte Teil der jüdischen Religion – die »große Tradition« – ist als *din* (Gesetz) bekannt, der nichtkodifizierte Teil – die »kleine Tradition« – als *minhag* (Brauch). Im Gesetz selbst steht die hebräische Maxime: »Minhag yisrael kedin hu« (»Ein jüdischer Brauch hat Gesetzeskraft«) – eine Maxime, welche die Volkstradition in einem jiddischen Sprichwort auf die Spitze getrieben hat: »A minhag brecht a din« (»Ein Brauch ist stärker als [wörtlich: bricht] ein Gesetz«). Solche Maximen haben die Macht, die lokalen Sitten und Gebräuche zu stärken und ihnen Autorität zu verleihen. Jemand, der mit einem Brauch aufgewachsen ist, muss ihm weiter treu bleiben; eine Gemeinde muss ihre Sitten und Gebräuche beibehalten, anstatt das Ritual eines anderen Ortes anzunehmen; und innerhalb einer Gemeinde sollte es nur eine einzige Liturgie geben und Bräuche, über die sich alle einig sind.

Aufgrund der Autorität des lokalen Brauchtums zeichnete sich das Judentum dadurch aus, dass verschiedene Traditionen an verschiedenen Orten gleichzeitig existierten, jede davon gleich maßgeblich, trotz abweichender Nuancen. Das Gesetz selbst fordert gegensätzliche lokale Praktiken: Pesach muss in Israel sieben Tage, außerhalb des Landes jedoch acht Tage dauern; Purim fällt an den meisten Orten auf den 14. Adar, in von Mauern umgebenen Städten jedoch auf den 15.; osteuropäische Juden dürfen erst sechs Stunden, nachdem sie Fleisch gegessen haben, wieder Milchprodukte essen, deutsche Juden müssen nur drei Stunden warten, und holländische sogar nur 72 Minuten; Reis ist bei jemenitischen oder irakischen Juden als Pesachspeise erlaubt, den Aschkenasim aber verboten.

Historisch betrachtet, hat sich das jüdische Gesetzessystem dergestalt entwickelt, dass Ungeschriebenes zu Geschriebenem wird, der Brauch dazu tendiert, Gesetz zu werden. Ursprünglich war nur das biblische Gesetz geschriebenes Gesetz; die mündlichen Traditionen durften nicht niedergeschrieben werden. Man konnte sie nur im direkten Kontakt zwischen Lehrer und Schüler erlernen. Doch nachdem die römische Obrigkeit den Juden verboten hatte, ihre Traditionen öffentlich zu lehren, wurden die wichtigsten mündlich überlieferten Traditionen in der Mischna niedergelegt (um 200 n.d.Z.). Später wurde die mündliche Erörterung der Mischna als babylonischer Talmud niedergeschrieben (um 500); darauf folgten mittelalterliche Gesetzeskodizes, von denen der Schulchan Aruch (1565) der maßgeblichste war. Aber auch nach dieser endgültigen Kodifikation setzte sich der Prozess fort, da die Antworten jeder weiteren Generation traditioneller Rabbis auf neue rechtliche Anfragen neue Präzedenzfälle schufen. Oft wurden diese Fragen und Antworten veröffentlicht, wodurch eine enorme Literatur von so genannten *Responsa* entstanden ist. Praktiken, die als Bräuche begannen (manchmal sogar solche, welche die rabbinischen Autoritäten bekämpften), wurden irgendwann kodifiziert. Beispiele solcher Praktiken sind die Bar-Mizwa-Zeremonie, die Gesetzesfreude am neunten Tag des Laubhüttenfestes (Simchat Tora), und die *tashlich*-Zeremonie, in der die Menschen am Neujahrstag ein Gewässer aufsuchten, um »ihre Sünden ins Meer zu werfen«.

Die Synagoge und der synagogale Dienst

Die Zweiteilung in einheitliche Gesetze und unterschiedliche Bräuche ist bei praktisch allen Aspekten der jüdischen Religionsausübung anzutreffen. Ein Bereich, bei dem dies ganz deutlich wird, ist der synagogale Dienst. Auf der ganzen Welt zeichnet sich die traditionelle jüdische Liturgie dadurch aus, dass der Gottesdienst beinahe vollständig auf Hebräisch gefeiert wird und täglich dreimal stattfindet, wobei am Sabbat und an Feiertagen ein zusätzlicher und an Jom Kippur noch ein fünfter Gottesdienst hinzukommen. Für jeden Gottesdienst ist ein Gebet vorgeschrieben (die Amidah), das an Werktagen neunzehn, am Sabbat und an Feiertagen sieben und an Neujahr neun Segenssprüche beinhaltet. Das Sch'ma Israel (»Höre Israel«), welches das grundlegende Glaubensbekenntnis zum göttlichen Einssein enthält, wird jeden Tag zweimal gesprochen. Aus der Torarolle wird am Sabbat zwei Mal und montags und donnerstags ein Mal vorgelesen. Und das sind nur die augenfälligsten Aspekte der Einheitlichkeit.

Dieser einheitlichen Grundstruktur zum Trotz schuf das Brauchtum unzählige lokale Riten, die sich in vielen Details und Nuancen voneinander unterschieden. Auf einen Außenseiter mögen diese Unterschiede belanglos gewirkt haben, für traditionelle Juden waren sie wichtig. Unstimmigkeiten hinsichtlich der Reihenfolge gewisser Gebete führten zu einem Unterschied im Gottesdienst. Auch der Wortlaut mancher Gebete variierte. Die Liturgie wurde durch Hinzufügen vieler neuer Gebete und liturgischer Poesie *(Piutim)* erweitert, die hauptsächlich im Mittelalter entstanden. Diese neuen Gebete sind nur selten universell gültig, normalerweise unterscheiden sie sich von Region zu Region. Sie sind jedoch nicht notwendigerweise weniger wichtig. An hohen Feiertagen gehören dazu so bedeutende liturgische Werke wie das »Kol Nidre«, »Unetane Tokef« (welches das himmlische Gericht beschreibt) und das »Avoda« (eine poetische Beschreibung des alten Tempeldienstes an Jom Kippur).

Aufgrund dieser Differenzen erscheinen jüdische Gebetbücher in unterschiedlichen Regionalausgaben *(nusachot)*. Die Liturgien werden üblicherweise in zwei Haupttraditionen eingeteilt, und diese dann weiter in lokale Varianten. Am kleinsten sind die Abweichungen zwischen den verschiedenen Liturgien bei den Sabbat- und Wochentagsgebeten, etwas größer an den Feiertagen und am größten an den hohen Feiertagen und bei den Bußgottesdiensten *(Selichot)*. Die beiden wichtigsten Gebetbuchtraditionen werden im Allgemeinen zurückgeführt auf die Unterschiede zwischen der Tradition im Land Israel (palästinensische Tradition), von der der aschkenasische Ritus abstammt, und der in Babylonien, von der sich der sephardische Ritus herleitet. Letzterer hat die frühere Liturgie in einer Reihe von Gebieten im muslimischen Osten ersetzt, die über das Gebiet hinausgehen, in dem Judäospanisch gesprochen wurde.

Bei den Aschkenasim ist die Einteilung in verschiedene traditionelle Untergruppen recht kompliziert. Ursprünglich verwendeten alle Aschkenasim den aschkenasischen Ritus, der sich in zwei Hauptgruppen teilte: die westliche, heute als *Nusach Ashkenaz* bekannt (der deutsche Ritus), und die östliche, allgemein *Nusach Polin* genannt (der polnische Ritus). Als sich im 18. Jahrhundert die chassidische Bewegung herausbildete, nahm sie eine drastische Änderung an der Liturgie vor, indem sie eine Variante des sephardischen Ritus einführte. Der als *Nusach Sfard* oder (nach dem berühmten Mystiker Isaac Luria [1534–1572], der den Spitznamen Ari, »der Löwe« trug) als *Nusach Ha'ari* bekannte chassidische Ritus darf nicht mit dem echten *Nusach Sepharad* der Juden des Mittelmeerraums verwechselt werden. Zwar lehnt sich der

Text eng an den Wortlaut der Sephardim an, ohne jedoch mit ihm identisch zu sein, aber das chassidische Gebetbuch ist nach den aschkenasischen Ausspracheregeln zu lesen und folgt den aschkenasischen Musiktraditionen.

Dem Besucher traditioneller synagogaler Dienste in verschiedenen Teilen der Welt würden ebenfalls einige Unterschiede auffallen. Am auffälligsten sind vermutlich die Abweichungen in der musikalischen Tradition. In Westeuropa – und in beträchtlichem Ausmaß auch in Osteuropa – war die Musik in der Synagoge stark von westlichen Musikstilen beeinflusst. Zwar weisen die aschkenasischen, italienischen und holländisch-sephardischen Liturgien Elemente früherer Tonsysteme auf, doch handelt es sich meistens um Dur- oder Molltonarten. Die Musik der Juden in der arabischen Welt, im Iran und die der Sephardim Südosteuropas klingt in ihrem Gesangsstil, dem Einsatz von »Mikrotönen« (Töne zwischen den westlichen Ganz- oder Halbtönen) und ihren Rhythmen, die im achten Kapitel genauer erörtert werden, viel mehr wie die Musik des Mittleren Ostens. Diese musikalischen Unterschiede sind auch beim Toravortrag sehr auffällig. Alle rabbinischen Juden verwenden das gleiche System schriftlicher Kantillationssymbole, doch die Methoden, nach denen dieses »Notationssystem« umgesetzt wird, sind völlig unterschiedlich. Es gibt eine aschkenasische Tradition, die pentatonisch ist, und eine eigene sephardisch-orientalische, die wenig Ähnlichkeit mit dem aschkenasischen System aufweist.

Auch die Art der Interaktion zwischen Vorbeter und Gemeinde variierte je nach Region. Sephardische, orientalische und jemenitische Gottesdienste wurden üblicherweise von einem Kantor oder von ausgewählten Gemeindegliedern in einem Sprechgesang laut vorgetragen, häufig mit rhythmischem Chorgesang seitens der Gemeinde. Im aschkenasischen synagogalen Dienst sang der Kantor normalerweise nur Gebetsanfang und -ende, und die Gemeinde sprach rasch und leise das übrige Gebet. In der traditionellen aschkenasischen Synagoge wurde dem Dekorum allgemein weniger Aufmerksamkeit geschenkt als in der traditionellen orientalischen. In bestimmten Regionen, vor allem in Nordafrika und Osteuropa, entwickelten sich kunstvolle Formen des Kantoralgesangs, bei denen der Vorbeter lange Passagen selbst sang. Der ornamentale marokkanische Stil ähnelte dem arabischen Gesang und dem Flamenco, wohingegen der osteuropäische Stil emotionaler war und die Gemeinde zu Tränen rühren sollte.

Zwar stand in allen Synagogen vorne ein Schrein, der die Torarollen enthielt, doch darüber hinaus gab es auch in Grundriss und Anlage der

Abb. 5.1: Bipolare Ausrichtung der italienischen Synagogen, veranschaulicht an der Aufstellung von Lesepult, Bänken und Schrein in der Conegliano Veneto Synagoge, 1701, jetzt in Jerusalem.

Synagogen regionale Unterschiede. Synagogen waren üblicherweise nach Jerusalem ausgerichtet. Das hieß in Europa, dass die »östliche Wand« die Stirnseite der Synagoge bildete. Im Irak oder Iran bedeutete es jedoch, dass die Gemeindeglieder nach Westen blickten. In traditionellen aschkenasischen Synagogen stand vorn ein Pult für den Kantor (Omud) und in der Mitte ein Podium (die Bima oder der Almemor), auf dem das Pult zum Vorlesen der Tora stand. Oft verfügten die Männer zusätzlich über eigene Bücherpulte vor ihren Stühlen. In aschkenasischen Synagogen blickte die Gemeinde üblicherweise nach vorn, in informellen osteuropäischen Synagogen saßen die Männer oft um Tische herum. In vielen sephardischen und orientalischen Synagogen saß die Gemeinde in Reihen beiderseits des Saals mit Blick zur Mitte. Italienische Synagogen waren »bipolar« angelegt: Der Schrein stand vorn und das Pult des Kantors auf einem Podium im hinteren Teil des Saals (Abbildung 5.1). Die Synagogen Südindiens verfügten über zwei Kantor-Podien, eines unten im Hauptraum und eines sehr erhöht, direkt vor dem Frauen-Balkon.

In manchen Ländern der muslimischen Welt teilten die Juden den Brauch ihrer Nachbarn, die Schuhe auszuziehen, ehe sie das Heiligtum betraten. In diesen Ländern saßen die Gemeindeglieder häufig auf dem mit Teppich ausgelegten Boden statt auf Stühlen oder Bänken. Europäische Juden assoziieren sowohl das Ausziehen der Schuhe als auch das Sitzen auf dem Fußboden ausschließlich mit Trauerzeremonien, anders wäre beides für sie in der Synagoge undenkbar.

In der traditionellen Synagoge waren die Frauen von den Männern getrennt. In Europa saßen sie in vielen Gemeinden auf einer Galerie oder einem Balkon hinter einem Gitter und sahen auf die Vorgänge in der »Hauptsynagoge« hinab. In den Synagogen in Carpentras und Cavaillon in Südfrankreich war der Balkon Würdenträgern der Gemeinde und rituellen Gegenständen vorbehalten, und die Frauen saßen ursprünglich in einem Raum *unter* dem Hauptbetraum. In manchen muslimischen Ländern verzichteten einige Synagogen ganz auf ein Frauenabteil, weil Frauen normalerweise nicht die Synagoge besuchten. Wenn sie es doch einmal taten, standen sie einfach hinten im Raum.

Andere Unterschiede im öffentlichen Gottesdienst betreffen die Form der Torarolle. Das jüdische Gesetz schrieb vor, dass die Fünf Bücher Mose mit der Hand in schwarzer Tinte auf eine einzige Pergamentrolle geschrieben sein sollten, doch es schrieb nicht vor, womit diese Rolle zu verhüllen war. In der von den Aschkenasim praktizierten europäischen Tradition sowie bei den Juden in Italien, Südfrankreich, Teilen von Marokko und Algerien und auch bei den Sephardim im Osmanischen Reich wurde die Rolle an zwei hölzernen Rollstäben *(Atzei Chaim)* befestigt und dann in ein verziertes »Mäntelchen« (heutzutage normalerweise aus Samt) gehüllt (Abbildung 5.2). Das Mäntelchen krönte gewöhnlich noch ein silberner Schild, und die Rollstäbe eine silberne Krone (Abbildung 5.3) oder zwei verzierte Schmucktürmchen (Rimmonim) (Abbildung 5.4). Fast überall in Asien und Nordafrika (einschließlich der Samaritaner-Gemeinden) schloss man die Torarolle in einen Kasten aus Holz oder Metall (Tik), statt sie in ein Tuch zu hüllen, und dort versah man sie weder mit Kronen noch Schilden. Normalerweise war der Kasten rund, manchmal auch acht- oder sechseckig. Die beiden Hälften des Kastens waren durch Scharniere verbunden, damit man den Tik zum Lesen öffnen konnte (Abbildungen 5.5, 5.6). In manchen Gegenden bedeckte man den Kasten mit einem Tuch, in anderen blieb er unbedeckt. Wenn aus der Tora gelesen wurde, entfernten europäische Juden die Verkleidung und legten die Torarolle unverhüllt auf das Pult des Vorlesers. In den muslimischen Ländern

Abb. 5.2: Tora mit Samtmantel aus Marokko, 18. oder 19. Jahrhundert.
Abb. 5.3: Torakrone, Wien, 19. Jahrhundert (Silber, teilvergoldet).
Abb. 5.4: Schmucktürmchen (Rimmonim), Türkei, spätes 18. oder frühes 19. Jahrhundert (Silber).

lasen die meisten Juden die Tora im aufrecht gehaltenen Kasten, im Jemen wurde der Kasten jedoch hingelegt. Der Torakasten wies mehrere verzierte Schmucktürmchen auf, deren Zahl regional variierte.

In Ländern, wo man die Tora nur mit einem Tuch bedeckte, musste die Rolle so zusammengebunden werden, dass sie nicht auseinander fiel. Die Bindung war in den verschiedenen Teilen Europas unterschiedlich. In Osteuropa band man die Tora gewöhnlich mit einem einfachen schmalen, weißen Tuch zusammen, das *gartel* hieß (wörtlich: »Gürtel«) und dessen Enden zu einer Schleife gebunden waren. (In jüngster Zeit haben einige fortschrittliche Gemeinden diese Bindung durch eine neumodische Bindung mit Klettverschluss ersetzt.) In Italien ersann man eine breite Binde, die normalerweise den Namenszug ihres (gewöhnlich

Abb. 5.5: Außenansicht eines Toraschreins aus Indien, spätes 19. oder frühes 20. Jahrhundert (Silber und Holz, bemalt).

Abb. 5.6: Tora im Schrein, zum Lesen geöffnet, Irak, 1869.

Abb. 5.7: Torabinde, Italien, 17. Jahrhundert (ungefärbtes Leinen, seidenbestickt).

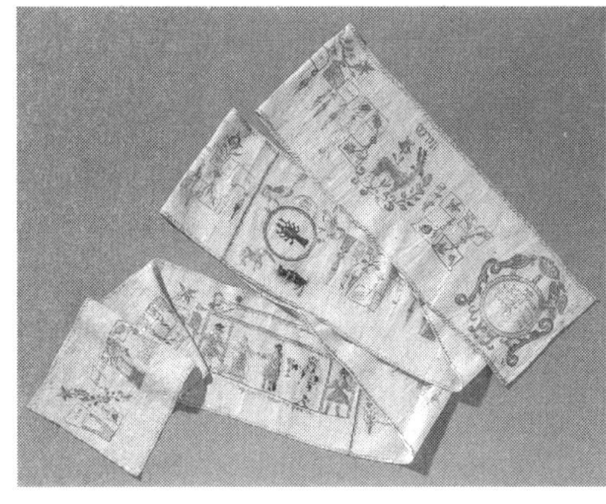

Abb. 5.8: Torabinde (Wimpel), Deutschland, 1733 (Leinen, seidenbestickt).

weiblichen) Stifters trug (Abbildung 5.7). Die typische deutsch-jüdische Torabinde, der *Wimpel,* ähnelte der italienischen, war aber kunstvoller gefertigt – ein Beispiel für gemeinsame Merkmale bei aschkenasischen deutschen und nichtaschkenasischen italienischen Juden. »Wimpel« wurden zu Ehren der Geburt eines Knaben angefertigt, manchmal, indem man die Windel, die bei der Beschneidung benutzt worden war, in Streifen schnitt und diese an den Enden zu langen Leinenbändern (meist etwa 15 Zentimeter breit und 3 Meter lang) zusammennähte, die eine gestickte oder gemalte Inschrift trugen mit dem Namen des Kindes, dem Geburtsdatum und dem Wunsch: »Möge Gott ihn aufwachsen lassen zur (zum Studium der) Tora, zur Ehe und zu guten Werken«. »Wimpel« wurden oft kunstvoll mit volkstümlichen Mustern und Bildern verziert (Abbildung 5.8).

Einige andere lokale Variationen in der Synagoge betrafen die von den Männern getragenen Gebetsmäntel und -riemen. Bei den meisten orientalischen Juden, aber auch bei den Aschkenasim in Deutschland

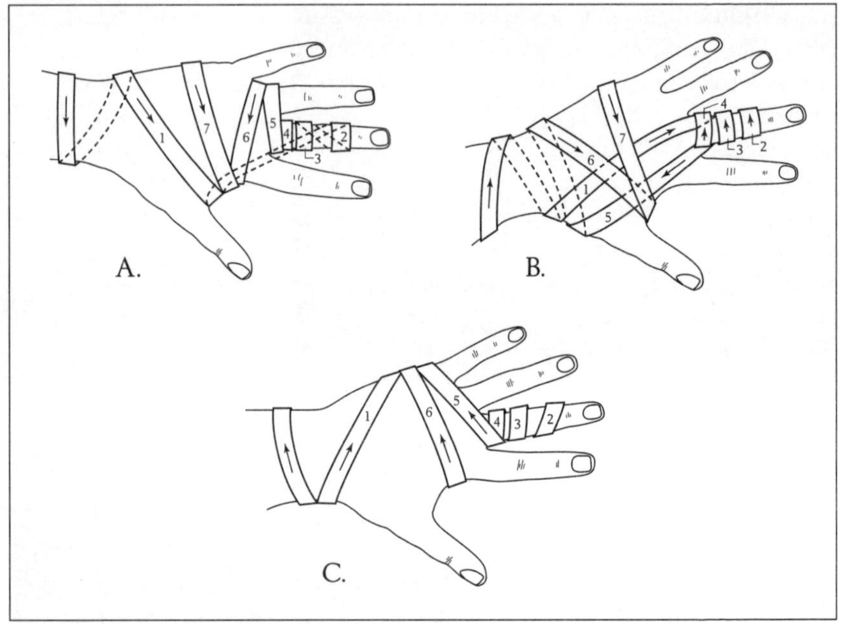

Abb. 5.9: Verschiedene Traditionen der Tefillinbindung um die Hand: a) aschkenasisch, b) sephardisch-orientalisch, c) chassidisch.

begannen die Jungen im Bar-Mizwa-Alter (dreizehn) oder früher mit dem Tragen des Talit. Andererseits bildete sich in Osteuropa der Brauch heraus, dass nur verheiratete Männer den Talit trugen. In vielen Mittelmeerländern war das Gebetstuch aus Seide oder Baumwolle, bei den Aschkenasim war dagegen Wolle das traditionelle Material. In praktisch allen Ländern war der Talit weiß und mit einem Muster aus farbigen oder schwarzen Streifen verziert. Diese Sitte ist nicht kodifiziert, scheint aber einen gemeinsamen Ursprung zu haben, möglicherweise die Verzierungen auf römischer Oberbekleidung. Der Jemen war das einzige Land, in dem der Talit nicht so aussah. Doch sogar im Jemen kam im 20. Jahrhundert der weiße Talit mit Streifen nach westlicher Machart in Mode.

Wie vom jüdischen Gesetz vorgeschrieben, wurden Tefillin – Lederriemen mit schwarzen Lederkästchen, die vier bestimmte biblische Texte enthielten – an den linken Arm und am Haaransatz an die Stirn gebunden. Variabel war die Art, in der die Tefillin gebunden wurden. Die Handtefillin banden Juden allerorten siebenmal um den Unterarm und dann um Hand und Mittelfinger. Aschkenasim banden sie gegen den Uhrzeigersinn und bildeten damit auf dem Handrücken den Buchstaben Schin so, dass dessen Scheitelpunkt in Richtung Daumen wies. Über dem Handteller bildeten sie die Buchstaben Dalet und Jod, was einen Gottesnamen ergab (Abbildung 5.9 a). In der muslimischen Welt banden die Juden ihre Tefillin anders, in einem Kreuzmuster auf dem Handrücken (Abbildung 5.9 b). Möglicherweise vermieden die Juden in christlichen Ländern ein solches Muster, weil es scheinbar einem Kreuz ähnelte. Die Chassidim, aschkenasische Juden, die gewisse sephardische Praktiken übernommen hatten, banden die Buchstaben Schin, Dalet und Jod auf der Hand, doch bei ihnen wies der Scheitelpunkt vom Daumen weg, und sie banden ihre Tefillin im Uhrzeigersinn (Abbildung 5.9 c). Diese Unterschiede mögen unbedeutend erscheinen, doch sie sind Beispiele für systematische geographische und kulturelle Abweichungen.

Die Feste

Die geographische Mannigfaltigkeit der Sitten und Gebräuche trat auch in den häuslichen Zeremonien zu den Feiertagen deutlich zutage. Es gibt viele mögliche Beispiele für Variationen, doch mögen die symbolischen Speisen an Rosch Haschana und der Pesachseder genügen, um die lokalen Unterschiede zu veranschaulichen. Zu Beginn des neuen Jahres war es üblich, dass alle Personen am Familientisch Speisen aßen, welche die Wünsche für das bevorstehende Jahr symbolisierten. Bei den Aschkenasim beschränkte sich diese Sitte häufig darauf, einen in Honig getauchten Apfel zu essen, der ein süßes Jahr symbolisierte. Weniger verbreiteten Sitten der Aschkenasim zufolge aß man einen Schafs- oder Fischkopf – »dass wir zum Kopf und nicht zum Schwanz werden« – oder Möhren. Letztere deswegen, weil ihr jiddischer Name *mern* auch »mehren« bedeutete und man dazu ein Gebet sprach, dass Gott »unsere guten Taten mehren« möge.

All diese symbolischen Speisen der Aschkenasim sind bloße Rudimente im Vergleich zu der Rosch Haschana-Zeremonie bei den sephardischen und orientalischen Juden. Dort war das Verzehren symbolischer Speisen ein *Seder* (ein festes Ritual) mit einer ganzen Reihe von besonderen Gerichten. In Griechenland und der Türkei aßen die Sephardim Äpfel, Lauch, Rüben, Datteln, Kürbis, Fisch und einen Fischkopf. Jede Speise wurde von einem Gebet begleitet *(yehi ratson),* das man auf Hebräisch und auf Ladino sprach. Einige Gebete basierten auf Wortspielen mit dem Namen einer Speise und dem für das neue Jahr geäußerten Wunsch. In arabischsprachigen Ländern aß man etwas andere Speisen, denn die judäoarabischen Wortspiele mit dem Namen der Speise und seiner symbolischen Bedeutung unterschieden sich von denen auf Ladino.

Die Seder-Speise Haroset

Zwar essen alle rabbinischen Juden beim Seder bittere Kräuter und Haroset, doch die tatsächlichen Zutaten variieren. Bei vielen aschkenasischen Juden gehörte scharfer Meerrettich (manchmal in Form einer ungemahlenen, rohen Meerrettichwurzel) zu den bitteren Kräutern, wohingegen die meisten nichtaschkenasischen Juden verschiedene leicht bittere Salatsorten nahmen. Die Rezepte für Haroset, das an den Mörtel erinnern sollte, den die hebräischen Sklaven bei ihrer Bauarbeit verwendet hatten, variierten mindestens ebenso stark. Die üblichen Hauptzutaten für das Haroset der Aschkenasim waren Äpfel, Nüsse, Zimt und Wein, die allesamt auch in kälteren Gegenden vorhanden (oder zumindest zu beschaffen) waren. In vielen Teilen des Mittleren Ostens, Italiens und des Balkans nahm man Datteln statt Äpfeln, manchmal noch um weitere subtropische Ingredienzien wie Orangen oder Orangenschale, Feigen, Pinienkerne und Granatäpfel ergänzt.

Fast überall auf der Welt war das Haroset süß. Im Jemen hatten die Seder-Teilnehmer die Wahl zwischen zwei Sorten eines *dukke* genannten Haroset: eine süß, eine sauer. Beide Sorten bestanden aus Datteln, Rosinen, Feigen, Sesam, Granatäpfeln, Mandeln und anderen Nüssen, Pfeffer, Kreuzkümmel und Ingwer. Die süße Sorte war mit Traubensaft vermischt, die saure mit Weinessig.

Mit der Sederfeier zu Beginn des Pesachfestes waren sogar noch ausgefeiltere lokale Bräuche verbunden. Viele Aspekte des Seder waren selbstverständlich vom Religionsgesetz vorgeschrieben und wiesen keine lokalen Änderungen auf. Dazu gehörten die drei Matzen, die vier Becher Wein, die Verwendung bitterer Kräuter und deren Beilage (Haroset), die Symbole Ei und Knochen, die Struktur des Hauptteils der Haggada (Seder-Gebetbuch), der vor dem Mahl vorgetragen wird, und der Brauch, sich während der Zeremonie gegen Kissen zu lehnen. Dennoch sind die regionalen Abweichungen auffällig. Beim Seder wurde wesentlich mehr Umgangssprache verwendet als bei den meisten anderen jüdischen Zeremonien. Mancherorts wurden das gesamte Ritual und die Begleitlieder in der Umgangssprache vorgetragen, in einigen Fällen an Stelle des Hebräischen, doch üblicherweise zusätzlich.

Bei der Platzierung der rituellen Speisen für den Seder gab es ebenfalls kulturelle Unterschiede. Aschkenasim richteten sie auf einem besonderen Teller an, während die Juden in Tunesien und Libyen sie in einen Bastkorb legten. In Buchara legte man die Speisen auf einem bestickten Seidentuch aus. Im Jemen wurde der Tisch selbst zum »Seder-Teller«. Man bedeckte einen kleinen, runden Tisch aus Holz oder Metall mit einer Schicht großblättriger Rettiche, und darauf legte man Schichten aus Petersilie und Salat. Auf eine freigelassene Stelle in der Mitte des Tisches stellte man Teller mit Haroset und mit Fleisch und Ei (Abbildung 5.10). An den Stellen der Zeremonie, an denen Juden in anderen Ländern den Seder-Teller anhoben, hoben die jemenitischen Juden den ganzen Tisch an.

Abb. 5.10: Jemenitischer Seder-Tisch mit geschichteten Gemüse- und Salatblättern am Rand und anderen rituellen Speisen in der Mitte.

Auch der Text der Haggada variierte, insbesondere der Teil nach dem Festmahl. Einige Lieder, die sich zu den beliebtesten in der aschkenasischen Zeremonie entwickelten (»Adir Hu«, »Ehad Mi Yodea«, »Had Gadya«) fehlten im Ritus vieler Juden in Asien; in manchen Gegenden Asiens und Nordafrikas trug man sie allerdings im umgangssprachlichen Judäoarabisch oder Judäospanisch vor. Die aschkenasische Sitte, einen fünften Becher Wein einzuschenken und die Tür für den Propheten Elija zu öffnen, war im Jemen, in Indien und Kurdistan unbekannt, doch in Buchara wurde sie praktiziert. Ein zentraler Bestandteil des aschkenasischen Seder, nämlich dass die vier Fragen von einem Kind

Abb. 5.11: Der Seder-Teller wird über die Köpfe der Teilnehmer gereicht, hier die Familie Benaroch aus Meknès, Marokko.

gestellt wurden, war in Tunesien, Cochin oder Aden nicht üblich. Dort wurden die Fragen von allen einstimmig gestellt. Im Jemen war es wiederum üblich, und die Kinder trugen die Fragen auf Hebräisch und Arabisch vor *(ma kebar).*

Verschiedene Sitten wurden eingeführt, um die Zeremonie für Kinder interessanter zu machen, doch sie waren meistens nicht allgemein gültig. Der Brauch, ein Kind den *Afikoman* (ein Stück Matze, das zum Abschluss der Zeremonie benötigt wurde) »stehlen« und dafür Lösegeld verlangen zu lassen, war in Europa und Kurdistan üblich, doch nicht in Tunesien, Indien oder dem Iran. In Teilen Nordafrikas (Marokko, Tunesien) reichte man üblicherweise zu Beginn des Seder den Seder-Teller als Zeichen des Segens dreimal über den Köpfen der Gäste hin und her (Abbildung 5.11). Mancherorts tat dies das Familienoberhaupt, andernorts die älteste unverheiratete Tochter oder ein Sohn. Ein jüdischer Nordafrikareisender aus Europa erzählte einmal, er sei während des Seder im falschen Moment aufgestanden und habe zu seiner Verlegenheit den Teller, der gerade über seinen Kopf gereicht wurde, umgestoßen.

In Kurdistan, im Kaukasus, im Jemen und auch in Teilen Nordafrikas legte sich der Leiter des Seder die Matze auf die Schulter und ging um den Tisch herum (oder hinaus), wobei er sprach: »So zogen unsere Vorväter aus Ägypten aus.« In seiner kurdischen und kaukasischen Version war dieser Brauch viel komplexer. In einigen Städten fand ein Dialog statt: »Woher kommt ihr? Aus Ägypten. Was führt ihr mit euch? Den Teig unserer Väter aus Ägypten. Sie hatten keine Zeit, ihn zu backen. Kommt, ich will euch die Geschichte erzählen, was Gott für unsere Väter vollbracht hat.« Hier und da spielte ein Junge die Szene vor, indem er mit einem Bart verkleidet an die Tür kam und ins Haus humpelte. (*Pesach,* häufig Passah übersetzt, kann auch »humpeln« bedeuten.)

Das Seder-Lied »Dayenu« (»Es hätte gereicht«) wurde in verschiedenen Gegenden unterschiedlich inszeniert. Im Jemen hob man bei jedem Refrain von »Dayenu« den Tisch an. Im Iran und in einigen Gegenden in der Nachbarschaft des irakischen Kurdistan schlugen die Feiernden einander beim Singen des »Dayenu« gegenseitig mit Lauch oder Schalotten. Dies sollte daran erinnern, wie die hebräischen Sklaven einst geschlagen worden waren, endete aber meist in großer Ausgelassenheit. Ich erinnere mich an einen Modell-Seder von Schülern in Los Angeles, bei dem die Rabbis Aschkenasim waren, viele der Schüler jedoch Iraner. Als die Kinder begannen, einander mit Schalotten zu schlagen, versuchten die Rabbis vergeblich, die »Störung« zu unterbinden.

Lokale Feste

Außer den Feiertagen, die von Juden auf der ganzen Welt gefeiert wurden, gibt es einige, die nur jeweils einer Untergruppe von Juden bekannt sind. Alle rabbinischen Juden feierten das Purimfest am 14. Adar zur Erinnerung an die Errettung der Juden vor einem Massaker im Perserreich, wie das Buch Esther in der Bibel erzählt. Doch in vielen Gegenden der Welt wurde noch ein zusätzliches, lokales Purim gefeiert. Im Mittelalter und sogar noch in der Neuzeit wurde es üblich, dass bestimmte Gemeinden oder sogar Familien, die aus drohender Gefahr errettet worden waren, solch ein lokales Purim einführten, das nur in der betreffenden Ortschaft oder Familie gefeiert wurde. Zu einigen dieser lokalen Purims gehörten sogar besondere synagogale Dienste, in denen eine Schriftrolle zur Erinnerung an die Errettung verlesen wurde. Ein solches lokales Purim fand in Frankfurt unter der Bezeichnung »Purim Vinz« statt, um daran zu erinnern, wie die Juden nach ihrer Vertreibung durch Aufständische unter der Führung von Vincenz (Vinz) Fettmilch

1616 in die Stadt zurückkehrten. Fettmilchs Hinrichtung wurde mit dem Hängen des Haman verglichen, des Schurken aus der biblischen Purimgeschichte. Eine spezielle Schriftrolle zu den Geschehnissen, *Megilas Vinz*, war auf Hebräisch und Jiddisch geschrieben. Ein anderes zusätzliches Purim feierte man in einigen italienischen Städten, um die Errettung vor den französischen Bombardements während der Kriege in den neunziger Jahren des 18. Jahrhunderts zu feiern. In Prag feierte man mit dem »Vorhang-Purim«, dass ein Gemeindebeamter 1622 vor dem Hängen bewahrt wurde, nachdem man ihn bezichtigt hatte, gestohlene Vorhänge versteckt zu haben. Die Familie Brandeis aus Mladá Boleslav in Böhmen feierte am 10. Adar »Powidl-Purim« (»Pflaumenmarmeladen-Purim«), weil die Familie 1731 vom Vorwurf, Christen mit Pflaumenmarmelade vergiftet zu haben, freigesprochen wurde.

Eine andere Art von lokalem Fest, das sich in den letzten Jahren in Israel großer Beliebtheit erfreut, ist die Mimouna. Ursprünglich in Nordafrika in der Nacht (und am Tag) nach dem Ende von Pesach gefeiert, ist es heute das große »ethnische Fest« der Marokkaner in Israel, an dem kein israelischer Politiker im Wahljahr vorbeikommt. Die Ursprünge des Festes und die Bedeutung des Wortes *Mimouna* sind unklar. Die ersten schriftlichen Hinweise auf das Fest datieren erst aus dem 18. Jahrhundert. Die Mimouna-Bräuche variieren von Ort zu Ort, doch einige der folgenden gehören auf jeden Fall dazu: die erste gesäuerte Speise unmittelbar nach Pesach zu essen (gewöhnlich Pfannkuchen [*mufleta*] oder Couscous), Fisch (manchmal auch lebende Fische in einer Schüssel) auf den Tisch zu stellen, eine Tasse Öl auf einen Teller Mehl zu stellen; grünes Laub ins Haus zu bringen, Mitglieder des Haushalts mit grünen Zweigen zu schlagen, sich am Morgen der Mimouna an einer Quelle oder einem Fluss zu versammeln und Milchprodukte zu essen.

Abb. 5.12: Die Seged-Zeremonie in Äthiopien, 1984. Mit Steinen auf dem Kopf als Zeichen der Buße besteigen die Frauen den Berg.

Die äthiopischen Juden, die keine Anhänger der rabbinischen Tradition waren, begingen eine Reihe von Feiertagen, die den rabbinischen Juden unbekannt waren. Der berühmteste von ihnen war der Seged-Feiertag, der zum ethnischen Fest der Äthiopier in Israel geworden ist. Am 29. Tag des achten Monats erklommen die äthiopischen Juden einen Hügel, um die Priester *(kessim)* Auszüge aus der Bibel lesen und auslegen zu hören (Abbildungen 5.12, 5.13). Sie verbeugten sich viele Male zur Erde. Die Priester waren gewöhnlich durch ein Tuch oder einen Steinkreis von den übrigen Anwesenden getrennt. Die erste Hälfte des Seged-Tages wurde gefastet, die zweite Hälfte war dem Tanzen und dem Verzehr von Fleisch und anderen schmackhaften Speisen gewidmet.

Eine weiteres jüdisches Fest, das in vielen Teilen der Welt verbreitet war, wurde zu Ehren verstorbener gottgefälliger Personen begangen. In der offiziellen jüdischen Gedankenwelt ist zwar kein Platz für Heilige oder Vermittler zwischen Mensch und Gott, doch verschiedene jüdische Volkskulturen maßen dem heiligen Mann einen hohen Wert bei. Die Chassidim Osteuropas und die Juden Nordafrikas feierten, obwohl geographisch weit auseinander lebend, beide die Todestage heiliger Männer und hielten ihre Gräber in Ehren. In beiden Traditionen galt der Tod gottesfürchtiger Menschen nicht als trauriger Anlass, da die heilige Person, die nun im Himmelreich weilte, zugunsten der Zurückgebliebenen vermitteln konnte. Viele chassidische Gruppen feierten die *yahrzeit* (den Todestag) verstorbener *Rebbes* (chassidischer Führer) mit Zusammenkünften, bei denen sie aßen, tranken, sangen und Geschichten über den Verstorbenen erzählten. Pilgerreisen zum Grab des Rebbe waren unter den Chassidim etwas völlig Normales. Im postkommunistischen Osteuropa gibt es eine Renaissance chassidischer Pilgerreisen

Abb. 5.13: Die Seged-Zeremonie in Äthiopien, 1984. Männer, die nach der Zeremonie den Berg wieder hinabsteigen.

zu heiligen Stätten (was zum Entzücken der polnischen und ukrainischen Regierungen zu einem Wachstum der Tourismuseinnahmen geführt hat). Bei den Lubawitscher Chabad-Chassidim gab es zudem besondere Feiertage, beispielsweise den 19. Kislev zum Gedenken an die Befreiung des ersten Lubawitscher Rebbe Shneur Zalman aus Liadi 1799 aus der Gefangenschaft.

Die Verehrung gottesfürchtiger Rabbis in Nordafrika glich formal der chassidischen *yahrzeit* des Rebbe, hatte aber einen etwas anderen Hintergrund, da sie zugleich der Tradition der Verehrung eines heiligen Mannes der nordafrikanischen Muslime *(marabout)* glich. Auch bei den nordafrikanischen Juden waren Todestage (*Hilula* genannt, wörtlich: »Hochzeit«) Anlass zur Zusammenkunft, zu Festmahl und Feiern. In vielen Gegenden gab es lokale Heiligengräber, die zu Pilgerzielen wurden. Neben der Ehrung großer lokaler Rabbis – zum Beispiel der Rabbis aus der Familie Abu Hatzeira – kann eine Hilula auch die großen Rabbis der fernen Vergangenheit feiern. Die größte Hilula, die nicht nur in Nordafrika, sondern fast überall in der nichtaschkenasischen jüdischen Welt begangen wird (und in gewissem Ausmaß auch bei den Aschkenasim), ist die Hilula des Rabbi Shimon bar Yohai aus dem zweiten Jahrhundert, der traditionell als Autor des zentralen Buches der jüdischen Mystik, des Sohar, gilt. Diese Feier, die am 18. Iyar begangen wird, fällt mit dem kleineren traditionellen jüdischen Fest Lag Ba'omer zusammen. Im heutigen Israel ist die Hilula am überlieferten Grab des Rabbi Shimon in Meron eine Großveranstaltung mit Freudenfeuern, über dem Feuer geröstetem Fleisch, Gebeten und Gesang. Sowohl Aschkenasim als auch andere Juden nehmen daran teil. Zur Feier des Tages erhalten bei den Chassidim die kleinen Jungen ihren ersten Haarschnitt (mit drei Jahren). Die Juden in den muslimischen Ländern singen Rabbi Shimon zu Ehren ein besonderes Lied mit dem Titel »Bar Yohai«, nicht nur bei der Hilula, sondern zu fast jedem freudigen Anlass.

Volksglaube und »Aberglaube«

Die Sitte, besonderen Menschen ein gewisses Maß an Verehrung entgegenzubringen, ist ein gutes Beispiel für eine weit verbreitete, volkstümliche Praktik, die mit der jüdischen Denktradition schwer zu vereinbaren scheint. Entsprechend gab es in der rabbinischen Tradition zumindest Bedenken hinsichtlich des Glaubens an Wunderheilungen oder magische Kräfte. Alle großen monotheistischen Religionen versuchen, zwischen der anerkannten religiösen Lehrmeinung und den »abergläubischen« Bräuchen der breiteren Bevölkerung eine Grenze zu ziehen, aber deren Verlauf ist nicht immer eindeutig. So manchem Rabbi in talmudischer Zeit und danach wurden besondere Kräfte nachgesagt, kraft derer er bei Gott vermitteln, Heilungen vollbringen, Regen machen oder Katastrophen abwenden könne. Bei den Aschkenasim des Mittelalters und in späterer Zeit hieß ein Rabbi, der über solche Kräfte verfügte, *ba'al shem* (wörtlich: »Meister des Namens«). Der berühmteste dieser Wundertäter war der Gründer der chassidischen Bewegung, Rabbi Israel (etwa 1700–1760), dem man als Zeichen seiner Überlegenheit über andere »Meister des Namens« den Titel Baal Schem Tov (der »gute Wundertäter«) verlieh. In Deutschland, wohin die chassidische Bewegung beinahe überhaupt nicht vordrang, war der bekannteste Baal Schem in neuerer Zeit Seckel Loeb Wormser († 1846), bekannt als Baal Schem von Michelstadt (einer Stadt südlich von Frankfurt). Über diesen Baal Schem erzählten die Dorfjuden in ganz Süddeutschland bis ins 20. Jahrhundert hinein Geschichten.

Neben dem Glauben an die Macht heiliger Männer gehörten auch der Gebrauch von Amuletten, spezielle Gebete und Rezitationen zur Abwehr von Krankheiten, Pech oder dem »bösen Blick« zur jüdischen Volksreligion. Der Glaube an den bösen Blick war bei Christen, Juden und Muslimen im Mittleren Osten und im Mittelmeerraum weit verbreitet. Im Allgemeinen hielt man ihn für das Ergebnis von Missgunst, die man durch Erwähnen von Glück, Schönheit oder anderen vorteilhaften Eigenschaften heraufbeschwören konnte. Ein gebräuchlicher verbaler Schutz gegen Unglück war es, »kein böser Blick« zu sagen, nachdem man etwas Gutes erwähnt hatte. Auf Jiddisch würde man also sagen: *»a sheyn kind, kenehore«* (»ein schönes Kind, kein böser Blick«). In der deutschen Kultur und bei vielen Aschkenasim erreichte einen das Pech eher durch Hören als durch Sehen. Folglich sagte man »unberufen« oder »unbeschrien« (ohne es beschreien zu wollen). Manchmal begleiteten Spuckgeräusche diese verbalen Schutzmaßnahmen.

Weitere gebräuchliche Methoden, die in Osteuropa gegen den bösen Blick eingesetzt wurden, bestanden darin, ein rotes Bändchen an ein Kinderbettchen oder einen Kinderwagen zu binden oder jemandem Knoblauch oder Kampfer um den Hals zu hängen, um ihn vor Krankheit zu schützen. Bei bestimmten Krankheiten sagte man vielleicht einen besonderen Spruch auf, um sich des bösen Blicks zu entledigen (»opshprechn an ayin hore«). Manchmal gebrauchte man verschiedene Arten »sympathetischer Magie«, um ein Ereignis zu erreichen. Bei schwierigen Geburten banden aschkenasische Juden der Frau manchmal den Toragürtel um die Taille oder lösten sämtliche Knoten im Haus. Schwangere Frauen bissen als Zauber für eine leichte Geburt die Spitze *(pitom)* der an Sukkot verwendeten Zitrusfrucht Etrog ab. Um Seuchen abzuwenden versuchte man es in manchen Fällen mit Methoden wie dem Abmessen des Friedhofs mit einer Schnur, die man sodann für die Dochte der Synagogenkerzen spendete, oder dem Vergraben eines Schlosses mitsamt Schlüssel, um »die Seuche einzusperren.«

Ein Amulett war ein konventionelleres Mittel, um Unglück abzuwenden, normalerweise unter Beteiligung kabbalistischer Überzeugungen. Zwar gab es Amulette mit und ohne Inschriften, viele jüdische Amulette jedoch waren Papierschnipsel, auf die man Buchstaben oder Worte geschrieben hatte, manchmal in einer speziellen geometrischen Anordnung, zum Beispiel in Form eines siebenarmigen Leuchters oder eines Davidsterns (Abbildung 5.14). In manchen Fällen ergaben die Buchstaben keinen erkennbaren Sinn, in anderen ergaben sie Wendungen wie »Adam und Eva drinnen, Lilith draußen« – ein gebräuchlicher Spruch gegen Lilith, eine Dämonin, die Neugeborenen schadete. In den muslimischen Ländern trugen Juden und Muslime häufig eine Halskette in Form einer Hand, die *hamsa* hieß (von dem arabischen Wort für »fünf«), um Unglück abzuwenden.

Abb. 5.14: Amulett mit Davidstern des Rabbi Abdallah Joseph Somekh, Nordafrika (Marokko) (Pergament).

Die Reaktionen der rabbinischen Führer des offiziellen Judentums auf die verschiedenen Formen volkstümlichen Glaubens waren ambivalent. Einerseits durfte das Judentum keine andere Macht neben Gott dulden. Andererseits erkennen der Talmud und ein großer Teil der rabbinischen Literatur die Existenz schädlicher Geister (*shedim* und *mazikim)* an, und die kabbalistische Literatur hebt den Titanenkampf zwischen guten und bösen Mächten in dieser Welt hervor. In vormoderner Zeit bekämpften Rabbis häufig Zauberei und magische Praktiken, die an Götzendienst gemahnten. Sie griffen diejenigen an, deren Amulette anscheinend Vertrauen in häretische Ideen erkennen ließ, standen jedoch der Vorstellung, dass Amulette einem Zweck dienten und dass man übernatürliche Mächte im Kampf gegen den bösen Blick oder böse Geister anrufen könnte, nicht generell ablehnend gegenüber. Die Einstellung der Rabbis hinsichtlich Astrologie und Zukunftsvorhersagen war zwiespältig. Obwohl im Talmud der Ausdruck: »En Mazal Le'Yisrael« (wörtlich: »Israel hat kein Sternbild«[1]) steht, was heißen soll, dass die Astrologie keine Macht über das jüdische Volk hat, duldeten die Rabbis die meisten Äußerungen des Volksglaubens, die gegen die bösen Mächte schützen sollten. Allerdings waren sie auf der Hut, damit die Grenze zu Häresie, Magie und Götzendienst nicht etwa überschritten wurde. Ähnliche Haltungen finden sich auch bei den christlichen und muslimischen Führern des Mittelalters.

Stationen im Lebenskreislauf

Was den Lebenskreislauf betrifft, so fügte das volkstümliche Judentum den vom Religionsgesetz geforderten Zeremonien noch zahlreiche weitere Bräuche hinzu. Die wichtigsten Zeremonien, die das offizielle jüdische Gesetz bei der Geburt eines Jungen fordert, sind die Beschneidung am achten Tag nach der Geburt und die sogenannte Auslösung der männlichen Erstgeborenen am 30. Tag (es sei denn, sie sind Kinder eines Cohen oder eines Leviten). Bei der Geburt eines Mädchens war keine Zeremonie erforderlich. Fast überall auf der Welt wünschten sich die Juden jedoch eine größere Feier zur Geburt. Vielerorts führte man auch eine Zeremonie zur Geburt der Mädchen ein, doch gewöhnlich war sie nur ein blasser Abklatsch des ausgedehnten Festessens und Feierns bei der Beschneidung eines Jungen. Die Feier zur Geburt eines Mädchens beschränkte sich meist darauf, den Vater zur Tora aufzurufen (häufig an einem Wochentag) und dem neugeborenen Mädchen förmlich seinen Namen zu geben. Bei den sephardischen Juden erweiterte man diese Zeremonie etwas und nannte sie *Zeved Habat*.

Im mittelalterlichen Deutschland entwickelte sich eine zusätzliche Namensgebungszeremonie namens Holekrash, deren Ursprünge umstritten sind. Einige Wissenschaftler sehen eine Verbindung zu einer heidnischen deutschen Zeremonie, um die böse Göttin Holle abzuwehren, andere verbinden sie mit dem hebräischen Wort *chol* (»nicht-heilig«), weil bei der Zeremonie der weltliche Name verliehen wird. Im

1 Weil *mazal* das jiddische Wort für »Glück« ist, wurde die Redensart spaßeshalber auch mit »Juden haben kein Glück« übersetzt.

Abb. 5.15: Holekrash: Zentraleuropäische jüdische Namensgebungszeremonie auf einem Ölgemälde von Alis Guggenheim, Lengnau, Schweiz.

19. und 20. Jahrhundert feierte man die Holekrash-Zeremonie nur in Süddeutschland, im Elsass und in der Schweiz, normalerweise sechs Wochen nach der Geburt. Mancherorts fand die Feier für Jungen und Mädchen statt, andernorts nur für Mädchen oder nur für Jungen. Man lud alle Kinder unter zwölf Jahren ein; diese hoben die Wiege des Babys hoch, sagten »Holekrash, wie soll's Kindchen heißen?« und gaben dem Kind seinen nichtheiligen (nichthebräischen) Namen. Manchmal gehörten auch Bibelverse zur Zeremonie, die im Allgemeinen damit schloss, dass man den eingeladenen Kindern große, kegelförmige Tüten mit Süßigkeiten schenkte (Abbildung 5.15).

Viele der zusätzlichen Volksbräuche bei den Aschkenasim wurden entweder geschaffen, um die Geburt eines Jungen zu feiern oder um ihn gegen böse Mächte zu beschützen. Mehr dem Aspekt des Feierns als dem Schutz diente der *zocher* oder *Sholem Zocher* (»Friede dem Knaben«) – die kleine Feier, die am Freitagabend vor der Beschneidung mit bescheidenen Erfrischungen begangen wurde. Bei der *wachnacht,* der Wache in der Nacht vor der Beschneidung, stand dagegen die Schutzfunktion im Vordergrund. Gruppen von Männern oder Kindern blieben die ganze Nacht wach, um die Tora zu studieren und Gefahr abzuwenden. Bei einer Variante dieses Brauchs kamen die Kinder am Vorabend der Beschneidung zusammen, um gemeinsam das Sch'ma Israel zu beten *(krishme leyenen).*

Verschiedene Bräuche entstanden auch, um die bösen Mächte zu »täuschen«. So nannte man ein Kind schon einmal »Alter« oder »Alte« in der Hoffnung, der Todesengel, der nach einem Baby suchte, das er töten konnte, werde denken, das Baby sei ein alter Mann oder eine alte Frau. Nach einer anderen Methode, die vor allem in chassidischen Kreisen verbreitet war, ließ man bei einem Jungen das Haar wachsen, bis er drei Jahre alt war. Durch das lange Haar, so dachte man, werde der Todesengel getäuscht, glaube, der kleine Junge sei ein Mädchen, und ließe ihn in Frieden.

In vielen Teilen der Welt entstanden Zeremonien, um den ersten Schultag eines Jungen zu feiern. Bei den Aschkenasim überzog man das Alphabet, das der Junge nun lernen würde, mit Honig, den er dann vom Papier ablecken durfte.

Eine andere Station im Lebenskreislauf, die Bar-Mizwa, die heute überall zum offiziellen Judentum gehört, begann als Volksbrauch. Im Talmud heißt es, dass ein Junge im Alter von 13 Jahren nach dem Religionsgesetz erwachsen ist, doch wird darin kein Ritual für diesen Anlass vorgeschrieben. Bei den Aschkenasim entwickelte sich der Brauch, dem gemäß ein Junge demonstrierte, dass er nunmehr als Vollmitglied am Gottesdienst teilnahm, indem er bei einem Sabbatgottesdienst einen Abschnitt aus der Tora las oder die Prophetenlesung *(Haftara)* übernahm. Die entscheidende Demonstration der Mannespflichten war in vielen Gegenden der muslimischen Welt jedoch das Anlegen der Tefillin, was man nur an Wochentagen tat. Deshalb feierte man die Bar-Mizwa bei den Juden in den muslimischen Ländern üblicherweise an einem Montag oder Donnerstag (an Wochentagen, an denen aus der Tora gelesen wurde) statt am Sabbat. Zusätzliche Bräuche in Verbindung mit der Bar-Mizwa in mehreren Gegenden der Welt sind etwa die Bar-Mizwa-Ansprache und das Festessen zur Feier des Ereignisses. Im indischen Cochin fand eine viel größere Feier statt, wenn ein Junge (etwa sechsjährig) zum ersten Mal die Haftara vortrug, als bei der Volljährigkeitszeremonie mit dreizehn, die bei ihnen *Bar-Minyan* hieß, da der Junge nun beim Quorum für den Gottesdienst, dem *Minyan,* mitzählte.

In den meisten traditionellen Gesellschaften war die Bar-Mizwa-Zeremonie im Wesentlichen eine Familien- oder Gemeindeangelegenheit. Erst in den letzten Jahren ist sie vor allem in den Vereinigten Staaten zu einer pompösen Veranstaltung geworden, bei der Festessen, Dekorationen und Musik immer großartiger werden. Jemand hat diese modernen Bar-Mizwas als »mehr Bar denn Mizwa« beschrieben. In den letzten sechzig Jahren wurden die *Bat-Mizwa* für Mädchen und Bar- und Bat-Mizwa für Erwachsene eingeführt. Diese Zeremonien sind bei der amerikanischen Judenheit weit verbreitet, kamen jedoch erst im 20. Jahrhundert auf.

Die nächste große Station im jüdischen Lebenskreislauf nach der Bar-Mizwa ist die Hochzeit. In vielen traditionellen (jüdischen und nichtjüdischen) Gesellschaften wurden Ehen von den Familien arrangiert, ohne das künftige Paar mehr als nur oberflächlich zu befragen, und häufig war das mit komplexen finanziellen Arrangements wie Mitgift und Aussteuer verbunden. Im Mittelalter scheint das Heiratsalter in der gesamten jüdischen Welt um die Geschlechtsreife herum gelegen zu haben, doch in Westeuropa änderte sich das ab dem 17. Jahrhundert. In den Jahrzehnten vor dem Ersten Weltkrieg stieg das durchschnittliche Heiratsalter jüdischer Bräute in Osteuropa von etwa 17 auf 23 Jahre an. Dagegen war es in vielen Teilen der muslimischen Welt bei den Juden noch bis weit ins 20. Jahrhundert hinein üblich, dass besonders die Frauen sehr früh heirateten.

Ursprünglich hatte das jüdische Gesetz den Männern erlaubt, sich viele Frauen zu nehmen, während den Frauen die Polygamie verboten war. Die biblischen Erzählungen sind gespickt mit den komplexen Problemen, die aus den Beziehungen in den polygamen Haushalten der Patriarchen erwuchsen. Im christlichen Europa des Mittelalters geriet die fortgesetzte Akzeptanz der Polygamie bei den Juden in Widerstreit mit den Sitten ihrer Nachbarn, und im Deutschland des zehnten Jahrhunderts verbot Rabbenu Gershom die Polygamie. Dieses Verbot galt jedoch nur bei den Aschkenasim als bindend. In anderen Teilen der Welt gestattete die jüdische religiöse Tradition den Männern weiterhin mehr als eine Frau. Allerdings wurde die Polygamie aus sozialen und ökonomischen Gründen eher selten. In manchen muslimischen Ländern ließen Jüdinnen eine Klausel in den Ehevertrag einfügen, die ihren Ehemännern verbot, sich ohne ihre Zustimmung eine weitere Frau zu nehmen. In der Neuzeit wurde die Polygamie bei den Juden bereits kaum noch praktiziert, in Teilen des Mittleren Ostens jedoch kam sie weiterhin vor. Die israelische Regierung handhabte die heikle Frage, was hinsichtlich dieser Sitte zu unternehmen sei, indem sie bereits geschlossene Vielehen immigrierender Männer für gültig erklärte, ihnen aber verbot, sich nach ihrer Ankunft in Israel eine weitere Frau zu nehmen.

Die Hochzeitszeremonien sahen in den verschieden Teilen der traditionellen jüdischen Welt sehr unterschiedlich aus und klangen auch sehr anders, trotz der vielen gemeinsamen gesetzlichen Regelungen. Ursprünglich bestand die jüdische Hochzeit aus zwei separaten Zeremonien: *Kiddushin* (Verlobung) und *Nisuin* (Hochzeit), die oft Monate auseinander lagen. Heute werden diese beiden Zeremonien fast überall in der jüdischen Welt an einem Tag vollzogen, gleich nacheinander. Der Grundbestandteil der Kiddushin-Zeremonie ist die Übergabe eines Wertgegenstands vom Bräutigam an die Braut. Heute ist es üblich, dass der Bräutigam der Braut einen Ring schenkt. Syrische Juden verwenden allerdings immer noch eine Münze, die später zu einem Ring umgearbeitet wird. Nach der Kiddushin-Zeremonie wird (in der aschkenasischen und in einigen anderen Traditionen) der Ehevertrag *(Ketuba)* verlesen, dann werden die sieben Segenssprüche der Nisuin-Zeremonie gesprochen.

Seit talmudischer Zeit findet die Nisuin-Zeremonie in Verbindung mit einer *Chuppa* statt. Ursprünglich war dies offenbar eine geschmückte Hochzeitskammer, doch heute hat sie fast überall in der jüdischen Welt die symbolische Gestalt eines Hochzeitsbaldachins. Bei den jemenitischen Juden benutzt man jedoch weiterhin die Kammer, der Baldachin ist dort unüblich. Im indischen Cochin und in Teilen des Irak setzte man die Braut auf einen Stuhl in der Nähe des Schreins mit den Torarollen und hängte einen weißen Seiden- oder Leinenschleier über dem Stuhl auf, um das Gesicht der Braut zu verbergen; auch hier gab es keinen Baldachin. Vielerorts im Mittleren Osten, aber auch in Deutschland und Holland, spannte man zusätzlich zum Hochzeitsbaldachin (oder stattdessen) einen Gebetsmantel über Braut und Bräutigam auf. In der aschkenasischen Tradition stand das Paar unter der Chuppa, in vielen nichtaschkenasischen Traditionen saß es.

Der Brauch, dass die Braut ein weißes Hochzeitskleid trägt, ist heute in vielen Kulturen auf der ganzen Welt üblich, auch in der jüdischen Gemeinschaft. Es handelt sich aber um einen relativ neuen Brauch. Vorneuzeitliche Bilder von traditionellen aschkenasischen Hochzeiten stellen die Braut oft mit dichtem Schleier dar, aber sie zeigen kein weißes Kleid mit Schleppe. In Nordafrika war das Hochzeitskleid *(keswa al kabira)* ein besticktes, schwarz-buntes Kleid im Stil einer spanischen

Abb. 5.16: Traditionelle jemenitische Brautkleidung, Sanaa, Jemen, ca. 1930.

Tracht. Im Jemen trug die Braut äußerst kunstvoll gefertigte Kleidung, deren genaue Beschaffenheit von einer Stadt zur anderen unterschiedlich war. In der Hauptstadt Sanaa bestand die Kleidung der Braut aus bestickten Beinlingen, einem roten und einem weißen Unterkleid sowie einem Mantel aus Goldbrokat. Dazu trug sie viele Halsketten aus Silber, vergoldetem Silber, Münzen, Korallenperlen und Perlen sowie zahlreiche Armreife und Ringe. Auf dem Kopf trug die Braut eine mit Blumen geschmückte, hohe dreieckige Brautkrone aus Perlen (Abbildung 5.16). Die Ausstattung war insgesamt so schwer, dass die Braut sich kaum bewegen konnte.

Die Hochzeitszeremonie selbst war oftmals nur Teil einer Reihe von Feiern, die viele Tage andauerten. In Osteuropa ging der Hochzeit die *Badekn*-Zeremonie voraus, bei der der Bräutigam seiner Braut den Schleier anlegte; an den darauffolgenden sieben Tagen fand jeweils ein Bankett statt, zu dem jedes Mal mindestens eine neue Person geladen werden musste. In Deutschland vollzog man bis zum 19. Jahrhundert vor der Hochzeit die *Mahnführen*-Zeremonie, bei der man die Braut mit Weizen, einem Fruchtbarkeitssymbol, bewarf.

Der Brauch, dass der Bräutigam während der Trauungszeremonie ein Glas zerbrach, wurde in vielen Regionen der Welt praktiziert. Es heißt, er habe seinen Ursprung in der Trauer um den zerstörten Tempel in Jerusalem; da er jedoch häufig von »Mazel tov«-Rufen (»Herzlichen Glückwunsch«) begleitet wird, haben Anthropologen andere Erklärungen für diesen Brauch vorgeschlagen. In mehreren Dörfern in Süddeutschland, in denen man die Trauung gewöhnlich vor der Synagoge vollzog, war ein *Chuppastein* in die Außenwand der Synagoge eingebaut. Das war ein Stein mit einer Inschrift, die sich auf die Freude an der Hochzeit bezog (Abbildungen 5.17, 5.18). Der Bräutigam nahm das Weinglas, das bei der Hochzeit für die Segenssprüche gebraucht worden

Abb. 5.17, 5.18: Chuppastein: Hochzeitsstein in den Mauern süddeutscher Synagogen, an dem der Bräutigam als Teil der Hochzeitszeremonie ein Glas zerwarf. Die Inschriften verzeichnen unter anderem in Kurzsiglen den Vers: »die Stimme des Glücks und die Stimme der Freude, die Stimme des Bräutigams und die Stimme der Braut«. Links: Chuppastein aus einer Synagoge in Bingen. Rechts: aus einer Synagoge in Edelfingen.

war, und zerschlug es an dem Stein. Dies kontrastiert mit der gebräuchlicheren Sitte, das Glas am Boden zu zertreten.

In weiten Teilen des Mittleren Ostens ist die Henna-Zeremonie einer der Hochzeits-Bräuche, die von Juden und Muslimen gleichermaßen praktiziert werden. Braune Hennafarbe wird auf die Finger, die Zehen und manchmal auf das Gesicht der Braut aufgetragen, teilweise auch bei den Gästen und beim Bräutigam. Das Bemalen mit Henna, das gewöhnlich als Symbol der Fruchtbarkeit interpretiert wird, fand vor der Trauung statt und wurde oft von einem Festschmaus, Singen und Tanzen begleitet. Ebenfalls im Mittleren Osten zeigten Jüdinnen und ihre muslimischen Geschlechtsgenossinnen ihre Freude bei Hochzeiten und anderen festlichen Anlässen, indem sie in ganz hohen Tönen »ju-ju-ju« riefen, was vom Klang her ein wenig an die Darstellung von Indianerangriffen in alten Western erinnert.

Im Jemen dauerte eine traditionelle Hochzeit oft zwei Wochen. Die eigentliche Trauungszeremonie, die gewöhnlich donnerstags vollzogen wurde, fand nach einer Woche vorbereitender Feiern statt und wurde von weiteren einwöchigen Festlichkeiten gefolgt. Am Donnerstag vor der Hochzeit badete man den Bräutigam und schmückte den Raum in seinem Haus, in dem die Trauung vollzogen werden sollte. Am Samstagabend kamen die Rabbiner, um ihn in seinen Hochzeitsanzug zu kleiden. Montag und Dienstag waren dem Auftragen des Henna gewidmet, zunächst bei den Frauen im Haus der Braut, dann bei den Frauen im Haus des Bräutigams und schließlich beim Bräutigam selbst. Der Mittwoch begann mit der Feier der Geschenke des Bräutigams an die Braut und endete abends im Haus der Braut mit der Verlobungszeremonie *(Erusin)*. Die eigentliche Trauung fand am Donnerstag im Haus des Bräutigams statt. Nach Ablauf der siebentägigen Festlichkeiten nach der Trauung fanden in den folgenden fünf Wochen jeweils am Sabbat kleinere Feiern statt.

In den meisten jüdischen Kulturen waren Hochzeiten von Gesang und Tanz begleitet. Der Tradition gemäß tanzten Männer und Frauen gewöhnlich getrennt. Im Jemen, wo die Trennung der Geschlechter besonders streng gehandhabt wurde, verfügten Männer und Frauen jeweils über ein eigenes Tanz- und Gesangsrepertoire, da die Festlichkeiten für Männer und Frauen in getrennten Häusern oder Räumen stattfanden. Die Musik, die Sprache, in der gesungen wurde (Hebräisch versus Arabisch), Schritte, Rhythmen und Stil der Tänze von Männern und Frauen wiesen kaum Ähnlichkeiten auf.

In der aschkenasischen Tradition wurde die Trennung der Geschlechter weniger streng gehandhabt, dennoch tanzten Männer und Frauen in Osteuropa getrennt. Bei Hochzeiten war es dem Bräutigam und den männlichen Gästen jedoch erlaubt, mit der Braut zu tanzen. Bei diesem besonderen Tanz (dem *Mitzva Tanz*) berührten der Bräutigam beziehungsweise der Gast die Braut nicht wirklich. Stattdessen hielt das Tanzpaar jeweils ein Ende eines Taschentuchs. Weitere Tänze bei osteuropäischen jüdischen Hochzeiten waren unter anderem einer, bei dem man ein festliches Zopfbrot *(koyletsh)* hielt, sowie ein *Broygez Tanz* (»zorniger Tanz«), ein Tanz der beiden Schwiegermütter, und der *Mezinke Tanz,* der getanzt wurde, wenn die letzte Tochter einer Familie verheiratet wurde.

Die letzten Ereignisse im Lebenskreislauf betreffen natürlich den Tod. Die Grundzüge der jüdischen Trauersitten nach dem Tod eines Angehörigen – man zerreißt sich die Kleider, sitzt auf dem Boden und bleibt eine Woche lang zu Hause – waren im gesamten traditionellen Judentum gleich, doch viele Details variierten von Ort zu Ort. So war es Tradition, nach der Beerdigung etwas Rundes zu essen. Bei den Aschkenasim war dies üblicherweise ein Ei oder ein Bagel; bei den jemenitischen Juden waren Trauben die Trauerspeise. Der jüdische Gesetzeskodex verlangt gewisse Trauerbräuche (wie das Zerreißen der Kleidung) und verbietet andere (wie sich zu schneiden oder zu zerkratzen). In einigen jüdischen Kulturen des Mittleren Ostens war es trotz des Verbots durch die Halacha weit verbreitet, sich zu schneiden. Allgemein ist es so, dass Juden, die Kontakt zu den modernen europäischen Gesellschaften hatten, ihrer Trauer weniger öffentlich und auf zurückhaltendere Weise Ausdruck verleihen als die, die in Kontakt mit den Kulturen des Mittleren Ostens standen. Deutsche Juden zeigten manchmal Verachtung für das laute Klagen und Weinen, das ihrer Meinung nach bei osteuropäischen Beerdigungen die Regel war; Juden osteuropäischer Herkunft in Israel reagierten oft ebenso auf die zügellose Trauer der Juden aus muslimischen Ländern.

Damit soziale Unterschiede zum Zeitpunkt des Todes nicht noch betont wurden, setzte der Talmud Prunkbeerdigungen Grenzen. Der Verstorbene musste so schnell wie möglich nach seinem Tod in einem einfachen weißen Totenhemd und ohne kunstvoll gearbeiteten Sarg begraben werden. Die Bahre mit der Leiche sollte (wo möglich) von frommen Gemeindegliedern getragen werden. Die Gemeindeglieder und männlichen Angehörigen mussten nach der Beerdigung das Grab zuschütten. Anders als die Römer äscherten die Juden ihre Toten nicht ein. Obwohl diese grundlegende Simplizität des Ritus bei traditionellen jüdischen Beerdigungen die Regel war, variierte auch hier seine Umsetzung von Ort zu Ort.

Es war Tradition bei den Juden überall auf der Welt, die Toten so rasch wie möglich und ohne die Verwesung zu verzögern in Erde zu bestatten. Fast überall in der Alten Welt bedeutete dies, dass die Leiche in ein Totenhemd gehüllt und auf eine Bahre gelegt wurde, nicht in einen geschlossenen Sarg. Die Regierungen in den westlichen Ländern neuerer Zeit missbilligten solche Praktiken oder erklärten sie für illegal aus Sorge um gesundheitliche Probleme. Deshalb legt man den Verstorbenen bei orthodoxen Beerdigungen in Amerika in einen einfachen Sarg aus unbearbeitetem Kiefernholz. Dagegen benutzt man in Israel, wo alle jüdischen Beerdigungen der Kontrolle religiöser, nicht säkularer Behörden unterliegen, Särge nur für Militärbegräbnisse. Diesen kulturellen Unterschied betreffend wird folgende Geschichte erzählt: Ein amerikanischer Geschäftsmann wollte in Israel investieren. Durch eine Marktstudie fand er heraus, dass es in Israel keine Sargfabrik gibt. Zum Glück gab ihm jemand einen Tipp, bevor er sein Geld in eine nichtexistente Marktlücke investierte.

Traditionelle jüdische Totenhemden sind weiß, haben aber je nach Kultur verschiedene Formen. Häufig zog man dem Verstorbenen Kleidung an, die heute archaisch ist, früher jedoch allgemein üblich war. Das wichtigste aschkenasische Totenhemd war der *Kittel* (in Deutschland *Sargenes* genannt), ein weißes Leinengewand mit einem Gürtel,

Abb. 5.19: Sargenes (Totenhemd für Männer, das an hohen Festtagen getragen wurde) aus dem Elsass mit dem für Westeuropa typischen, separaten weißen Kragen. Aus einem Kupferstich von Alfonse Levy.

Abb. 5.20: Totenhemd mit gestreiftem Brusttuch für Frauen, Elsass.

doch ohne Taschen. (Das jiddische Äquivalent des englischen Sprichworts: »Du kannst nichts mitnehmen« lautet: »Totenhemden haben keine Taschen.«) Der osteuropäische Kittel wurde vorne mit Knöpfen oder Spangen geschlossen, das deutsche Sargenes hatte dagegen nur eine Öffnung am Hals und wurde über den Kopf gezogen. Anders als die osteuropäische Variante wies es zudem einen abnehmbaren breiten, weißen Kragen auf, der über dem Gewand um den Hals befestigt wurde, ähnlich dem separaten Kragen oder der Halskrause, welche die deutschen jüdischen Männer im 18. Jahrhundert über ihren langen schwarzen Gewändern trugen. Noch im 20. Jahrhundert begrub man die Toten in Deutschland in dieser archaischen Kleidung (Abbildung 5.19). Die Totenhemden der Frauen waren oft ebenso archaisch. In einer Kollektion jüdischer Totenhemden von Frauen aus dem Elsass im Israel-Museum befindet sich das »Gan Eden Reckle« (das »Garten-Eden-Kleidchen«), bestehend aus einem weißen Gewand und darüber einem gestreiften Brusttuch. Es ähnelt verblüffend der altmodischen mitteleuropäischen Bauernkleidung (Abbildung 5.20).

Abb. 5.21: Jüdischer Grabstein aus Georgien (auf Georgisch) mit Photos der Verstorbenen, Kareli, 1967.
Abb. 5.22: Jüdischer Grabstein aus Georgien (auf Hebräisch) mit einem Reliefporträt des Verstorbenen.

Traditionell stellten die Aschkenasim wie ihre christlichen Nachbarn aufrechte Grabsteine mit Inschriften über den Gräbern ihrer Verstorbenen auf. Bei den sephardischen und orientalischen Juden lagen die Grabsteine meist horizontal auf dem Boden. Herausragenden Persönlichkeiten errichteten die Aschkenasim kunstvolle kastenförmige Grabmäler namens *Ohel* (Zelt), die häufig auf allen Seiten Inschriften trugen. Auf traditionellen aschkenasischen Friedhöfen waren Blumen weder auf dem Grab, noch bei Beerdigungen erlaubt. Stattdessen legte man, wenn man zum Friedhof ging, kleine Steine auf die Gräber seiner Lieben, als Symbol für den Besuch. In einigen zentralasiatischen Gemeinden teilen die Juden seit einiger Zeit den Brauch ihrer nichtjüdischen Umwelt, ein Foto am Grabstein anzubringen – diese Praktik würde traditionelle Aschkenasim schockieren (Abbildungen 5.21, 5.22).

◆ ◆ ◆

Beerdigungs- und Trauerbräuche sind die letzten rituellen Handlungen im Lebenskreislauf. Doch nach jüdischer Tradition darf ein Kapitel nicht traurig enden. Deshalb sind zum Schluss einige allgemeine Bemerkungen über die religiösen Volksbräuche der Juden angebracht. Den meisten modernen Juden ist der jüdische Gesetzeskodex zu einschränkend und allumfassend, traditionellen Juden hingegen war er nicht umfassend und genau genug. Der Einfallsreichtum des Volkes sorgte für ein beständiges Anwachsen der jüdischen Rituale, Feiern und Sitten. Für diese Ergänzungen des Volkes zu den Forderungen des jüdischen Gesetzes gibt es viele Motive, darunter den Wunsch, die Lücken im Gesetz zu füllen, die Notwendigkeit, die Angst vor den Gefahren Tod, Krankheit und Unglück zu bewältigen, und den Einfluss der Bräuche ihrer andersgläubigen Nachbarn. Es gab Fälle, in denen Volksbräuche in Konflikt mit dem Religionsgesetz gerieten, in anderen Fällen ignorierten sie das Gesetz entweder oder verstärkten es. Jüdische Gesetzesgelehrte betrachteten Volksbräuche zugleich als Zeichen von Frömmigkeit und als potentielle Gefahr für die Beschränkungen des Gesetzes gegenüber dem Aberglauben. Die meisten Bräuche billigten sie, doch waren sie stets auf der Hut vor solchen, die nach Magie rochen, nichtjüdischen Bräuchen zu sehr ähnelten oder gegen formale Anforderungen des Gesetzes verstießen. Manchmal befolgte das Gros ihrer Anhänger ihre Verbote, manchmal ignorierte es sie auch. Bräuche wie die *Kaparot*-Zeremonie (die man vor Jom Kippur feiert, wobei ein Huhn geschlachtet wird), denen die Rabbis zunächst entgegentraten, wurden schließlich bestärkt und akzeptiert.

Die jüdischen Bräuche variierten nicht nur von Ort zu Ort, sondern auch von Epoche zu Epoche. Jedes Zeitalter erfand neue Sitten und ließ alte Bräuche in Vergessenheit geraten. Manch ein im Talmud erwähnter Brauch wird heute nirgendwo in der jüdischen Welt mehr befolgt. So tanzen die Frauen am 15. Av nicht mehr auf den Feldern, damit die Männer sich eine Braut wählen können, und es ist auch keine Trauersitte mehr, den Kopf zu bedecken. Mittelalterliche Bräuche wie das Aufhängen des *afikomen matzoh* in der Synagoge, der Grundsatz, beim Bau eines Hauses Boden zu meiden, auf dem einst ein Ofen gestanden hatte, oder der Gebrauch eines mit einem Turm in Reliefform verzierten Eherings sind ebenfalls vor langer Zeit aufgegeben worden. Dieses beständige Kommen und Gehen jüdischer Bräuche ermöglichte den Fortbestand des religiösen Lebens der Juden, ohne dass es durch zu viele Zeremonien aufgebläht wurde oder durch zu wenige verarmte.

In der heutigen Zeit hat sich dieser Prozess verändert. Es ist keineswegs so, dass keine neuen jüdischen Sitten und Gebräuche mehr entstünden. Ganz im Gegenteil! Wir müssen nur an die Bat-Mizwa, den feministischen Seder, die Bräuche zu Yom Hashoah (dem Holocaust-Gedenktag) oder neue Feiern zur Geburt eines Mädchens denken, um zu erkennen, wie lebendig der Antrieb, neue Rituale zu schaffen, nach wie vor ist. Allerdings entstehen diese Rituale in einem anderen Kontext. Die neuen Zeremonien werden offenbar sehr viel bewusster, weniger spontan geschaffen als die traditionellen Bräuche. (Vielleicht ist dies aber auch nur eine durch die Perspektive bedingte Einbildung, da wir nicht zugegen waren, als die alten Bräuche geschaffen wurden.) Zweitens gelten die Zeremonien nicht mehr als volkstümliche Ergänzung zum gemeinsamen Gesetzesgerüst, das für Juden überall verbindlich ist. Sie scheinen vielmehr individuelle oder kollektive Antworten auf die heute relevanten Fragen zu sein, denen man dann die Gestalt eines Rituals gibt. Oftmals handelt es sich dabei eher um bewusste Reformen als um unbewusste Erweiterungen des Rituals.

VI

Die Küche

Gefillter Fisch und Tscholent begegnen Malawach und Couscous

Wie die anderen Aspekte der jüdischen Volkskultur weist auch die traditionelle jüdische Küche einige grundsätzliche Eigenheiten auf, die bei allen Juden ähnlich sind, aber auch eine Vielzahl lokaler Esstraditionen, die für Juden in anderen Gegenden völlig unbekannt sind. Die allen Juden gemeinsamen Grundzüge waren die Beschränkungen durch die Koschergesetze, die Einschränkungen hinsichtlich des Kochens am Sabbat und das Erfordernis, die Feiertage mit den auserlesensten Speisen zu begehen. Das jeweilige Rezept für das Feiertagsgericht einer bestimmten Region hing von Klima, Nahrungsmittelangebot sowie den jeweils lokalen nichtjüdischen Traditionen und jüdischen religiösen Bräuchen ab. Ohne den direkten Kontakt zu anderen Glaubensgenossen nahm natürlich jede Gruppe von Juden an, alle Juden äßen das gleiche »jüdische Essen« wie sie selbst. Das stimmte ganz und gar nicht: Mit sehr wenigen Ausnahmen wie etwa Challah und Wein für den Kiddush und Matzen für Pesach waren die Speisen einer Region in einer anderen völlig fremd. Der gefillte Fisch, der Tscholent und der Kugel der osteuropäischen Judenheit haben kaum Ähnlichkeiten mit dem Couscous, den Fleischbällchen mit Erbsen und dem Tajine, wie sie bei den Juden Nordafrikas beliebt sind. Geschmack und Geruch einer regionalen jüdischen Küche erscheinen Juden anderswo auf der Welt häufig seltsam oder gar unappetitlich.

Diese enormen regionalen Unterschiede könnten uns zu der Annahme verleiten, die osteuropäische jüdische Küche sei im Grunde nichts anderes als die normale polnische oder russische Küche, oder das Essen marokkanischer Juden unterscheide sich nicht von dem marokkanischer Muslime. Dem ist nicht so. Die jüdischen Formen der Speisezubereitung unterschieden sich oft von denen ihrer nichtjüdischen Landsleute, und zwar nicht nur auf Grund der Beschränkungen durch die jüdischen Speisegesetze, sondern auch wegen der unterschiedlichen Migrationsmuster und Kulturkontakte jüdischer und nichtjüdischer Bevölkerungen. Auch wenn Juden die Rezepte ihrer Nachbarn übernahmen, änderten sie sie gemäß den Kaschruth-Gesetzen ab oder verknüpften sie mit einem jüdischen Feiertag oder Ritual. So »judaisierten« sie das entliehene Gericht und machten es zum festen Bestandteil der jüdischen Kultur. Sobald eine bestimmte Speise eine jüdische Funktion hatte, galt die Tatsache, dass die Nichtjuden ein ähnliches Gericht aßen, als relativ unbedeutend.

Die Einschränkungen durch das jüdische Gesetz

Die in der Bibel umrissenen und in der rabbinischen Tradition detailliert ausgeführten Kaschruth-Gesetze schränkten die jüdische Speisezubereitung in vielerlei Hinsicht ein. Gewisse Speisen waren unter allen Umständen verboten: Schweine ebenso wie alle Säugetiere, die nicht zugleich Wiederkäuer und Spalthufer sind (also Pferde, Kamele und Hasen sowie Hunde und Katzen). Untersagt waren auch Schalentiere und alle Fische, die nicht sowohl über Flossen als auch Schuppen verfügen (wie Hai und Seewolf). Nur das gewöhnlichste Geflügel – wie Hähnchen, Ente, Gans, Täubchen und Truthahn – war erlaubt.

Rinder, Schafe, Lämmer, Kälber und Ziegen musste man nach dem rituellen Gesetz schlachten, ausbluten lassen, von den Adern befreien, und man musste den Tieren den Ischiasnerv aus dem Hinterteil entfernen. In Ländern, in denen die letztgenannte Prozedur als zu beschwerlich galt, durften die Juden nur die Vorderviertel des Tieres essen. Mit Vögeln verfuhr man ähnlich, mit Ausnahme der den Ischiasnerv betreffenden Regel.

Restriktiver noch als alle oben aufgeführten Verbote war die Forderung nach Trennung von Fleisch und Milchprodukten. Die Bibelpassage: »Koche nicht ein Böcklein in der Milch seiner Mutter!« legte man als Verbot aus, ein Milchprodukt (darunter Butter, Käse und Molke) gemeinsam mit einem Fleischprodukt (von den Säugetieren sogar noch auf Geflügel ausgeweitet) während derselben Mahlzeit zu essen. Fleisch und Milchprodukte erforderten separates Geschirr. Durch diese Regeln waren die Juden gezwungen, entweder die Milchprodukte oder das Fleisch in den lokalen nichtjüdischen Rezepten zu ersetzen, in denen sie gemischt wurden. Die Möglichkeit eines koscheren Cheeseburgers ist damit ausgeschlossen.

Zusätzlich zu diesen Einschränkungen, die immer galten, gab es noch Speisebeschränkungen, die zu bestimmten Zeiten Anwendung fanden, und zu anderen nicht. Am Sabbat durfte man weder kochen noch backen, dennoch erwartete die rabbinische Tradition, dass man warme Speisen verzehrte. Nur Speisen, deren Kochprozess am Freitag vor Sonnenuntergang begonnen hatte, konnten am Sabbat gegessen werden. Mit beträchtlichem kulinarischem Einfallsreichtum wurden Gerichte erfunden, die man langsam über Nacht kochen lassen oder warm halten konnte, ohne sie zu verderben.

Mit Ausnahme der Fastentage galten die strengsten Essensbeschränkungen an Pesach. Während der acht Feiertage (in Israel sieben) durften keine gesäuerten Speisen gegessen werden, noch durfte man Nahrungsmittel, die auch nur einen winzigen Anteil gesäuerten Teigs enthielten, verwenden oder auch nur bei sich aufbewahren. Die von allen rabbinischen Juden anerkannte Definition des Gesetzes für gesäuerte Speisen lautet in etwa so: jede Speise, in der Weizen, Hafer, Gerste, Roggen oder Dinkel (eine Weizenart) mit Wasser in Berührung kommt und gärt oder aufgeht. Dies verbannt alles Brot, Bier, Teigwaren, Whiskey oder Korn und die meisten Kuchen und Kräcker vom Pesachtisch. Matzen, das Hauptnahrungsmittel während des Festes, werden hergestellt, indem rasch Wasser und Mehl verrührt und sodann gebacken werden, ehe die Masse aufgehen kann. Alle diese Einschränkungen haben zu einer Pesachküche geführt, die ganz charakteristisch jüdisch ist. Einige regionale jüdische Traditionen ergänzten diese offiziellen Einschränkungen um das zusätzliche Verbot von Nahrungsmitteln wie Reis und Bohnen an Pesach.

Das wechselnde Nahrungsmittelangebot

Die ungleiche Verfügbarkeit bestimmter Nahrungsmittel war für viele Veränderungen in den jüdischen Essgewohnheiten verantwortlich. Durch den raschen weltweiten Transport in Kühlschiffen vergisst man heute leicht, wie beschränkt das Angebot an Obst, Gemüse und anderen Grundnahrungsmitteln früher war. Nur das in unmittelbarer Nachbarschaft angebaute Obst und Gemüse war ohne weiteres erhältlich, und nur die Reichen konnten es sich leisten, ein Erzeugnis von weit her zu beziehen.

Viele Erzeugnisse, die später zu einem festen Bestandteil der jüdischen Küche wurden, waren in der Alten Welt schlicht unbekannt, ehe Kolumbus und seine Nachfolger sie aus Amerika heimbrachten. Erst nach dem 16. Jahrhundert wurde die Kartoffel in Europa bekannt, vielerorts wurde sie erst im 18. oder sogar 19. Jahrhundert eingeführt. Folglich kann es viele der »traditionellsten« aschkenasischen Gerichte erst seit etwa 250 Jahren geben. Kartoffelpuffer *(Latkes),* die traditionell an Chanukka gegessen werden, können nicht auf die Makkabäer, von denen das Chanukkafest herrührt, zurückgehen. Sie sind also erst vor vergleichsweise kurzer Zeit als Feiertagsspeise eingeführt worden. Entsprechend sind auch Kartoffel-*Kugel, Knishes* aus Kartoffeln, Tscholent mit Kartoffeln und jedes andere, »typisch jüdische« osteuropäische Gericht mit Kartoffeln relativ junge Rezepte. Andere, vor Kolumbus in Europa und Asien unbekannte Erzeugnisse waren Mais, Tomaten, Süßkartoffeln und Schokolade. Kaffee, Reis und anderer »Grundbedarf« wurden erst in nachbiblischer Zeit aus dem Orient eingeführt, und Nudeln sowie andere Teigwaren kannte man in Europa nicht vor dem Mittelalter.

Klima und Anbaubedingungen grenzten die kulinarischen Möglichkeiten stark ein. In die mediterrane jüdische Küche konnten Feigen, Datteln, Oliven, Zitronen und Orangen aufgenommen werden, in Nordeuropa jedoch waren diese Früchte nicht erhältlich. In Osteuropa bekam man Auberginen in den relativ warmen Ländern Rumänien und Ukraine, nicht aber im viel kälteren Litauen. In manchen Teilen der Welt wurde hauptsächlich Reis angebaut, während man sich in anderen auf Roggen oder Gerste spezialisiert hatte. Osteuropäer aßen viele Gerichte aus Buchweizen (Kascha), einem Korn, das in den meisten anderen, von Juden bewohnten Gebieten nicht angebaut wurde. Rumänien war eines der wenigen europäischen Länder, in denen man Mais für den menschlichen Verzehr anbaute – als Grundlage für die typischste Speise der Region: *mamaliga* (Maisbrei). Wein war in Italien und anderen Mittelmeerländern ein wichtiger Teil der Kost, doch in Osteuropa war er nicht leicht zu bekommen. Daher verwendeten die Aschkenasim sogar für den obligatorischen Kiddusch am Sabbat Whiskey statt Wein, oder sie brauten einen »Ersatzwein« aus Rosinen. Das typischste jüdische Essen in Italien, *Carciofi a la giudea* (frittierte Artischocken nach jüdischer Art) hätte niemals in Mittel- oder Osteuropa entstehen können, wo keine Artischocken wuchsen.

Entlehnte, aber abgeänderte Speisen

Juden entlehnten häufig Rezepte und Namen von Speisen, die bei ihren nichtjüdischen Nachbarn verbreitet waren. So aßen nordafrikanische Juden »Couscous« wie ihre muslimischen Nachbarn, und deutsche

Juden aßen ebenso wie deutsche Christen »Sauerbraten«. In einem polnischen oder ukrainischen Restaurant finden Sie die Entsprechungen der jüdischen Gerichte *Blintzes, Pirogen, Varenikes, Knishes* und gefüllter Kohl, und häufig unterscheiden sich die Namen nicht sehr von den jiddischen. Juden aßen ihre Varianten der rumänischen *Pastrama,* der polnischen *Kielbasa*-Wurst und der algerischen *Merguez*-Wurst – so abgeändert, dass sie den Speisegesetzen entsprachen. In Italien aßen sie Teigwaren, im Iran Joghurt und in weiten Teilen der arabischen Welt am Spieß gebratenes Fleisch, wie es für die Region jeweils typisch war.

Trotz der Ähnlichkeiten bei Rezepten und Namen waren die jüdischen und nichtjüdischen Speisen keineswegs miteinander identisch. Zum Beispiel bevorzugten die Juden in Nordafrika und im Irak offenbar Rindfleisch in Gerichten, die Muslime mit Lammfleisch aßen, auch wenn beide koscher waren. Die Juden in den muslimischen Ländern tranken auch Wein und charakteristische Spirituosen wie Anisett oder Arrak (Raki), wohingegen die Muslime, würden sie so etwas trinken, gegen muslimisches Religionsgesetz verstießen. Die Küche der osteuropäischen Juden hatte nicht nur aus der slawischen Küche entlehnte Speisen wie Blintzes und Knisches zu bieten, sondern auch aus Deutschland oder Österreich importierte Speisen wie *Strudel, Kreplach* und *Farfel.*

Sogar wenn Juden und Nichtjuden die gleiche Speise aßen, knüpften sie unterschiedliche Assoziationen daran. Am aschkenasischen Gericht Kreplach lässt sich gut veranschaulichen, wie kompliziert die Änderungen bei Rezept und Bedeutung waren. Das Wort *kreplach* selbst kommt vom deutschen *Krapfen* oder seiner dialektalen Entsprechung *Krepl.* Nach Ansicht mancher ist das Wort mit dem eleganten französischen Wort *crêpe* (das einen dünnen Eierkuchen bezeichnet) verwandt. Im Deutschen besitzt das Wort mehrere voneinander abweichende Bedeutungen, gewöhnlich bezeichnet es jedoch ein Hefegebäck, das in vielen Teilen des Landes mit dem der Fastenzeit vorangehenden Karneval verknüpft ist. Karneval oder Fasching findet normalerweise Ende Februar oder Anfang März statt, etwa um die Zeit des jüdischen Purimfestes. Zwar gibt es keine Verbindung zwischen den ursprünglichen Bedeutungen von Karneval und Purim, doch werden sie mit ähnlichen Festivitäten gefeiert: Maskeraden, lustigen Festen und Trinken. Es scheint, dass aus dem Karnevalskrapfen (Fastnachtskrapfen) eine Purimspeise geworden ist. Als die Juden nach Osteuropa abwanderten, veränderte sich das Gericht aus unbekannten Gründen und wurde zu einer Art mit Hackfleisch oder Käse gefüllten Ravioli. Aus einer Speise, die man nur zunächst an Purim aß, wurde ein Gericht, das man an Purim, Hoschana Rabba und am Vorabend von Jom Kippur aß und das mittlerweile auch mit diesen Festen assoziiert wird. Die Volkstradition erklärt sogar, Kreplach esse man, wenn man etwas schlage: »Haman zu Purim, die Weidenblätter zu Hoschana Rabba und dich selbst zur Buße an Jom Kippur.«

Im Falle des Tscholent gibt es Gegenden, wo er ähnliche Namen trägt, sich aber im Rezept unterscheidet, und andere Gegenden, in denen es ziemlich ähnliche Rezepte gibt, jedoch völlig andere Namen. Das Wort stammt von einem altfranzösischen Wort mit der Bedeutung »erwärmen«, die Aschkenasim bezeichneten mit dem Begriff *Tscholent* das Essen, das von Freitagabend an kochte, bis es am Samstag zu Mittag verzehrt wurde. Niemand weiß, welches die Zutaten für den Original-Tscholent waren, doch in der Neuzeit unterschieden sich die diversen Varianten der Speise bereits stark. Sie trugen einen gemeinsamen Namen, und man konnte sie als eine Art Eintopf- oder Auflaufgericht bezeichnen, aber die Rezepte wiesen von einer Region zur anderen kaum Ähnlichkeiten auf.

Der Ausdruck *Tscholent* (und seine Varianten) war bei allen Aschkenasim anzutreffen. Gerichte, die dem Tscholent ähnelten, aber vom Namen her nicht verwandt waren, fanden sich auch in den meisten nichtaschkenasischen jüdischen Gemeinden. In vielen Teilen der jüdischen Welt gab man dem warmen Sabbatessen einen Namen, der auf dem talmudisch-aramäischen Wort *hamin* (wörtlich: »erwärmt«) basierte. Mancherorts behielt man den Originalbegriff *hamin* bei, andernorts übersetzte man ihn in die Umgangssprache *(tscholent* auf Jiddisch, *s'khina* im marokkanischen Arabisch). In einigen wenigen Gegenden verwendeten die Juden einen anderen Ausdruck aus dem Talmud: *tamun* (»versiegelt«), und übersetzten ihn in die Umgangssprache *(tfina* in Nordafrika). In vielen jüdischen Kulturen der muslimischen Welt waren hartgekochte Eier eine der Grundzutaten des Hamin. Man kochte sie zusammen mit dem Fleisch und dem Getreide oder den Bohnen die ganze Nacht, sodass sie den Geschmack des Fleisches annahmen. In den Balkanstaaten hießen die Eier *Huevos Haminados.*

Gefillter Fisch, ein typisch aschkenasisches Gericht, verdankt seine Entstehung möglicherweise einem bestimmten Detail der Sabbatvorschrift. Die religiöse Tradition verbietet am Sabbat das Trennen der Spreu vom Weizen. Dieses Verbot wurde ausgedehnt auf das Trennen nicht essbarer Teile jedweder Speise von den essbaren. Dies legte man so aus, dass auch das Lösen des Fisches von den Gräten am Sabbat verboten war – eine nicht ungefährliche Idee. Um dieser Gefahr aus dem Weg zu gehen, wurde der Fisch schon vor dem Sabbat aus seiner Haut gelöst, die Gräten wurden entfernt, der Fisch zerstoßen und mit Matzenmehl gemischt und die Masse in die Haut gefüllt. Diese »fromme« Erklärung hat eine weltlichere Rivalin. Der zweiten Variante zufolge »streckten« Hausfrauen den knappen Fisch, indem sie ihn mit dem billigeren Mehl vermischten, damit es für alle Personen am Tisch reichte. Diese Erklärung wird von der Tatsache gestützt, dass es auch in nichtjüdischen Kulturen Rezepte für solcherart gefüllten Fisch gibt.

Gefillter Fisch wurde zu einem Standardgericht der osteuropäischen jüdischen Küche, war jedoch anderswo unbekannt (zumindest bis zur Erfindung des »gefillten Fisch im Glas« in Amerika). In Polen hieß er »jüdischer Fisch«. Aber nicht jeder gefillte Fisch war gleich. Es gibt sogar bedeutende regionale Abweichungen, die niemals vollständig erklärt worden sind. Östlich der Grenze zwischen Polen und Litauen, wie sie im 16. Jahrhundert verlief, wurde gefillter Fisch mit Salz und Pfeffer gewürzt, westlich davon wurde er dagegen mit Zucker gesüßt. Auf beiden Seiten der Grenze hielten die Juden das jeweilige Konkurrenzrezept für barbarisch.

Unterschiede bei den Pesachspeisen

Die größte Vielfalt in der gesamten jüdischen Küche findet sich bei den Pesachspeisen, obwohl es überall Matzen gibt, und nirgendwo Brot oder gewöhnlichen Kuchen, wie das ganze Jahr über. An Pesach achteten die traditionellen jüdischen Laien noch strikter als vom Gesetz gefordert darauf, auch noch die kleinste Spur von Gesäuertem zu meiden. Schließlich erlangten diese konventionsbedingten Beschränkungen den Status des religiösen Gesetzes. Die berühmteste dieser zusätzlichen Einschränkungen ist das aschkenasische Verbot von *kitniyot* (Hülsenfrüchten). Zwar kommt der Talmud zu dem Schluss, dass Hülsenfrüchte an Pesach erlaubt sind, doch die aschkenasische Tradition verbot Reis, Mais, Erbsen, Bohnen aller Art und sogar Erdnüsse. Ebenfalls verboten, wenn auch nicht so durchgängig, waren die aus den meisten dieser Früchte gewonnenen Öle. In der traditionellen Lebensart der Aschkenasim galten Reis oder Bohnen genauso als *hametz* (Gesäuertes, an Pesach verboten) wie Brot oder Bier. Doch Juden in anderen Ländern wie im Jemen und im Irak ließen *kitniyot* zu und servierten sogar Reis beim Seder. In einigen Ländern wie Marokko war Reis, da er zu sehr anderem Getreide ähnelte, verboten, aber Bohnen waren erlaubt.

In ihrem Hang zur extremen Beschränkung wurden die aschkenasischen Juden durch die Einführung der Kartoffel in der frühen Neuzeit noch bestärkt. Kartoffeln und Eier wurden im aschkenasischen Haushalt zum Grundnahrungsmittel während der Feiertage, besonders für Familien, die den chassidischen Traditionen anhingen, die im 18. Jahrhundert entstanden. Chassidim fürchteten, die Matzen könnten nicht völlig gar sein und ein winziger, etwa ungebackener Rest Mehl könne mit einer Flüssigkeit zusammen aufgehen. Daher verboten die Chassidim an Pesach alle aus Matzen und irgendeiner Flüssigkeit hergestellten Speisen. Dadurch konnte man Matzenmehl (geriebene Matzen, die zur Herstellung von Backwaren benutzt wurde) größtenteils nicht zum Kochen und Backen benutzen. Einige traditionelle Feiertagsspeisen wie Matzenklößchen *(Knaidlach)* wurden einfach verboten, bei anderen änderte man das Rezept. Bei Kuchen und anderen Backwaren ersetzte man Matzenmehl durch Kartoffelmehl. Diese Modifizierung wird an den regional unterschiedlichen Rezepten für die Pesach-Pfannkuchen namens *Chremzlach* deutlich. In Litauen (einer nichtchassidischen Region) backte man sie mit Matzenmehl und in Deutschland mit eingeweichten Matzen, aber in den chassidischen Gebieten Galizien und Ungarn wandelte man sie in Kartoffelpüreeaufläufe um. Sie können also an den Zutaten des Chremzlachrezeptes erkennen, wenn eine Familie aus der chassidischen Tradition stammt.

Die Geschichte der chassidischen Strenge hinsichtlich des Matzenmehls geht aber noch weiter. Denn für die Chassidim wurde die Kartoffel zur Pesach-Grundnahrung. Die Sephardim in den Balkanländern hingegen vertraten ganz andere Ansichten über die Kartoffel, als diese eingeführt wurde. Ihnen ähnelte sie viel zu sehr dem Getreide, aus dem man Teig machte. Daher lautete ihre Regel: »Süße Kartoffeln sind erlaubt, weiße Kartoffeln nicht.« Das chassidische Essen hätte man in Saloniki oder Istanbul nicht auf den Pesachtisch gelassen.

Unterschiedliche Kochstile

Jüdische Köchinnen bemühten sich trotz der Beschränkungen durch Religion, Nahrungsmittelangebot und Bräuche in ihrer Kochkunst um größtmögliche Vielseitigkeit; deshalb ist es nicht leicht, eine Übersicht darüber zu geben, was die regionalen Küchen jeweils ausmacht. Dennoch sind einige allgemeine Merkmale festzustellen. In Nordafrika und Asien verwendet die jüdische Küche meistens diverse intensive Gewürze wie Pfeffer, Kreuzkümmel und Cilantro (Korianderkraut), und zu einigen Hauptgerichten werden scharfe, pfeffrige Soßen gereicht. Das heißt nicht, dass alle »orientalischen« jüdischen Gerichte stark gewürzt sind. Der Couscous der nordafrikanischen Juden hat den milden Geschmack seiner Hauptingredienzien: Weizengrieß, Fleisch und allerlei Gemüse. Auch die Aschkenasim aßen zumindest in Osteuropa stark gewürzte Speisen, allerdings verwendeten sie dazu Zwiebeln, Knoblauch oder Meerrettich. Der großzügige Gebrauch von Knoblauch in der jüdischen Küche Mittel- und Osteuropas war eine beliebte Zielscheibe für antisemitischen Spott. Knoblauch war eher im Mittelmeerraum gebräuchlich als in Nordeuropa, wo er in der nichtjüdischen Küche kaum vorkam. Nicht nur die deutschen und polnischen Nichtjuden, auch die Sephardim und die Karäer machten sich gelegentlich lustig über die »übel riechenden« Speisen der Aschkenasim. Im 20. Jahrhundert hatte der Spott der Antisemiten viele deutsche Juden derart eingeschüchtert, dass der Knoblauch ganz aus ihren Vorratskammern verschwand; manche konnten kaum noch ertragen, das Wort »Knoblauch« auch nur zu hören.

Ein weiterer Unterschied zwischen den traditionellen Essgewohnheiten betrifft das Fett zum Braten und Backen. Im Mittelmeerraum, wo häufig in schwimmendem Fett gebacken wurde, verwendete man viel Olivenöl, manchmal ergänzt oder ersetzt durch andere Pflanzenöle, etwa aus Sesam. In Nordeuropa, wo kein Olivenöl erhältlich war und Pflanzenöle erst vor relativ kurzer Zeit aufkamen, benutzte man eher tierisches Fett zum Backen und Braten. Während die Christen in Nordeuropa viel mit Schweineschmalz oder Butter kochten, konnten die Juden Schweineschmalz überhaupt nicht und Butter nur für Gerichte ohne Fleisch oder Geflügel verwenden. Infolgedessen machten die Aschkenasim ausgiebig Gebrauch von Hühner- und Gänsefett. Ein Nebenprodukt der Herstellung von Hühner- oder Gänsefett war *gribenes* (Grieben – gebratene Haut) – damals, als man sich noch keine Gedanken über Cholesterin machte, bei den europäischen Juden eine beliebte Delikatesse.

Manchmal ermöglichten Änderungen im Nahrungsmittelangebot – zum Beispiel die Einführung des Kaffees – neue Formen religiöser Praktiken. Gewisse religiöse Bräuche der Juden wie das mitternächtliche Trauerritual um den zerstörten Tempel (Tikkun Chatzot) und die dem Studium gewidmeten Nachtwachen an Schawuot und Hoschana Rabba (dem siebten Tag des Sukkot) wurden in der Renaissance von den Kabbalisten eingeführt. Es ist kein Zufall, dass solche nächtlichen Rituale bei den italienischen Juden genau dann an die Stelle der älteren Frühmorgenrituale traten, als der Kaffee an Beliebtheit gewann.

Brot und Matzen

Zwei Speisen, welche die Juden überall auf der Welt einen, sind der Sabbatbrotleib und die ungesäuerte Pesachmatze. Doch sogar bei diesen Speisen gibt es zahlreiche regionale Unterschiede. Im Judentum ist Brot nicht nur das biblische Grundnahrungsmittel, sondern auch: *kove'a s'uda* (es macht das Essen zur Mahlzeit). Vor das Essen des Brotes stellt das Gesetz rituelles Waschen der Hände und einen besonderen Segensspruch. Mit dem Wort »Brot« werden jedoch in verschiedenen Regionen der Welt unterschiedliche Dinge bezeichnet. In weiten Teilen des Mittleren Osten gibt es Brot hauptsächlich in runder, flacher Gestalt, die heute »Pita« heißt. Es unterscheidet sich in Aussehen und Geschmack stark von den in vielen Regionen Europas üblichen hohen, länglichen Laiben. In Nord- und Osteuropa backte man das tägliche Brot für die breite Bevölkerung aus dunklem, herzhaftem Getreide wie Roggen; das Weißbrot aus Weizenmehl war den Reichen vorbehalten.

Gleichgültig, wo rabbinische Juden lebten oder welches Brot sie gewöhnlich aßen: Am Sabbat sprachen sie einen Segen über zwei Laibe Brot. Bei den Aschkenasim hatte sich ein Brauch herausgebildet, dem gemäß das Brot ein Zopf aus weißem Weizenmehl war. Bei den Aschkenasim Osteuropas und Hollands hießen die Laibe *Challah.* In weiten Teilen Mitteleuropas nannte man sie dagegen *Berches* oder *Barches* (in der Gegend um Frankfurt am Main *Datscher*) und backte sie mit viel Hefe, mit einer dicken, harten Kruste und ohne Eier. Im Gegensatz dazu standen die viel weicheren Eier-Challe in vielen Regionen Osteuropas. In manchen Gegenden Deutschlands war Berches kein Zopf, sondern lediglich mit einem geflochtenen Streifen auf der Oberseite verziert. In den Mittelmeerländern backten andererseits viele Juden Sabbatbrot, das gar nicht geflochten war. In manchen Ländern reicherte man das Brot mit Kräutern oder Gewürzen an, um es zu etwas Besonderem zu machen.

Auch die Matzen kamen je nach Land in ganz unterschiedlicher Gestalt daher. Die traditionelle Matze war meistens rund, die natürliche Gestalt, die der Teig annimmt, wenn er mit dem Nudelholz ausgerollt wird. Die heutige maschinell gefertigte Matze ist meist quadratisch, weil die Maschine auf einem Fließband lange Teigstreifen in Stücke zerschneidet. In dieser Form passen Matzen auch besser hochkant in eine Schachtel. Heute sind Matzen relativ dünn, früher war es in manchen Ländern Sitte, sehr dicke Matzen zu backen. Im Talmud und in den rabbinischen Schriften des Mittelalters wird die Matze als zweieinhalb Zentimeter dick oder dicker beschrieben. In Nordafrika und Italien, wo man die Löcher von Hand in die Matze schnitt, sahen die Matzen aus wie Zierdeckchen. Aschkenasische Matzen wurden hingegen mit einem Spezialwerkzeug ausgerollt, das winzige Löcher in geraden Reihen hinterließ.

Fast überall auf der Welt backte man die Matzen vor Beginn des Pesachfestes und lagerte sie. Im Jemen war es üblich, das ganze Jahr über täglich frisches Brot zu backen, und das war auch während des Pesachfestes so. Das ganze Fest über verkneteten jemenitische Juden täglich Mehl und Wasser und backten Matzen. Bei allen anderen jüdischen Gruppen war dieser Brauch unbekannt.

Beliebte jüdische Gerichte aus aller Welt

Als ich mir vornahm, eine Auswahl jüdischer Rezepte aus aller Welt vorzustellen, um die zahlreichen Unterschiede zwischen den Küchen zu veranschaulichen, war mir nicht klar, wie schwierig diese Aufgabe sein würde. Das liegt nicht daran, dass nicht genügend jüdische Kochbücher oder Rezepte vorhanden wären, im Gegenteil, es gibt so viele, dass es unmöglich ist, sie alle zu lesen. Schwierig wurde es, weil ich möglichst authentische Rezepte finden wollte, die man eindeutig mit einem bestimmten Ort identifizieren kann, denn Kochbücher verfolgen einen anderen Zweck als mein Buch. Käufer von Kochbüchern sind normalerweise auf der Suche nach Anregungen, weil sie ihr Repertoire variieren wollen, an Geschichte oder geographischer Zuordnung eines Gerichts sind sie weniger interessiert als an einer bequemen, effizienten Zubereitungsmethode für ein kompliziertes Gericht, ohne seinen Geschmack oder seinen Reiz zu verderben. Statt zu beschreiben, wie die Gerichte auf traditionelle Weise über offenem Feuer, in einem Lehmofen oder mit einem Bastkorb zubereitet wurden, werden die Rezepte in den Kochbüchern gewöhnlich so angepasst, dass man sie auf einem modernen Elektro- oder Gasherd, im Reiskocher, mit Hilfe einer Warmhalteplatte oder sogar in der Mikrowelle zubereiten kann. Rezepte, deren Zubereitung nach der traditionellen Methode viele Stunden oder sogar Tage dauert, wurden so umgeschrieben, dass sie jetzt nur wenige Stunden oder Minuten in Anspruch nehmen. Kochbücher beschreiben auch eher besonders feine, exotische Speisen als einfache, früher alltägliche Gerichte. Deshalb sind Rezepte für Tscholent, das Standardgericht des osteuropäischen Sabbat, viel weniger verbreitet als Rezepte für Kuchen, Gebäck und unkonventionellere Gerichte. Insofern sind Kochbücher nicht die ideale Quelle für die traditionelle jüdische Küche. Ich habe versucht, bei der nun folgenden Rezeptauswahl auf möglichst authentische Quellen zuzugreifen, aber ich behaupte nicht, diese Rezepte seien »so wie bei Oma« im Jemen, in Polen oder Marokko. Dennoch hoffe ich, sie vermitteln eine ungefähre Vorstellung von der Vielfalt der regionalen jüdischen Küchen.

Eine letzte Warnung: Jeder Koch und jede Köchin bereitete ein Gericht auf seine oder ihre Weise zu. Eine ehrgeizige Köchin kochte ein Gericht vielleicht in mehreren Varianten, um ihre Familie nicht zu langweilen. Das Rezept in diesem Buch könnte sich also von Ihrem alten Familienrezept unterscheiden. Die nun folgenden Beispiele sind nur die Spitze des Eisbergs. Doch wenn Sie auch nur einige der Rezepte ausprobieren, dann werden Sie »essen und ersatten.«

Vor der Neuzeit aßen Juden gewöhnlich die in ihrer Region üblichen Speisen und bedienten sich fremder jüdischer Gerichte nur selten. Wo Juden gefillten Fisch und Kreplach aßen, standen Couscous, Falafel oder Malawach nicht auf dem Speiseplan. Daran hat sich einiges geändert. Nicht nur hat die Migration Menschen unterschiedlicher Esstraditionen am selben Ort zusammengeführt, sondern gedruckte Kochbücher, Radio und Fernsehen haben der Verbreitung verschiedener Kochtraditionen weit über die Grenzen ihrer früheren Verbreitungsgebiete hinaus Vorschub geleistet. Heute isst in der jüdischen Welt fast niemand mehr ausschließlich so, wie man früher in seiner oder ihrer Heimat gekocht hat. Im Gegenteil, es ist eher üblich, auf dem familiären Speisezettel Rezepte aus verschiedenen Teilen der Welt miteinander zu verquicken.

Da die charakteristischsten jüdischen Rezepte Sabbat und Pesach betreffen, fangen wir hier an. An Sabbat und Feiertagen aß man viel besser als sonst. Fisch und Fleisch hatten als Sabbatspeisen einen besonderen Stellenwert, und in manchen Familien kamen Fleisch oder Huhn nur am Sabbat auf den Tisch. Oft servierte man zu beiden Hauptsabbatmahlzeiten am Freitagabend und Samstagmittag viele Gänge – Aperitifs, Suppen, Hauptgerichte und Desserts. Die dritte obligatorische Sabbatmahlzeit am Samstagnachmittag war gewöhnlich ein einfacher, kalter Imbiss.

Die Speisen am Samstagmittag zeichneten sich besonders dadurch aus, dass dem Gesetz gemäß ein warmes Essen (Hamin) serviert werden musste, obwohl am Sabbat nicht gekocht werden durfte. Generationen jüdischer Hausfrauen in verschiedenen Ländern ersannen zahllose einfallsreiche Lösungen für das Problem. In Osteuropa waren die beiden Standardspeisen auf dem samstäglichen Mittagstisch Tscholent und Kugel. In ein Grundrezept für Tscholent gehören:

6 kleine Kartoffeln
450 g gewürfeltes Fleisch
1 Zwiebel
½ Tasse Kidney-Bohnen
½ Tasse Limabohnen
½ Tasse Gartenbohnen
Wasser
Salz
Pfeffer
Knoblauchpulver

Die Kartoffeln schälen und die größeren einmal durchschneiden. Fleisch und Bohnen waschen, Zwiebel schälen und alles in einen großen Topf geben. Mit Wasser auffüllen, bis der Topf etwa zu drei Vierteln voll ist. Salz, Pfeffer und Knoblauchpulver hinzugeben. Zum Kochen bringen, dann die Hitze reduzieren und köcheln lassen, je länger, desto besser. Den Topf unbedeckt lassen und wenn nötig Wasser nachfüllen. Sobald die Bohnen gequollen sind, nehmen sie das Wasser nicht mehr so schnell auf. Ehe der Sabbat beginnt, sicherstellen, dass genügend Wasser im Topf ist (etwa 2–3 cm über den Zutaten). Topf gut verschließen und aufs *blech* stellen (ein dünnes Aluminiumblech, das über den Kochstellen liegt, damit der Topf keinen direkten Kontakt mit der Flamme hat). Über Nacht kochen lassen.

Es gibt diverse Variationen zu diesem Tscholentrezept. In manchen, insbesondere denen der ungarischen Juden, fehlen die Kartoffeln; bei anderen gehört Gerste dazu, oder es werden andere Bohnensorten verwendet. Nach allen traditionellen Rezepten muss das Gericht über Nacht auf kleiner Flamme kochen. In Böhmen und Mähren bestand das Gericht *Scholet* aus Gans, Reis und Erbsen. In Süddeutschland und benachbarten Gebieten Westeuropas unterschied sich das Rezept für

Schalet deutlich vom oben beschriebenen Fleischeintopf. Obwohl die Begriffe *Schalet* und *Tscholent* sich ähneln und auch denselben Stamm haben, gleicht Schalet eher einer Mehlspeise oder einer Pastete und ist ganz anders als ein Fleischeintopf.

Schalet konnte aus verschiedenen Zutaten hergestellt werden, darunter Kartoffeln oder Nudeln, aber es gab auch andere Spielarten, zum Beispiel *Weckschalet,* eine Art Brotpudding aus altbackenem Brot oder Brötchen, *Matzo Schalet* und *Apfelschalet.* Dazu folgendes Rezept:

TEIG
10 gehäufte Teelöffel Mehl
3 Teelöffel gerührtes Gänse- oder Rinderfett oder Margarine
2–3 Teelöffel Zucker
1–2 Eier
1 Schnapsglas Kirsch- oder Zwetschgenwasser
1 Prise Zimt

FÜLLUNG
Äpfel, dünn geschnitten
Zucker
Zimt
Rosinen
Zitronen- und Orangenschale und Mandelblättchen (falls gewünscht)

Alle Teigzutaten mit Wasser zu einem geschmeidigen Teig verkneten. Mehrfach ausrollen, eine Weile ruhen lassen und in zwei Teile schneiden. Eine der Hälften nochmals durchschneiden. Eine tiefe, runde Eisenform mit Gänsefett einfetten und das größere, rund ausgerollte Teigstück hineinlegen, sodass Boden und Wand bedeckt sind und der Teig oben etwa einen Daumenbreit übersteht. Den Teig zwei Daumenbreit hoch mit fein geschnittenen, stark gezuckerten Äpfeln, vermischt mit Zimt und Rosinen (sowie nach Wahl: Zitronen-, Orangenschale und grob gehackten Mandeln), belegen. Das erste kleinere Teigstück zu zwei runden Platten, so groß wie die Form, ausrollen. Eine der Teigplatten auf die Äpfel legen, darüber eine Schicht Apfelmischung wie oben, darüber die zweite Teigplatte und schließlich die restlichen Äpfel. Das verbleibende Teigstück zu einer runden Deckplatte für die Form ausrollen, über die Äpfel legen, hinunterdrücken und mit dem Rand des Bodens, der überhing, jetzt aber nach innen gedrückt wird, zusammendrücken. Nach Wunsch die Oberfläche mit Gänsefett bestreichen. Schalet 1¼ bis 1½ Stunden im Backofen backen.

Dem osteuropäischen Tscholent von der Funktion her ähnlicher als Schalet war die *Gesetzte Supp'* der deutschen Juden. Diese dicke Suppe, die man über Nacht kochen ließ, konnte viele verschiedene Formen annehmen, darunter Weiße-Bohnen-Suppe, Erbsensuppe, Gerstensuppe und Reissuppe. Die typischste deutsch-jüdische Form war die *Grünkernsuppe* aus Grünkern oder Dinkel. Die Getreidekörner konnten gemahlen oder ganz belassen werden. Dies ist ein Rezept für Grünkernsuppe:

700 g Knochen und Markknochen
700 g Fleisch: Zunge (Schlund) *oder Bruststück* (Brustkern)
1 Teelöffel Mehl
1 gehäufter Löffel Grünkern pro Person
Salz
1 Sellerieknolle
Wasser zum Bedecken

Alle Zutaten in einen großen Eisentopf geben. Zum Kochen bringen. Das Gericht in den Backofen oder einen speziellen Sabbatofen schieben und dort langsam sechs bis acht Stunden kochen lassen. Dann ist es eine dicke, herzhafte Suppe.

Aschkenasische Juden, die Tscholent oder das deutsche Äquivalent *Gesetzte Supp'* zubereiteten, besaßen nicht immer einen richtigen Backofen zum Kochen des Sabbatessens. Deshalb war es Sitte, die Tscholent- oder Suppentöpfe in der Bäckerei in einen Gemeinschaftsofen zu stellen, den man am Vorabend des Sabbat versiegelte, damit niemand in Versuchung geriet, die Temperatur anzupassen oder sich anderweitig am Sabbat mit Kochen zu befassen. Jeder Topf war gekennzeichnet und wurde am Samstagmittag von einem Familienmitglied oder einem Diener abgeholt (Abbildung 6.1).

Das gleiche Prinzip, nach dem der Tscholent gekocht wurde, galt auch für dessen Äquivalente bei den nichtaschkenasischen Juden vielerorts in Südosteuropa, Asien und Nordafrika. Die folgenden Rezepte zeigen einige regionale Varianten des Mittagshauptgerichts am Sabbat. In Nordafrika gab es zwei Hauptformen: *S'khina* in Marokko und *Tefina* in Marokko, Algerien, Tunesien und Libyen.

Ein Rezept für *S'khina* (vom Autor des Kochbuchs »Scheena« geschrieben) lautet:

Abb. 6.1: Hausfrauen in Białystok tragen am Freitagnachmittag Tscholent, ein Gericht aus Fleisch, Kartoffeln und Bohnen, zum Backofen der örtlichen Bäckerei.

3 Pfd. kleine Kartoffeln
1 Tasse getrocknete Kichererbsen, über Nacht eingeweicht, abgetropft
ca. 450 g Rinderschulter, in 2½ cm dicke Würfel geschnitten
ca. 900 g Schienbeinknochen vom Rind, in 5–7,5 cm dicke Stücke gehackt
ca. 450 g Hackfleisch, vermischt mit ¼ Teelöffel Pfeffer und zu einem Laib geformt
8 ganze Eier
1 Teelöffel Salz

Kartoffeln und Kichererbsen in einen Ton- oder Metalltopf geben, in den alle Zutaten passen. Gewürfeltes Rindfleisch und Knochen darauf legen. Hackfleischlaib an eine Seite legen, die Eier im ganzen Topf verteilen und alles salzen.

Alles vollständig mit Wasser bedecken, auf dem Herd zum Kochen bringen und 15 Minuten lang auf kleiner Flamme kochen. Das Gefäß in den Backofen schieben und bei niedrigster Hitze (gut 90° C) 8 bis 10 Stunden oder über Nacht garen.

Am Sabbat nach der Rückkehr aus der Synagoge warm zu Mittag servieren. Ergibt 8 Portionen.

Es folgen zwei tunesische Varianten von *T'fina* namens *T'fina Camounia.* Die erste, vegetarische Variante ist keine Sabbatspeise, die zweite Variante mit Fleisch dagegen schon.

ca. 450 g getrocknete weiße Bohnen
4 Tassen Wasser
5 Knoblauchzehen, zerdrückt
3 Teelöffel gemahlener Kreuzkümmel
1¼ Teelöffel Salz
2 Teelöffel Paprika
1 reife Tomate, fein gehackt (= ½ Tasse)
Tomatenmark
3 Esslöffel Maisöl
ca. 450 g Pellkartoffeln (etwa 3 Stück), gepellt
3 große Eier, geschlagen
1/8 Teelöffel gemahlenes Kurkuma

Bohnen über Nacht bedeckt in Wasser einweichen, dann abtropfen lassen. Die 4 Tassen Wasser und die Bohnen in einen großen Topf geben und auf kleiner Flamme etwa 45 Minuten kochen, bis sie weich sind, aber nicht auseinander fallen.

Knoblauch, Kreuzkümmel, 1 Teelöffel Salz, Paprika, Tomatenmark und gehackte Tomaten vermischen. Öl in einer Bratpfanne erhitzen, die Mixtur hinzugeben und bei mäßiger Hitze unter ständigem Rühren 5 Minuten braten. In den Topf mit den vor sich hin köchelnden Bohnen geben und 10 Minuten abkühlen lassen.

Kartoffeln zerdrücken, aber nicht zu fein. Geschlagene Eier, ¼ Teelöffel Salz und Kurkuma hinzugeben und verrühren. Das ist die Mischung für die Klöße. Für jeden Kloß einen gehäuften Esslöffel der Masse nehmen und in den köchelnden Bohnentopf fallen lassen, bis das Kartoffelpüree aufgebraucht ist. Topf zudecken und bei niedriger Hitze 15 Minuten kochen lassen.

In die Sabbatvariante kommen außer den Zutaten des vegetarischen Gerichts:

ca. 900 g Rinderschulter, in 8 Teile geschnitten
8 ganze Eier
4 kleine Kartoffeln (ca. 450 g), geschält

Bei dieser Variante werden die Bohnen nicht über Nacht eingeweicht. Die weißen Bohnen, 4 Tassen Wasser, Knoblauch, Kreuzkümmel, Salz, Paprika, Tomatenmark und die reife Tomate in den Topf geben. Fleischstücke darauf legen, darüber Eier und Kartoffeln verteilen. Topf zudecken und bei mäßiger Hitzezufuhr zum Kochen bringen. Dann auf ganz kleiner Flamme bei traditioneller Methode die ganze Freitagnacht über kochen lassen und Samstagmittag servieren. Ergibt etwa 8 Portionen.

Im Irak und den angrenzenden Gebieten wurde samstags eine völlig andere Hauptform des Hamin serviert. Es hieß *T'beet* (der Autor des Kochbuchs schreibt »tabit«):

2 Esslöffel Maisöl
1 mittelgroße Zwiebel, gehackt (= ½ Tasse)
1 Huhn (knapp 3 Pfd.), in 6 Teile geschnitten, lose Haut und Fett entfernt
3½ Tassen Wasser
1 Teelöffel Salz (bzw. nach Geschmack)
⅛ Teelöffel Pfeffer
2 Esslöffel Tomatenmark
2 Tassen roher Reis, gut gewaschen

Öl in einer tiefen Pfanne erhitzen, Zwiebeln und Huhn hineingeben und 10 Minuten bei mittlerer Hitze sautieren, bis alles gebräunt ist. Wasser, Salz, Pfeffer und Tomatenmark hinzufügen und aufkochen lassen.

Den Reis hinzugeben und bei geringer Hitze etwa 1 Stunde ohne umzurühren kochen lassen. Prüfen, ob der Reis gar ist, sonst 2 oder 3 Esslöffel Wasser nachgießen. Herd ausstellen und Hamin vor dem Servieren 10 Minuten stehen lassen. [Wenn das Gericht für den Sabbat zubereitet wird, Huhn und Reis bei niedrigster Temperatur in den Backofen schieben und von Freitagnachmittag über Nacht bis Samstag garen.]

Bei fast allen nichtaschkenasischen Rezepten sind über Nacht hartgekochte Eier ein fester Bestandteil des Mittagessens am Samstag. Entweder kocht man sie zusammen mit dem warmen Sabbatgericht (siehe oben) oder separat. Dies sind die Zutaten eines Rezeptes für *Huevos Haminados* von der Insel Rhodos:

1 Dutzend Eier
Wasser zum Auffüllen
Außenhäute von 6–10 braunen Zwiebeln

¼ Tasse Olivenöl
1 Teelöffel Salz
1 Teelöffel Pfeffer

Wasser, Zwiebelhäute, Öl, Salz und Pfeffer in einen Topf mit 4–6 l Fassungsvermögen geben. Eier vorsichtig hineingeben, damit die Schalen heil bleiben. Zum Kochen bringen, zudecken und bei niedriger Hitze etwa 1 Stunde kochen. Topf mindestens 3 Stunden oder auch über Nacht bei gut 100° C in den Backofen stellen.

Ein weiteres sephardisches Rezept schlägt vor, Kaffeesatz zu verwenden, um die Eier braun zu färben.

Bei den Aschkenasim gab es zum Tscholent oder einem anderen warmen Gericht üblicherweise Kugel. Die Rezepte für Kugel sind sehr unterschiedlich. Kugels werden immer gebacken, die Hauptzutaten aber variieren. Die gebräuchlichsten Arten von Kugel werden aus Nudeln oder Kartoffeln (und an Pesach aus Matzen) hergestellt. In manchen Gegenden ist der Kugel – besonders der Nudel-Kugel – süß, in anderen nicht. Das folgende Kugelrezept wurde unter dem Namen *Jerusalem Kugel* bekannt.

340 g Vermicelli
Öl
3 Esslöffel Zucker
3–4 Eier
Salz
Pfeffer
4 Esslöffel Öl
¼ Tasse Wasser

Nudeln kochen, Wasser abgießen, beiseite stellen. Den Zucker in einem kleinen Topf auf kleiner Flamme 2–3 Minuten in Öl bräunen, dabei Acht geben, dass er nicht anbrennt. Sobald der Zucker karamellfarben aussieht, das Wasser hinzugeben. Die Masse wird sofort hart. Einige Minuten auf kleiner Flamme köcheln lassen, bis sie eine sirupartige Konsistenz bekommt. Den Sirup zu den gekochten Nudeln geben und gut untermischen, bis alle Nudeln damit überzogen sind. In einem anderen Topf 4 Esslöffel Öl erhitzen. Die Nudeln in das heiße oder noch warme Öl geben und gut umrühren. Dann Eier und Gewürze hinzufügen. Den Kugel entweder in einer gefetteten tiefen Form bei 190° C 1 Stunde im Backofen backen oder von beiden Seiten gut durchbraten.

Kugels werden gewöhnlich freitagabends oder samstagsmittags entweder kalt oder warm als Beilage serviert. Sowohl die osteuropäischen als auch die deutschen Juden aßen sie. Wie Ihnen aber vielleicht aufgefallen ist, ähnelt das deutsche Rezept für Schalet eher dem Kugel als dem Tscholent. In Süddeutschland lag der Hauptunterschied zwischen Kugel und Schalet darin, dass Kugel salzig war und mit Rinderfett zubereitet wurde, wogegen Schalet gewöhnlich süß war. Ansonsten waren sie praktisch identisch.

Kein Bereich der jüdischen Küche ist so eigenartig wie das Festtagsessen zu Pesach. Jüdische Köchinnen mussten nach Möglichkeiten suchen, ohne die Grundnahrungsmittel Brot, Mehl, Teigwaren und vielerorts auch ohne Reis oder Bohnen ein interessantes Essen zuzubereiten. Mancherorts ersetzte ungesäuerte Matze das Brot oder den Teig in verschiedenen Pasteten und Suppen. Andernorts zerrieb man Matzen zu Mehl, das man dann wie normales Mehl für die verschiedensten Backwaren verwendete. Das Ergebnis war von Region zu Region sehr unterschiedlich. Die folgenden drei Beispiele stellen nur eine kleine Auswahl aus den Tausenden von Pesachrezepten dar.

Mina de Cordero (Matzenpastete mit Lammfüllung) aus Griechenland und der Türkei:

ca. 900 g Lammschulter
3–4 Frühlingszwiebeln, fein gehackt
2 Eier
8 Matzen
Öl zum Besprenkeln
Salz und Pfeffer nach Geschmack

Lamm in einem Topf sehr langsam köcheln lassen, bis das Fleisch zart ist. (Das ergibt von selbst eine Soße.) Abkühlen lassen, alles Fett entfernen und in sehr kleine Stücke schneiden. Frühlingszwiebeln, Salz und Pfeffer hinzufügen. 1 Ei schlagen und unterziehen. Die Matzen befeuchten, damit sie weich werden, mit Küchentüchern überschüssige Nässe aufnehmen. Den Backofen auf gut 200° C vorheizen und einen Topf, der groß genug ist, um ihn mit 4 Matzen auskleiden zu können, gut einfetten und hineinstellen, bis das Öl sehr heiß ist. So backen die Matzen nicht an. Den Boden des Topfes mit Matzen auslegen, die Fleischmasse darauf verteilen und darüber die restlichen Matzen legen. Alles mit Öl besprenkeln, noch ein Ei schlagen und darüber gießen. Etwa eine halbe Stunde backen, bis die Oberseite gebräunt ist. Ergibt 8 bis 10 Portionen.

Ein gängiges jüdisches Gericht stammt aus Deutschland.

Matzeklöß' (Matzenklöße)

6–7 Matzen
Petersilie
Zwiebeln
4–6 Eier
Ingwer
Muskat
Salz
Pfeffer
genügend Matzenmehl, um zu vermeiden, dass die Klöße an den Händen kleben

Matzen einweichen, dann ausdrücken. Mit Petersilie und gehackten Zwiebeln in Fett oder Öl braten. Abkühlen lassen. Gewürze, Eier und Matzenmehl hinzugeben. Große Klöße formen (etwa 5–7,5 cm im Durchmesser). In Salzwasser kochen. Die Reste können am nächsten Tag mit Zwiebeln in Öl gebraten werden.

Matzeklöß' sind anders als die Matzenklößchen, die alle Aschkenasim zubereiten, indem sie sie in Hühnersuppe kochen. Matzenklößchen, in Osteuropa *knaydlach* und in Süddeutschland *klössle* genannt, bestehen aus Matzenmehl, Fett, Eiern und Wasser.

Ein traditionelles Gericht aus Usbekistan ist die *Pesachsuppe:*

1 Esslöffel Öl
2 mittelgroße Zwiebeln, kleingehackt
ca. 450 g Rinderschulter ohne Knochen in 2,5 cm dicken Würfeln
ca. 225 g Rinderknochen
1 kleine Möhre
8 Tassen Wasser
1 reife Tomate, gewürfelt
½ Tasse gehackter Koriander
1 Teelöffel Salz
¼ Teelöffel Pfeffer
1 mittelgroße Kartoffel in gut 1 cm dicken Würfeln
4 Eier, geschlagen
Matzen

Das Öl in einem großen Topf erhitzen. Darin Zwiebeln, Rindfleisch, Knochen und Möhre bei mäßiger Hitze 3 Minuten unter ständigem Rühren anbraten. Wasser, Koriander, Salz und Pfeffer zugeben und zum Kochen bringen. Dann bei mäßiger bis geringer Hitze 1 Stunde bedeckt kochen lassen.

Die Kartoffel zugeben. 15 Minuten kochen. Kurz vor dem Servieren die Eier in einem ununterbrochenen Strahl in die köchelnde Suppe einrühren. Heiß servieren, wobei sich jeder so viel Matzen wie gewünscht in die Suppe bröckelt.

Zu den »kleineren« Feiertagen Purim und Chanukka gab es diverse traditionelle Backwaren, die sich von Ort zu Ort unterschieden. In Amerika sind allerdings die osteuropäischen Varianten – *Homentaschen* zu Purim und *Latkes* zu Chanukka – zur Norm geworden.

Homentaschen waren dreieckige, mit Mohn, Pflaumenmus oder Früchten gefüllte Gebäcktaschen aus Hefe- oder Mürbeteig. Der Name der Speise scheint »Hamans Taschen« zu bedeuten, doch verschiedene Gründe lassen vermuten, dass dies nicht der ursprüngliche Name war. Im Hebräischen hießen sie *ozney haman,* das bedeutet »Hamans Ohren«. Einer anderen Theorie zufolge hieß das Gebäck ursprünglich *Mohntaschen,* doch später assoziierte man es mit Haman, dem Bösewicht aus der Purimgeschichte, woraufhin es zu einer Purimspeise wurde. In Süddeutschland hieß das traditionelle Purimgebäck *Haman* und wurde mit Hefeteig gebacken. Man musste den Teig zwei Mal gehen lassen und danach auf einem bemehlten Brett einen halben Fingerbreit ausrollen. Dann stach man menschliche Figuren aus, denen man Augen, Mund und Nase aus Rosinen, Mandeln und Zitronenschale gab. Diese legte man auf ein geöltes Backblech, ließ sie nochmals gehen, bestrich sie mit Ei und backte sie. Manchmal wurde ein weiteres Stück Teig quer über den Hals der Teigfiguren platziert, zur Erinnerung an den Galgen, an dem Haman gehängt wurde.

An das Chanukkafest waren ebenfalls bestimmte, regional je unterschiedliche Speisen geknüpft. Im früheren zaristischen Russland waren Latkes oder Reibekuchen an Chanukka die vorherrschende Delikatesse. Auf Grund der Massenabwanderung russischer Juden nach Amerika wurden sie für die Juden der Vereinigten Staaten zur beinahe ausschließlichen Chanukkaspeise. Hier ist ein Grundrezept für Latkes:

5 große, eher mehlige Kartoffeln
1 große Zwiebel
4 Eier
¼ Tasse Matzen- oder Weizenmehl
Salz und Pfeffer
Öl zum Braten
Prise Backpulver (falls gewünscht)

Kartoffeln reiben und in einem Sieb abtropfen lassen. Zwiebel reiben. Geriebene Zwiebel und Eier mit der Kartoffelmasse gut vermischen. Matzenmehl und Gewürze hinzugeben. Gut verrühren. Öl in einer Bratpfanne erhitzen und pro Reibekuchen einen Esslöffel von der Masse hineingeben. Wenn die Latkes goldbraun sind, umdrehen und von der anderen Seite braun backen.

In anderen Teilen Osteuropas, vornehmlich in Rumänien, waren mit Gelee gefüllte Krapfen die typische Chanukkaspeise. Unter dem hebräischen Namen *Sufganiyot* sind sie die vorherrschende Chanukkaspeise in Israel geworden. Bei den Sephardim auf dem Balkan und in der Türkei war eine dritte Art von Chanukkagebäck namens *Bimuelos* verbreitet. Das folgende Rezept stammt von der Insel Rhodos:

1⅓ Tassen warmes Wasser
2 Würfel frische Hefe (Raumtemperatur)
1 Ei
½ Teelöffel Salz
1 Esslöffel Öl
3 Tassen ungesiebtes Mehl
Zimt zum Bestreuen
Frittieröl

SIRUP: 680 g Honig und ¼ Tasse Wasser

Honig und Wasser zusammengeben und aufkochen. Hefe in ½ Tasse warmem Wasser auflösen. Das geschlagene Ei, Salz und Öl hinzugeben. Alles Mehl auf einmal hineingeben und verrühren, wobei das übrige Wasser nach und nach hinzuzugeben ist. Mindestens 1 Stunde gehen lassen. Das Frittierfett auf 190° C erhitzen und den Teig mit einem Esslöffel, der zuvor ins heiße Fett getaucht wurde, ins Fett geben. Die *Bimuelos* gehen auf und sollten umgedreht werden, bis sie gleichmäßig goldbraun sind. Auf Küchenpapier abtropfen lassen. In den warmen Sirup tauchen und mit reichlich Zimt bestreuen. Warm schmecken sie am besten, deshalb sollte man sie möglichst sofort servieren. Man kann sie aber auch vorab frittieren und kurz vor dem Servieren in den Sirup tauchen. Das Rezept ergibt etwa 45 Stück; pro Person sind mindestens 2 oder 3 Stück zu rechnen.

Latkes, Sufganiyot und Bimuelos sind zwar sehr unterschiedliche Speisen, doch sie werden alle in Öl gebacken. Manche glauben, diese Zubereitungsart solle das Chanukkawunder symbolisieren, als man nur noch für einen Tag Öl hatte, es dann aber acht Tage brannte. Rationalere Erklärungen führen die Gemeinsamkeit darauf zurück, dass die Aschkenasim die mitteleuropäische Sitte, an Weihnachten eine Gans zu essen, auf Chanukka übertrugen. Die Latkes oder gefüllten Krapfen backte man dann mit dem übrig gebliebenen Gänsefett von Chanukka.

Die osteuropäische Küche zeichnet sich durch viele verschiedene Sorten von Backwaren zu diversen Anlässen aus, viele davon mit Gemüse, Obst, Fleisch oder Käse gefüllt. Blintzes und Knishes, zwei beliebte Speisen, die heute als typisch jüdisch gelten, sind Beispiele dafür, wie Juden die Gerichte ihrer christlichen Nachbarn abänderten.

Die am weitesten verbreitete Blintzes-Sorte sind vermutlich *Käseblintzes*. Und so stellt man sie her:

EIERKUCHENTEIG
4 Eier
1 Tasse Mehl
1 Teelöffel Salz
1 Tasse Milch oder Wasser
Öl zum Ausbacken

FÜLLUNG
680 g trockener Quark
2 Eigelb
Zucker und Zimt nach Geschmack

Eier und Salz schlagen. Abwechselnd Mehl und Milch hinzufügen. Öl in einer Bratpfanne erhitzen. Gerade genug Teig für einen sehr dünnen Pfannkuchen in die Pfanne geben und diese in alle Richtungen kippen, damit der Teig sich über die gesamte Pfanne verteilt. Den Pfannkuchen auf einer Seite backen, bis er Blasen wirft. Auf Wachspapier gleiten lassen.

Die Zutaten für die Füllung vermischen und je einen Esslöffel der Füllung auf die gebräunte Seite eines Pfannkuchens streichen. Die Seiten umklappen, sodass ein Quadrat entsteht. In einer Bratpfanne oder auf einem Bratrost bräunen. Heiß mit saurer Sahne oder Apfelmus servieren.

Es gibt viele verschiedene Sorten Knisches ebenso wie diverse Arten von Blintzes. *Kasha Knishes,* für die das folgende Rezept ist, werden mit Kascha (Buchweizengraupen) gebacken.

TEIG
2 Tassen Mehl, gesiebt
½ Teelöffel Salz
1 Teelöffel Backpulver
1 Esslöffel Öl
2 Esslöffel Wasser
2 Eier, gut geschlagen

FÜLLUNG
2 Tassen gekochtes Kascha (= 1 Tasse roh)
1 Ei
1 Zwiebel, gewürfelt und sautiert

Die trockenen Teigzutaten mischen, eine Mulde hineindrücken und die flüssigen Zutaten hineingeben. Zu einem geschmeidigen Teig verkneten. Gut 1 cm dick ausrollen. Dann die Zutaten für die Füllung vorbereiten und vermischen. (Rohes Kascha wird zunächst in kochendes Wasser gegeben und 20 Minuten bei mittlerer Hitze gekocht.) Den Teig mit der Mischung füllen und wie bei einer Biskuitrolle zusammenrollen. Die Ränder befeuchten und umschlagen. Die Knischesrolle in eine mit Öl gefettete Form legen und bei 175° C backen, bis sie braun und knusprig ist. In Scheiben schneiden.

Borekas, ein bei den Sephardim Griechenlands und der Türkei beliebtes Gericht, ist heute in Israel sehr populär. Es ist ein mit dem türkischen Börek verwandtes, dreieckiges oder halbrundes knuspriges Gebäck mit verschiedenen Füllungen wie Käse, Spinat oder Kartoffeln. Hier ist ein Rezept für *Käse-Borekas:*

TEIG
¼ Tasse Maisöl
¼ Tasse kaltes Wasser
2 Tassen Mehl
¼ Teelöffel Salz

FÜLLUNG
gut 100 g Speisequark, zerdrückt
gut 100 g Feta, zerdrückt
¼ Teelöffel Pfeffer
1 Ei, geschlagen

ZUM ÜBERBACKEN
1 Ei, geschlagen
2 Esslöffel geriebenen Kaschkavalkäse
Öl für das Backblech

Die Teigzutaten mehrere Minuten lang zu einem geschmeidigen Teig verkneten, gegebenenfalls mehr Wasser nehmen und mit Mehl bestäuben. Zudecken und beiseite stellen. Die Zutaten für die Füllung zu einer glatten Masse verrühren und ebenfalls beiseite stellen.

Den Teig in walnussgroße Stückchen teilen, diese zu Bällchen rollen. Die Bällchen zu Scheiben von etwa 10 cm Durchmesser ausrollen. Auf das Ihnen zugewandte Ende der Scheiben jeweils 1 Esslöffel von der Käsefüllung geben, dann umschlagen, den Rand befeuchten und überall andrücken. Mit einer leeren Dose von 7,5 bis 10 cm Durchmesser die zusammengefaltete Teigtasche herunterdrücken, den überschüssigen Teig abschneiden und die Ränder versiegeln.

Alle Borekas oben mit dem geschlagenen Ei bestreichen. Den feuchten Pinsel in den geriebenen Kaschkavalkäse tauchen und auf den Borekas abstreifen. Die Borekas auf einem mit Öl gefetteten Backblech bei 175° C 35 bis 40 Minuten backen, bis sie oben und unten leicht gebräunt sind. Aus dem Ofen nehmen und abkühlen lassen. Kalt (nicht gekühlt) servieren. Ergibt 22 Portionen.

Eine der Gebäckspezialitäten der jemenitischen Juden ist *Malawach* (Pfannenbrot). Ein Teigball *(ajin)* wird wie folgt zubereitet:

4 Tassen Mehl
2 Esslöffel Öl oder Butter
2 Esslöffel Essig
1 Teelöffel Salz
1 Teelöffel Zucker
2 Tassen Wasser
gut 100 g Margarine (Raumtemperatur)

Alle Zutaten außer der Margarine mischen und den Teig ein wenig kneten. Den Teig dann zugedeckt 3 Stunden ruhen lassen, danach in 8 Stücke teilen. Ein

Stück auf einen Durchmesser von etwa 15 cm flachdrücken. 2 Teelöffel Margarine in den Teigkreis drücken und kneten, die Kreisform aber beibehalten.

Den Kreis von der Mitte nach außen in gerader Linie einschneiden. Ein Ende nehmen und gegen den Uhrzeigersinn zu einer Kugel rollen.

Damit aus dem *ajin*-Ball *Malawach* wird, die Teigkugel zu einem etwa 0,5 cm dicken Pfannkuchen von ca. 25 cm Durchmesser flachdrücken. In einer Pfanne bei mäßiger Hitze 2 Teelöffel Margarine oder Butter schmelzen. Darin den Pfannkuchen von jeder Seite ca. 5 Minuten braten, bis er braun und knusprig ist.

Ein typisch irakisches Gebäck ist *Sambusak*. Es gibt Varianten mit Fleisch, andere enthalten Käse, und wieder andere sind, wie die folgende, mit Kichererbsen gefüllt:

TEIG
3 Tassen Mehl
¼ Teelöffel Salz
1 Tasse Wasser

FÜLLUNG
2 Esslöffel Maismehl
2 mittelgroße Zwiebeln in ganz dünnen Scheiben (= 1 Tasse)
2 Tassen gekochte Kichererbsen (auch aus der Dose), püriert
¼ Teelöffel Salz
2 Teelöffel gemahlener Kreuzkümmel
etwa 1 Tasse Öl zum Frittieren

Mehl, Salz und Wasser verkneten, dabei Mehl- und Wassermenge so anpassen, dass ein geschmeidiger Teig daraus entsteht. Zugedeckt etwa ½ Stunde beiseite stellen.

Für die Füllung Öl in einer Pfanne erhitzen, Zwiebeln hinzugeben und bei mäßiger Hitze unter Rühren anbraten, bis sie leicht gebräunt sind. Kichererbsenpüree, Salz und Kreuzkümmel hinzugeben und bei niedriger Temperatur so lange unter Rühren braten, bis die Mischung ziemlich trocken ist. (In eine Schüssel geben und gut abkühlen lassen.)

Aus dem Teig eine Scheibe in der gewünschten Größe formen. In Restaurants mit Hausmannskost hat eine Scheibe einen Durchmesser von ca. 20 cm und ist gut 0,5 cm dick. Bei dieser Größe ½ Tasse Füllung auf die eine Hälfte streichen, zu einem Halbmond umschlagen und die Tasche mit einem nassen Finger zudrücken. Das Öl auf mäßige Hitze bringen und die Teigtasche von beiden Seiten braten, bis sie goldbraun ist. Auf Küchenpapier abtropfen lassen. Ergibt 6 große Teigtaschen.

Eines der meines Erachtens ungewöhnlichsten Gerichte der jüdischen Küche kommt aus Italien. *Carciofi alla giudea* (frittierte Artischocken), eine Erfindung der römisch-jüdischen Küche, ist eine der wenigen jüdischen Speisen, die als Delikatesse für Feinschmecker gilt. Das folgende, recht komplizierte Rezept stammt von Marcella Hazan, einer führenden Expertin der feinen italienischen Küche. Der komplizierteste Teil des Rezeptes ist das Zurichten der Artischocken.

6 mittelgroße Artischocken, möglichst jung und frisch
Pflanzenöl
schwarzer Pfeffer, frisch in der Mühle gemahlen
½ Zitrone
Salz

Bei der Vorbereitung der Artischocken unbedingt alle zähen, nicht essbaren Blätter und Blattteile entfernen. Zuerst die äußeren Blätter zurückbiegen, zum Blattansatz herunterziehen und gleich über dem Ansatz abbrechen. Entfernen Sie nicht den helleren unteren Teil der Blätter, denn dort sind sie zart und gut zum Verzehr geeignet. In dem Maße, in dem Sie sich nach innen vorarbeiten, beginnt der zarte Teil der Blätter, an dem sie brechen, immer weiter oben. So lange einzelne Blätter abziehen, bis in der Mitte ein Zapfen aus Blättern übrig bleibt, die nur an der Spitze grün sind und deren hellerer, weißlicher Ansatz wenigstens knapp 4 cm hoch ist.

Von der Spitze dieses Zapfens mindestens 2½ cm abschneiden, um alles Zähe, Grüne zu beseitigen. Die beschnittenen Teile der Artischocke mit der Zitrone einreiben und mit Zitronensaft beträufeln, damit sie sich nicht verfärben. Im offen gelegten Zentrum der Artischocke können Sie jetzt am Boden sehr kleine Blätter mit nach innen gebogenen, stacheligen Spitzen erkennen. Diese Blätter alle abschneiden und das »Heu« mit den Staubfäden vorsichtig vom Boden ablösen, ohne dabei den zarten Boden zu beschädigen. Hierfür wenn möglich ein kleines Messer mit runder Spitze verwenden. Zurück zur Außenseite der Artischocke: Wo die äußeren Blätter abgebrochen wurden, alle verbliebenen zähen, grünen Stellen abschneiden. Den Stiel bis auf einen kurzen Stumpf abschneiden. Beim Abbrechen der harten, äußeren Blätter einen zunehmend längeren Ansatz belassen, damit die Artischocke wie eine dicke, fleischige Rosenknospe aussieht. Alle Schnittflächen mit Zitronensaft beträufeln.

Die Artischocke umdrehen, die Blätter sanft auswärts spreizen und auf einem Brett oder einer anderen Arbeitsoberfläche so flach drücken wie möglich, ohne dass die Blätter Risse bekommen. Die Frucht aufrichten und mit Salz und etwas gemahlenem Pfeffer bestreuen.

Den Boden einer tiefen Bratpfanne oder einer Sautierpfanne knapp 4 cm hoch mit Öl bedecken. Das Öl bei mittlerer Temperatur erhitzen und die Artischocken auf dem Kopf hineinstellen. Etwa 5 Minuten garen, dann umdrehen. Das Umdrehen während des Garens ab und zu wiederholen. Sie sind fertig, wenn der dicke Teil des Bodens beim Anpieksen mit der Gabel weich ist. Je nach Alter und Frischegrad der Artischocke kann das 15 Minuten oder länger dauern. Passen Sie die Hitze jeweils so an, dass das Öl nicht zu heiß wird und die Artischocken nicht zu schnell gebraten werden.

Artischocken, wenn sie gar sind, kopfüber auf ein Brett oder eine andere Arbeitsfläche stellen und mit einem Holzlöffel oder Spachtel noch etwas platter drücken.

Kochfläche unter der Pfanne auf höchste Stufe stellen. Eine Schüssel mit kaltem Wasser bereitstellen. Wenn das Öl sehr heiß ist, Artischocken auf dem Kopf hineingeben, wenige Minuten braten, umdrehen, eine Hand in die Wasserschüssel tauchen und die Artischocken besprenkeln. Dabei eine Armlänge von der Pfanne entfernt stehen, weil das Öl spritzt.

Sobald das Öl nicht mehr spritzt, die Artischocken zum Abtropfen kopfüber auf Papiertücher oder ein Gitter legen. Mit den Blättern nach oben servieren. Nicht in den Kühlschrank stellen oder erneut erhitzen.

Eine Zusammenfassung der jüdischen Kochtradition ist eine praktisch unmögliche Aufgabe. Viel zu groß sind Anzahl und Vielfalt der von traditionellen jüdischen Köchinnen in aller Welt zubereiteten Gerichte. Kein spezieller Stil, kein Gewürz oder Geschmack, die allen jüdischen Speisen gemein wären. Jüdisches Essen kann würzig sein oder mild, schwer oder leicht bekömmlich, sehr fleischhaltig oder größtenteils vegetarisch – je nach Saison, Region oder persönlichem Geschmack. Eine typisch jüdische Speise in einem Teil der Welt ist bei Juden anderswo völlig unbekannt. Wenn man Aschkenasim ungewohnte jüdische Speisen aus dem Mittleren Osten anbietet, mögen diese sie für exotisch, grässlich oder köstlich halten, erkennen sie aber womöglich nicht als jüdisch. Typisch jüdische Speisen in Amerika wie Bagels und *lox* (Räucherlachs) oder Pastrami-Sandwiches sind in Israel und in koscheren Restaurants in Frankreich oder Italien selten.

Der weltweit einigende Faktor in der jüdischen Küche war nicht ein bestimmtes Gericht oder eine Art zu kochen, sondern eine gemeinsame Funktion und die gemeinsame religiöse Tradition. Traditionelle jüdische Köchinnen befolgten die Kaschruth-Gesetze. Allgemein galt: Was in einem Teil der Welt koscher war, war es anderswo auch, allerdings mit einigen wenigen Ausnahmen. Einige Juden im Mittleren Osten aßen Heuschrecken, was für europäische Juden inakzeptabel wäre. Bei den Aschkenasim waren Bohnen oder Reis zu Pesach nicht erlaubt, bei den Juden im Mittleren Osten sehr wohl. Neben den gemeinsamen Speisevorschriften, welche die Mischung von Fleisch und Milch sowie die Verwendung von Schweinefleisch oder Meeresfrüchten verboten, gab es gemeinsame jüdische Feiertage, die Festtagsspeisen erforderten, manchmal aber die Möglichkeiten ihrer Zubereitung einschränkten. Dadurch hatten Juden überall auf der Welt die gleichen strukturellen Bedürfnisse hinsichtlich der Speisenzubereitung: Sie benötigten eine warme Mahlzeit am Sabbat, ungesäuertes Brot zu Pesach und etwas, das die künftigen Segen des neuen Jahres symbolisierte, an Rosch Haschana. Da sie jedoch nicht direkt miteinander in Kontakt standen, nicht die gleichen Zutaten zur Verfügung hatten und unter Menschen lebten, die jeweils ihre eigene kulinarische Tradition hatten, ersannen die jüdischen Köchinnen in den verschiedenen Regionen der Welt Gerichte, die keine Ähnlichkeit mit den Gerichten anderswo hatten. Wie alle anderen Aspekte der traditionellen jüdischen Kultur besaß auch die jüdische Küche einen Kern gemeinsamer Bedeutung und Struktur, unterschied sich dabei aber regional so sehr, dass sie von einer Gegend zur nächsten nicht wiederzuerkennen war.

VII
Kleidung

Nicht nur ein langer schwarzer Mantel

Die meisten kulturellen Traditionen der Juden waren privater Natur, nur für den Familien- und Freundeskreis und für die Synagoge bestimmt und hatten kaum Außenwirkung. Optisch fielen die Juden allerdings durch ihre Kleidung und ihre Haartracht auf, die nicht nur Einfluss auf das jüdische Selbstbild hatten, sondern sich auch auf das Bild, das die nichtjüdische Welt von den Juden hatte, sowie auf das Verhältnis zwischen Juden und ihren andersgläubigen Nachbarn auswirkten.

Wie bei den übrigen Aspekten kulturellen jüdischen Lebens spielte die »große Tradition« auch eine gewisse Rolle für die Art, wie Juden sich kleideten, wichtiger jedoch waren das Klima, die Mode in der sie umgebenden Kultur, die verfügbaren Materialien und die Beziehung zwischen Juden und Andersgläubigen. Neben den Anforderungen der jüdischen Religion, etwa den Geboten von Sittsamkeit und Kopfbedeckung, gab es bei der jüdischen wie bei der nichtjüdischen Bevölkerung zwei mögliche Auffassungen darüber, wie Juden sich kleiden sollten. Zum einen hatten sie die Möglichkeit, die Unterschiede zwischen ihrer Kleidung und der ihrer Nachbarn möglichst gering zu halten, damit sie mit der allgemeinen Bevölkerung verschmelzen konnten. Schließlich müssen religiöse Unterschiede nicht sichtbar sein, und die Beziehung zwischen dem einzelnen Juden und Gott ist durchaus eine private Angelegenheit.

Zum anderen gab es die Möglichkeit, die Unterschiede zwischen Juden und Nichtjuden so sichtbar wie möglich zu machen. Aus historischer Sicht gab es eine Reihe von Ursachen und Motivationen dafür, religiös bedingte Unterschiede durch die Kleidung zu betonen. Eine Ursache war der jüdische Stolz. Das eigene Jüdischsein für alle sichtbar zu machen, galt als Zeichen von Ehre. Ein zweites Motiv war der Wunsch, die unerlaubte Vermischung von Juden und Nichtjuden zu verhindern. Wenn Juden auf den ersten Blick zu erkennen waren, hätten sie weniger Chancen, sich auf Liebesbeziehungen mit Nichtjuden einzulassen. Dies war sowohl für die Rabbiner als auch für die nichtjüdischen Behörden ein Grund zu veranlassen, dass die Juden besondere Kleidung tragen. Und schließlich konnte eine optische Unterscheidung – die Juden einen besonderen Hut, eine besondere Haartracht oder ein Abzeichen tragen zu lassen – seitens der nichtjüdischen Obrigkeit als Mittel eingesetzt werden, Juden zu erniedrigen und ihre niedrige gesellschaftliche Stellung zu veranschaulichen.

Juden und Nichtjuden trugen auch aus neutraleren Gründen unterschiedliche Kleidung. In ihrer Art, sich zu kleiden, bringen Menschen verschiedener Nationalitäten, ethnischer Gruppen und sozialer Klassen unterschiedliche Traditionen und praktische Bedürfnisse zur Geltung. Es mag nicht bewusst ihr Wunsch sein, sich äußerlich von den Mitgliedern anderer Gruppen zu unterscheiden oder nicht, dennoch erkennt man sie an ihrer Lebensweise oder Migrationsgeschichte.

Diese Erwägungen haben in den diversen Gesellschaften, in denen Juden in der Diaspora lebten, an der Herausbildung bestimmter Formen des Auftretens in der Öffentlichkeit mitgewirkt. Manchmal wiesen die Haltungen der Juden eindeutig ambivalente Züge auf, eine Mischung aus Stolz über ihre Besonderheit und zugleich Furcht oder Scham, dass man in einer feindlich gesinnten Gesellschaft sichtbar jüdisch war. Ihre Einstellung zur Kleidung war nicht zu allen Zeiten dieselbe. Es ist nicht unbedingt so, dass sie sich ohne den Zwang, ein spezielles Gewand zu tragen, gekleidet hätten wie alle anderen, oder dass sie unbedingt immer anders aussehen wollten. Die Bandbreite der Haltungen wies je nach Gesellschaft große Unterschiede auf.

Dieses Kapitel behandelt viele Beispiele jüdischer Kleidung. Zu bedenken ist, dass nationale Trachten sich häufig von der Alltagskleidung unterscheiden. Bekanntlich kann sich eine Person zu verschiedenen Anlässen sehr unterschiedlich kleiden. Die malerischsten Trachten – die von Malern abgebildet werden und in Büchern über Kleidung zu sehen sind – werden gewöhnlich nur zu besonderen Gelegenheiten getragen: in der Kirche oder Synagoge, zu Hochzeiten, an Festtagen oder bei Prozessionen. Normale Kleidung ist in der Regel weniger malerisch und oft nicht so charakteristisch wie die Nationaltrachten. In vielen Gegenden Europas werden die lokalen Trachten heute von speziellen Vereinen vor dem Vergessen bewahrt und nur zu Festtagen, in der Kirche oder um Touristen zu beeindrucken getragen. Ähnlich wurde die traditionelle Kleidung, in der man die Juden abbildete, oft nur am Sabbat, zu Hochzeiten oder anderen besonderen Anlässen getragen. Die uns erhalten gebliebenen Kleidungsstücke sind üblicherweise die außergewöhnlichsten, schönsten oder exotischsten. Die Werktagskleidung der Juden mag bis zu einem gewissen Grad charakteristisch gewesen sein, doch galt sie nicht unbedingt als würdig, in Kunstwerken dargestellt zu werden, und vermutlich unterschied sie sich von nichtjüdischer Kleidung weit weniger als die Festtagskleidung.

Das jüdische Religionsgesetz und die jüdische Kleidung

Diverse Aspekte jüdischer Kleidung sind vom biblischen und rabbinischen Gesetz vorgeschrieben. In einigen Fällen sind die Regeln eindeutig, einheitlich und unveränderlich. Häufiger jedoch lassen sie Raum für Auslegung und werden in den diversen Gesellschaften unterschiedlich gehandhabt. Bestimmte Vorschriften regelten Angelegenheiten, die für Außenstehende unsichtbar oder auf den Gottesdienst beschränkt waren. Man konnte zum Beispiel nicht ohne weiteres sehen, dass Juden *sha'atnez,* eine von der Bibel verbotene Mischung aus Leinen und Wolle, nicht trugen. Als man die meiste Kleidung noch in Heimarbeit anfertigte, war es leicht, das Gesetz gegen *sha'atnez* zu befolgen, weil die Menschen wussten, woraus ihre Kleidung bestand. In der heutigen Welt ist infolge von Konfektionskleidung und Mischgewebe nicht immer klar zu erkennen, ob ein Kleidungsstück aus der verbotenen Mischung besteht. Die heutigen orthodoxen Juden haben das »Problem« gelöst, indem sie »Sha'atnez-Labors« eröffnet haben, in denen Kleidung chemisch oder mikroskopisch auf *sha'atnez* geprüft wird.

Weniger esoterisch als das *Sha'atnez*-Verbot ist die biblische Forderung, nach der die Israeliten Fransen an den vier Ecken ihrer Gewänder befestigen müssen. Nach rabbinischer Auslegung betrifft diese Vorschrift nur die Männer und nur Gewänder, die rechteckig sind und somit tatsächlich vier Ecken aufweisen. Obwohl das Gesetz es gar nicht wörtlich fordert, trugen fromme jüdische Männer stets ein besonderes viereckiges Kleidungsstück (das *Arba Kanfot*) mit *Tzitzit* (Fransen), vier doppelt genommenen Fäden, die in vorgeschriebener Weise gedreht und gebunden und an je einer Ecke befestigt werden. Obwohl die Bibel verlangt, dass die Fransen einen blauen Faden *(techelet)* beinhalten, haben fast alle Juden seit der Zerstörung des Zweiten Tempels vor über 1900 Jahren ausschließlich weiße Fransen getragen. Der Grund dafür ist, dass die Rabbis lieber auf die vorgeschriebene blaue Farbe, die aus einer seltenen Schnecke gewonnen wurde, verzichteten, als den Gebrauch einer unechten pflanzlichen Farbe zu gestatten. In neuerer Zeit haben einige

Abb. 7.1: Talit katan (Arba Kanfot), ein viereckiges Kleidungsstück mit Fransen, das von religiösen Männern gewöhnlich unter dem Hemd, nur von chassidischen Juden als Oberbekleidung getragen wird.

Gruppen versucht, den blauen Faden wieder einzuführen, doch die meisten frommen Juden sind ihnen nicht gefolgt.

Normalerweise trägt man das Arba Kanfot unter der Oberbekleidung. Juden, die den Bibelvers »ihr seht es an und gedenkt all Seiner Gebote« so auslegen, dass die Fransen sichtbar sein müssen, tragen das Arba Kanfot entweder als Oberbekleidung oder sorgen dafür, dass die Fransen sichtbar unter ihrer Oberbekleidung hervorschauen (Abbildung 7.1). Zusätzlich zum Arba Kanfot (manchmal auch *talit katan,* »kleiner Talit« genannt) trugen die Männer beim täglichen Morgengebet ein großes, viereckiges Kleidungsstück mit Fransen namens *Talit* als Gebetsmantel.

Weil die Vorschriften zu Bärten und Haartrachten der Männer sowie zu den Kopfbedeckungen für Männer und Frauen und zur sittsamen Kleidung der Frauen deutlich sichtbare Aspekte der Kleidung betreffen, wirken sie sich viel stärker auf den Alltag des einzelnen Juden aus und unterliegen in der Auslegung großen Abweichungen. Mehrere Bibelpassagen schreiben den jüdischen Männern in allerdings eher vagen Begriffen vor, wie sie ihr Haar und ihre Bärte zu tragen haben. Dazu gehören die Verbote: »Abrundet nicht die Ecke eures Haupthaars« *(pe'at roshecha)* und: »verdirb nicht die Ecke deines Bartes« *(pe'at zekanecha)* (Leviticus 19, 27). Die rabbinische Tradition verweist zur Erklärung von »verdirb nicht die Ecke deines Bartes« auf eine andere Bibelpassage, die den Priestern gebietet: »den Rand ihres Bartes sollen sie nicht scheren« (Lev. 21, 5). Dies interpretierte man in letzter Konsequenz als biblisches Verbot, ein Rasiermesser zum Bartscheren zu benutzen.

Je nach Zeit und Ort wurden und werden diese Verbote auf sehr unterschiedliche Weise befolgt. Manche jüdischen Gesellschaften haben das erste Verbot lediglich als Verbot des vollständigen Entfernens (oder Abrundens) der Koteletten ausgelegt, während andere sogar das Stutzen der Schläfenlocken *(pe'ot)* verbieten. Die osteuropäischen Chassidim und die jemenitischen Juden waren zwei räumlich weit voneinander entfernte Gruppen, die beide lange Schläfenlocken trugen. Einige Chassidim kämmten sich die Schläfenlocken hinter die Ohren, andere ließen sie in langen Ringellöckchen herabhängen. Dann waren die *pe'ot* nicht nur ein Teil des Bartes, sondern deutlich als eigenständige Schläfenlocken zu erkennen (Abbildung 7.2). In einigen jüdischen Gesellschaften durfte der Bart lediglich nicht vollständig entfernt werden, andere hingegen, zum Beispiel die Chassidim, missbilligten bereits das Stutzen des Bartes. Fast überall in der muslimischen Welt und in einigen Gegenden Osteuropas fielen die Bärte der Juden nicht sonderlich auf, da auch die meisten andersgläubigen Männer Bärte trugen, in West- und Mitteleuropa jedoch waren jüdische Männer jahrhundertelang die einzigen Bartträger. In der volkstümlichen Überlieferung vieler europäischer Gesellschaften galten Bärte als unheimlich, als Zeichen von Ähnlichkeit mit dem Teufel oder mit Ziegen und anderen Tieren. Im 17. und 18. Jahrhundert gingen viele europäische Juden dazu über, ihre Bärte zu Spitzbärten oder schmalen Streifen am Kieferrand zu stutzen. Da nur die Rasur mit einem Rasiermesser verboten war, entfernten einige religiöse Juden ihre Bärte mit Bartscheren oder Rasierpulver. Mit der Erfindung der Elektrorasierer, deren Doppelklingen wie Scheren arbeiten, und nicht wie ein herkömmliches Rasiermesser, begannen orthodoxe Juden schließlich, sich glattrasiert in der Öffentlichkeit zu zeigen, ohne formal gegen das biblische Verbot zu verstoßen.

Auch die Vorschriften zur Frauenkleidung wurden von einer jüdischen Gesellschaft zur nächsten unterschiedlich ausgelegt. Nach den grundlegenden Vorschriften im rabbinischen Recht, die allerdings

Abb. 7.2: Pe'ot (Schläfenlocken) eines chassidischen Mannes und Jungen während des traditionellen ersten Haarschnitts im Alter von drei Jahren. Der Mann trägt den traditionellen Streimel *(Pelzmütze).*

nicht explizit in der Bibel stehen, sollen Frauen sich sittsam kleiden und verheiratete Frauen ihr Haar bedecken. Die Forderung nach sittsamer Kleidung, also nach einer solchen, die nicht sexuell aufreizend wirkt, galt theoretisch für Männer und für Frauen, doch beinahe alle diesbezüglichen Vorschriften wurden in der Praxis nur auf die Bekleidung von Frauen angewendet. Bis zu einem gewissen Grad ist Sittsamkeit eine Frage der Anschauung und Perspektive, und so variierten die Definitionen dessen, was »den Teil des Körpers bedeckt, der bedeckt sein sollte«. Die geforderte Länge der Ärmel, Kleidersäume oder die Tiefe des Ausschnitts waren in den verschiedenen Teilen der jüdischen Gemeinschaft unterschiedlich.

Auch hinsichtlich der Bedeckung des Haars variierten die Bräuche. Mancherorts hieß die Regel, dass irgendeine Kopfbedeckung getragen werden musste, andernorts bedeutete sie, dass kein Haar zu sehen sein durfte. In manchen Gesellschaften interpretierte man die Forderung als Verbot, Haar in irgendeiner Form zu zeigen, andere erlaubten das Tragen von Kunsthaar. Bei den Aschkenasim der Neuzeit hat dies zum *Scheitel* (einer Perücke) geführt, die entweder aus künstlichem Haar

Abb. 7.3: Jüdisches Paar in Sanaa, Jemen, 1937–38. Der Mann trägt lange Schläfenlocken, die Frau hat ihr Haar mit einem gargush *bedeckt.*

oder sogar aus dem echten Haar der Trägerin hergestellt wurde. Das echte Haar der Frauen unter der Perücke war kurzgeschnitten beziehungsweise wurde in einigen besonders frommen osteuropäischen Gemeinden ganz abrasiert. Als der »Scheitel« aufkam, brandmarkten Rabbis ihn zuerst als Verstoß gegen das Wesen des Gesetzes, doch schließlich wurde er in den meisten aschkenasischen Gemeinden akzeptiert. Im späten 19. und frühen 20. Jahrhundert war der »Scheitel« das Kennzeichen der frommen aschkenasischen Matrone. Im Gegensatz dazu trugen jüdische Frauen in Teilen Nordafrikas kunstvollen Kopfschmuck, gewöhnlich in Form von künstlichen Haarflechten. Im Jemen trugen die Frauen ein Kopftuch namens *gargush,* das ihr Haar ganz bedeckte. Vorn war der *gargush* mit Fransen besetzt, manchmal von Metall überzogen, und bedeckte die gesamte Stirn (Abbildung 7.3).

Der Brauch jüdischer Männer, ihre Köpfe jederzeit zu bedecken, ist jünger als die entsprechenden Vorschriften für verheiratete Frauen. Was immer der Ursprung dieser Sitte, sie gilt als Zeichen der Ehrerbietung Gott gegenüber, ein Symbol dafür, dass »etwas über mir ist«. Diese Etikette ist das genaue Gegenteil der christlichen Sitte, der gemäß das Abnehmen des Hutes als Zeichen von Respekt gilt. Am strengsten wurde die Vorschrift der Kopfbedeckung während der Gottesdienste gehandhabt, doch war es bei den Männern in den meisten Regionen Brauch, den Kopf stets bedeckt zu lassen. Das jüdische Religionsgesetz schrieb zwar nicht vor, welche Form, Größe oder Farbe die Kopfbedeckung haben sollte, doch wurde dieser Frage in den verschiedenen lokalen jüdischen Kulturen beträchtliche Bedeutung zugemessen.

Ein letztes biblisches Gesetz zur Bekleidung verbot das Tragen der Kleidung des jeweils anderen Geschlechts. Diese Vorschrift wurde allgemein so ausgelegt, dass Männerkleidung sich eindeutig von Frauenkleidung unterscheiden musste. In der westlichen Gesellschaft bedeutete dies vom Mittelalter bis mindestens zum Ende des 19. Jahrhunderts, dass die Männer »die Hosen anhatten« und Frauen Röcke trugen. Allerdings wurde es nicht überall so gehandhabt. In einigen Gesellschaften trugen alle lange Gewänder oder Röcke, in anderen – beispielsweise in Teilen der arabischen Welt – trugen die Frauen lange Hosen (der Ursprung der »Haremshosen«), die Männer häufig nicht. Die alten Griechen dachten, Hosen zu tragen sei typisch für »Barbaren«. Noch heute lehnt es die orthodoxe Praxis ab, dass Frauen Hosen tragen, viele moderne orthodoxe Frauen jedoch ignorieren diese Vorschrift. Rabbiner aus dem Mittleren Osten beharren darauf noch heute weniger als aschkenasische Rabbiner – möglicherweise erinnern sie sich an die früheren Sitten im Mittleren Osten.

Die Bewegungsfreiheit der Frau bei Juden, Christen und Muslimen

Nach heutigem westlichen Verständnis war das traditionelle Judentum äußerst restriktiv, was die Stellung der Frau betraf. Man verlangte von verheirateten Frauen nicht nur, ihr Haar zu bedecken und sich sittsam zu kleiden, Mann und Frau durften auch nicht zusammen allein sein, sofern sie nicht miteinander verheiratet waren. Männer und Frauen durften nicht miteinander tanzen, und Frauen durften im Beisein von Männern nicht singen. In der Synagoge saßen die Frauen in einem abgetrennten Bereich und durften nicht aktiv am Gottesdienst teilnehmen. Alle diese Maßnahmen sollten die Männer vor sexueller Versuchung bewahren.

Wenn wir die Stellung der Frau in der jüdischen Gesellschaft mit der ihrer Zeitgenossinnen in der christlichen und muslimischen Gesellschaft vergleichen, wird das Bild komplizierter. Jüdische Frauen lebten allgemein freier als muslimische, aber stärker eingeengt als christliche

Abb. 7.4: Verschiedene Grade der Sittsamkeit, wie das Osmanische Reich sie von Christinnen, Jüdinnen und Musliminnen verlangte. Von links nach rechts: eine Jüdin aus Saloniki, eine bulgarische Christin aus Prilep und eine Muslimin aus Saloniki in Straßenkleidung. Im Haus waren muslimische Frauen nicht so verschleiert.

Frauen, die ihr Haar oder Gesicht gewöhnlich nicht bedecken mussten und sich in der Öffentlichkeit zeigen durften. In den meisten westlichen Ländern war die Kleidung der Frauen früher deutlich weniger freizügig als viele Moden des 20. Jahrhunderts, doch es gab Zeiten, da tiefe Ausschnitte (allerdings kaum kurze Rocksäume) einiges von der weiblichen Anatomie bloßlegten. In der traditionellen jüdischen

Gesellschaft waren die Frauen nicht unbedingt ans Haus gefesselt. Bei den Aschkenasim war es beispielsweise durchaus üblich, dass Jüdinnen – sogar mehr noch als Christinnen – ein eigenes Geschäft betrieben. Wenn sich der Schnitt ihrer Kleider überhaupt von dem der Christinnen unterschied, dann in Richtung eines weniger freizügigen Stils. Christliche Frauen trugen gewöhnlich Hüte, aber die bedeckten nicht wie bei den Jüdinnen ihr gesamtes echtes Haar.

In der muslimischen Welt wurde die Tradition weiblicher Sittsamkeit sogar noch strenger gehandhabt als bei den Juden. Den Kopf und den gesamten Körper zu bedecken, war für alle Frauen, verheiratet wie unverheiratet, üblich. In vielen muslimischen Ländern war es Frauen nicht erlaubt, sich in der Öffentlichkeit zu zeigen, es sei denn, ihr Gesicht war verschleiert (Abbildung 7.4). In den strengsten muslimischen Gesellschaften ließen die Frauen auf der Straße nur ein Auge unbedeckt, das übrige Gesicht war vom Schleier verhüllt. Jüdische Frauen in muslimischen Ländern unterlagen im Allgemeinen nicht solch strengen Vorschriften. Gewöhnlich bedeckten sie ihr Haar, nicht aber ihr Gesicht. Allerdings fanden sie es oft ratsam, sich zu verschleiern, wenn sie durch muslimische Viertel gingen.

Jüdische Frauen in den muslimischen Ländern waren, was ihre Kleidung betrifft, vor muslimischen Vorschriften nicht völlig gefeit. So verlangte die Regierung im Jemen von jüdischen Frauen, ihr gesamtes Haar zu bedecken, während sie muslimischen Frauen gestattete, einen kleinen Teil ihres Haars unbedeckt zu lassen. In einigen kleinen jemenitischen Städten ärgerten sich die Jüdinnen über diese Versuche der muslimischen Obrigkeit, sie davon abzuhalten, ihr Haar zu zeigen, und umgingen sie, wo sie nur konnten. Im Iran geschah genau das Gegenteil: Jüdinnen war es verboten, ihr Gesicht zu verschleiern, wodurch sie auf der Straße sofort zur Zielscheibe unerwünschter Aufmerksamkeit seitens muslimischer Männer wurden. Dieses Verschleierungsverbot war für die Jüdinnen natürlich demütigend.

Antijüdische Gesetzgebung

Nichtjuden erließen nicht nur Bekleidungsvorschriften für jüdische Frauen, sondern häufig auch für Männer. Manchmal verlangten Regierungserlasse von Juden, religiöse jüdische Traditionen zu befolgen, die sie anders aussehen ließen. So mussten verheiratete jüdische Männer im 18. Jahrhundert in vielen deutschsprachigen Ländern nach dem

Gesetz Bärte tragen. Im Jemen wurde von den Männern verlangt, sichtbare, lange Schläfenlocken zu tragen. In beiden Fällen sollten Juden auf den ersten Blick anders aussehen. Viele Juden empfanden solche Vorschriften als zutiefst demütigend, zumal sie so leicht zur Zielscheibe antijüdischer Übergriffe werden konnten. Andererseits wurden manchmal gewisse, im jüdischen Religionsgesetz oder durch Brauch kodifizierte Kleidungsstücke von der Regierung verboten. In diese Kategorie fallen die Vorschriften im zaristischen Russland des 19. Jahrhunderts, nach denen es jüdischen Männern verboten war, Schläfenlocken, Bärte oder lange Mäntel zu tragen, sowie Gesetzesentwürfe im Jemen, die Juden zwingen sollten, sich ohne Kopfbedeckung zu zeigen.

Die frühesten Gesetze, mit denen Juden (und andere »Ungläubige«) gezwungen werden sollten, sich anders als die »Gläubigen« zu kleiden, wurden von den Muslimen erlassen. Juden mussten schwarze oder gelbe Turbane tragen (niemals grüne, denn diese Farbe symbolisierte den Propheten Mohammed) und ihre Kleider mit einem Seil *(zunnar)* statt mit einem Gürtel zusammenbinden. In manchen muslimischen Ländern wie dem präkolonialen Marokko war es den Juden verboten, richti-

Abb. 7.5: Zeichnung eines ringförmigen Abzeichens (»Judenzeichen«), das Juden in Deutschland tragen mussten.

Abb. 7.6: Das »Judenzeichen« bei einem jüdischen Paar aus Worms, zweite Hälfte des 16. Jahrhunderts.

Abb. 7.7: Jüdischer Reiter mit Spitzhut.

ge Schuhe zu tragen. Sie mussten in den muslimischen Vierteln stattdessen Pantoffeln tragen.

Ähnlich diskriminierende Gesetze zur jüdischen Kleidung entstanden bald auch in den christlichen Ländern, insbesondere nach den Beschlüssen des Laterankonzils der katholischen Kirche 1215. Im mittelalterlichen Frankreich, England, Deutschland und Italien waren Juden gezwungen, spezielle Abzeichen oder Hüte zu tragen. Das Abzeichen hatte die Form der Gesetzestafeln oder eines gelben Rings und wurde vorn auf die Oberbekleidung genäht (Abbildungen 7.5, 7.6). In manchen Teilen Deutschlands blieb das ringförmige Abzeichen bis ins 18. Jahrhundert gebräuchlich. Und im 20. Jahrhundert erweckten die Nazis das mittelalterliche Judenzeichen in Form des berüchtigten gelben Davidsterns, den sie die Juden zu tragen zwangen, zu neuem Leben. Der besondere Judenhut konnte diverse Formen annehmen. In Italien mussten die Juden sich häufig ein rotes Tuch an den Hut binden. In Deutschland, wo der Judenhut besonders lange Pflicht war, variierte er in der Form zwischen einem hohen konischen Hut (ähnlich einer Narrenkappe), einem Hut mit Krempe, der nach oben hin spitz zulief, und einem Hut, dessen Spitze von einer kleinen Kugel gekrönt war (Abbildung 7.7). In manchen Ländern musste der Judenhut gelb sein.

Wie die Juden sich in den diversen Gesellschaften kleideten

Obwohl die Anforderungen des jüdischen Religionsgesetzes und die beschränkte Stellung der Juden in den meisten vorneuzeitlichen Ländern zu gewissen gemeinsamen Bekleidungsparametern bei den Juden führten, unterschied sich die jüdische Kleidung von einem Gebiet zum anderen enorm. Vielerorts würde es jüdischer Kleidung eher gerecht, wenn man sie als Abwandlung der lokalen nichtjüdischen Kleidung bezeichnete statt als Variante einer weltweit jüdischen Art, sich zu kleiden. Bilddokumente belegen, dass die Art, wie Juden sich in einem bestimmten Land kleideten, sich über die Jahre auffällig veränderte. Wenn es neben den oben erwähnten Beschränkungen einen durchgängigen roten Faden gab, dann den, dass Juden in vielen Ländern eher dunklere Farben trugen als ihre Nachbarn, die sich häufig in helleren Farben kleideten. Zudem gab es offenbar – besonders in den europäischen Ländern – die Tendenz, dass jüdische Bekleidung hinter den aktuellen Moden zurückblieb. Kleidungsstücke, die bei der übrigen Bevölkerung einst verbreitet gewesen waren, blieben bei den Juden noch lange, nachdem das Gros der Bevölkerung sie abgelegt hatte, in abgewandelter Form erhalten. Ein bekanntes Beispiel dafür ist der Kaftan (ein langer Mantel) der osteuropäischen Juden. Weniger bekannt ist die Sitte der deutschen Juden und Jüdinnen des 17. und 18. Jahrhunderts, eine weiße Halskrause oder einen breiten gestärkten Kragen zu tragen, der bei den Christen mindestens ein Jahrhundert zuvor modern gewesen war. Noch heute wirken die orthodoxen Juden im Westen andersartig, weil sie weiterhin Kleidungsstücke tragen, die einst weit verbreitet waren, heute aber gewöhnlich veraltet sind, beispielsweise die schwarzen Anzugjacken und schwarzen Hüte, die viele Jeschiwa-Studenten heute tragen.

Regionen, die vor der Moderne jeweils ihre eigene charakteristische Art jüdischer Bekleidung hervorgebracht hatten, waren unter anderen der Jemen, die Türkei, Tunesien, Marokko, Deutschland und Osteuropa. In jeder Region galt die jeweilige Kleidung zwar stets als Erkennungsmerkmal eines Juden, war aber meist vollständig anders als jüdische Kleidung in anderen Regionen. Im Jemen zeichneten Jüdinnen sich durch ihre charakteristischen Kopfbedeckungen, eine besondere Art der Stickerei auf ihren Alltagskleidern, das Tragen schwarzer Kleider und die besonderen Farben und Verzierungen ihrer Festtagsbeinlinge aus. Die Männer fielen auf, weil sie lange Schläfenlocken und niedrige, dunkle, mit kariertem Tuch umwickelte Kappen trugen statt eines Fez

Abb. 7.8: Jemenitisches Brautkleid aus der Gegend von Sanaa. Das Foto wurde auf einer Hochzeit in Israel aufgenommen, sechs Wochen nach der Ankunft des Paares aus Heidan im Nordjemen. Vgl. dazu Abb. 5.16.

Abb. 7.9: Juden in Bursa, Türkei, 1873. Die Kopfbedeckung des Mannes heißt kaveze, *die der Frau links* fotoz. *Die Frau rechts trägt Straßenkleidung.*

oder Turban, die sie nicht tragen durften. Bei der Hochzeit trugen Bräutigame und insbesondere Bräute im Jemen kunstvolle Trachten. Der Brautschmuck unterschied sich sowohl von dem der muslimischen Bräute als auch von Stadt zu Stadt (Abbildung 7.8).

In der Türkei trugen Judezmo sprechende Juden Kleidung, die sich von einem Ort zum anderen unterschied, aber dennoch einige typische Züge aufwies. Bei den jüdischen Männern waren *kavezes* verbreitet, eine Kombination aus Fez und Turban. Sie bestanden aus einem Pappzylinder, um den ein helles Tuch gewickelt wurde. Jüdische Männer in der Türkei trugen auch hin und wieder einen Fez oder Turban, normalerweise in gedeckten Farben. Der Kopfschmuck der Frauen variierte: Mancherorts trugen sie ein Gebilde namens *fotoz,* ein großes, kuppelförmiges, mit Edelsteinen bedecktes Polster aus Tuch (Abbildung 7.9). Auf der Straße legten sie noch einen weißen Schleier oder ein Tuch darüber, dessen Enden vorn am Hals übereinander geschlagen wurden.

Abb. 7.10: Juden in traditioneller Kleidung auf einer Hochzeit in Tunis. Postkarte, spätes 19. Jahrhundert.

Andere türkische Jüdinnen trugen ein farbiges, quadratisches Kopftuch mit einer Spitzeneinfassung, das ihr Haar vollständig bedeckte und *yemeni* hieß.

Auf Bildern tunesischer Juden aus dem 19. und frühen 20. Jahrhundert ist unverwechselbar jüdische Kleidung zu sehen. Die Männer trugen schwarze oder dunkelblaue Turbane; über ihren Hosen und kurzen Jacken trugen sie einen hellen Umhang. Tunesische Jüdinnen trugen oft helle lange Hosen, eine kleine, goldbestickte Jacke mit einem hüftlangen Umhang darüber und einen sehr langen spitzen Samthut *(kufia* oder *sarma)* (Abbildung 7.10). In Algerien trugen Jüdinnen ebenfalls sehr hohe Hüte – zu festlichen Anlässen oft mit einem weißen Schleier bedeckt – und im Gegensatz zu den tunesischen Jüdinnen bodenlange Kleider. Im nebenan gelegenen Marokko sah jüdische Kleidung wieder ganz anders aus. Männer trugen schwarze Käppchen, gegürtete Tuniken und lange Gewänder. Nach muslimischem Gesetz mussten sie in offenen Pantoffeln statt richtigen Schuhen gehen. Die Alltagskleider der Jüdinnen unterschieden sich nicht besonders von denen der Musliminnen, auch wenn sie nicht so streng verschleiert waren, doch ihr Festgewand war einzigartig. Es hieß *keswa el kbira* (»großes Kleid«) und war spanischer Herkunft. Vermutlich hatten es vertriebene spanische Juden nach Marokko mitgebracht. Das oft kunstvoll verzierte

Gewand aus Samt war in manchen Städten grün, in anderen rot und gelegentlich goldbestickt. Es bestand aus einem engen Oberteil, einer Schärpe sowie einem weiter geschnittenen Rock, und häufig trugen die Frauen dazu separate weite Ärmel oder einen großen Schleier (Abbildung 7.11). Die Machart des Festgewandes variierte von Stadt zu Stadt, wie auch die Haartrachten der Jüdinnen. Verheiratete Frauen trugen verschiedene Arten von Hüten, große Kopftücher, Zöpfe und Flechten aus Kunsthaar.

Abb. 7.11: Keswa el kbira. *Jüdin in traditioneller Festkleidung in Tetuan, Marokko, spätes 19. Jahrhundert.*

Deutsche wie osteuropäische Juden waren Aschkenasim, doch ihre traditionelle Kleidung unterschied sich auffällig. Bis zum 18. Jahrhundert trugen die deutschen Jüdinnen und Juden breite weiße Halskrausen, wie die Christen sie längst nicht mehr verwendeten. Bei Männern und Frauen war die Kleidung hauptsächlich schwarz und weiß, und beide Geschlechter trugen in der Synagoge einen langen ärmellosen Mantel (den *schulmantel* oder *sarbal*). Die Männer setzten große flache Hüte *(Baretts)* auf (Abbildung 7.12). Verheiratete Männer fielen schon deshalb auf, weil sie im Gegensatz zu nahezu allen Christen Bärte trugen. Als die Juden im 18. Jahrhundert begannen, die Kleidung der Nichtjuden zu tragen, verschwand die traditionelle jüdische Kleidung allmählich. Dennoch gibt es Darstellungen, auf denen um 1800 und sogar noch einige Jahrzehnte später in Süddeutschland Männer in der Synagoge einzelne Elemente dieser traditionellen Kleidung tragen (Abbildung 7.13).

Noch im 20. Jahrhundert haben Rudimente dieser veralteten Kleidung der deutschen Juden in einem besonderen Kontext überlebt: bei den Totenhemden, die von traditionellen männlichen Juden an hohen Feiertagen in der Synagoge getragen wurden. Das Kleidungsstück der Männer bestand aus einem weißen Gewand *(sargenes),* das über den

Abb. 7.12: Jüdische Hochzeit in Deutschland im 18. Jahrhundert. Männer und Frauen tragen die typische weiße Halskrause, die Männer außerdem große, flache Hüte (Baretts).

Kopf gezogen wurde, einem separaten breiten, weißen Kragen, der bis über die Schultern reichte, und einer weißen Kappe, ähnlich einer Nachthaube. Bis auf die Farbe ähnelt dieses Gewand verblüffend der Kleidung der Juden im 18. Jahrhundert. Die Totenhemden der Frauen besaßen nicht den alten weißen Kragen, sondern waren stattdessen mit einem ungewöhnlichen schwarz-weiß gestreiften Brusttuch über dem weißen Gewand ausgestattet (siehe Abbildungen 5.19 und 5.20).

Abgesehen von den Totenhemden hat die besondere Kleidung der deutschen Juden die ersten Jahrzehnte des 19. Jahrhunderts nicht überdauert. Einige Bilder aus dem frühen 19. Jahrhundert zeigen Juden, deren Kleidung Elemente der allgemein üblichen Kleidung des 18. Jahrhunderts aufweist, insbesondere die dreieckigen Hüte, welche die Christen bereits abgelegt hatten, doch solche Eigenarten verloren sich kurze Zeit später.

Die klassische Kleidung der osteuropäischen jüdischen Männer ist uns heute so vertraut, dass viele Menschen annehmen, dies sei überall die traditionelle Tracht der Juden gewesen. In Polen und Litauen trugen

Abb. 7.13: Jüdisches Alltagsleben in Deutschland, um 1820.
Die Sabbatbilder (oben links, Mitte links und rechts) zeigen einzelne Elemente traditioneller jüdischer Kleidung, ebenso die Hüte im Bild unten links, eine Darstellung des Fastentages Tisha B'av. Die anderen Bilder zeigen hauptsächlich Alltagsszenen, in denen die Kleidung nicht als typisch jüdisch zu erkennen ist.

die traditionsbewussten Juden lange schwarze Mäntel, die um die Taille mit einem Stoffgürtel zusammengebunden wurden. Im Allgemeinen trugen sie den Bart lang und ungestutzt, dazu lange Schläfenlocken (Abbildungen 7.14, 7.15). Für den männlichen Juden gab es verschiedene Kopfbedeckungen, von denen einige regional variierten. Darunter waren eine hohe Pelzmütze *(Spodik)* (Abbildung 7.16) und eine tellerförmige Mütze mit Pelzrand *(Streimel)* (Abbildung 7.17), die hauptsächlich am Sabbat und zu besonderen Anlässen aufgesetzt wurden. Im Haus oder unter ihren richtigen Mützen trugen die Männer ein Käppchen (*Jarmulke* oder *kappl*). Ursprünglich war das Tragen eines Käppchens keine spezifisch jüdische Sitte. Das Wort *Jarmulke* ist ukrainischen Ursprungs, und auch die Nichtjuden trugen im 19. Jahrhundert in

Abb. 7.14: Traditionelle jüdische Kleidung in Osteuropa, frühes 19. Jahrhundert. Von links nach rechts: eine verheiratete Frau mit bedecktem Haar, eine unverheiratete Frau, ein verheirateter Mann.

Abb. 7.15: Jüdische Kleidung aus Warschau, 1846.

Deutschland, Frankreich und dem östlichen Mitteleuropa (ebenso wie der katholische Klerus über einen noch längeren Zeitraum) manchmal ein flaches oder wie eine Pillendose geformtes Käppchen, wenn sie zuhause waren. Auf Grund ihrer Verbindung zum jüdischen religiösen Brauch ist die Jarmulke jedoch in neuerer Zeit zu einem jüdischen Symbol geworden. Dies umso mehr, als die Juden im Gegensatz zu den Christen auch in der Synagoge und während der Mahlzeiten eine Kopfbedeckung trugen. Drinnen war es einfach praktischer, ein Käppchen statt einer größeren Mütze zu tragen. An Werktagen gingen die jüdischen Männer Osteuropas gewöhnlich mit einer weniger kunstvollen Kopfbedeckung auf die Straße als am Sabbat. Auf Jiddisch hieß diese manchmal *yidish hitl* (jüdische Kappe) und unterschied sich von Region zu Region. In der Gegend von Warschau hatte die jüdische Kappe die Form

Abb. 7.16, 7.17: Zwei Arten der chassidischen Pelzmütze. Links der Spodik, *rechts der* Streimel.

Abb. 7.18: Jeschiwa-Studenten in Warschau mit der typischen jüdischen Kappe (yidish hitl) *Zentralpolens.*

einer Pillendose, vorn mit einer ganz schmalen Krempe (Abbildung 7.18). In Litauen und der Ukraine war die Krempe größer und die Form eine andere. Sie unterschied sich kaum von den Kappen der nichtjüdischen Arbeiter.

Die Kleidung der jüdischen Frauen in Osteuropa war nicht so ausgeprägt jüdisch wie die der Männer. Im Gegensatz zu ihnen beschränkten sie sich nicht auf Schwarz. Der Stil ihrer Kleidung war dem der Christinnen sehr ähnlich. Ausgeprägt jüdisch an der Kleidung der Frauen waren das *Brusttuch,* ein besticktes Tuch, das vorn über der Bluse getragen wurde, und die Kopfbedeckung (Abbildung 7.19). Im 19. Jahrhundert bedeckten Jüdinnen in vielen Gegenden Osteuropas ihr Haar vollständig mit einer Spitzenhaube oder einem *sterntichl,* einem Kopfputz in der Art eines Stirnbandes, das häufig üppig bestickt oder mit Perlen verziert war. Bei weniger formellen Anlässen trugen sie zweifellos Kopftücher, die denen ihrer nichtjüdischen Nachbarinnen glichen (Abbildung 7.20).

Abb. 7.19: Gemälde einer jüdischen Frau mit Brusttuch, Polen.

Abb. 7.20: Ein jüdisches Paar (Peysekh und Leye Zilberman) in Bar, Ukraine. Die Frau trägt ein Kopftuch, das ihr Haar vollständig bedeckt.

Was einst die Kleidung aller männlichen Juden Osteuropas war, gilt heute gewöhnlich als das Gewand der Chassidim. Diese Assoziation ist die Folge von Dekreten der zaristischen Regierung, die zunächst 1850 den jüdischen Männern verbot, Schläfenlocken und lange schwarze Mäntel zu tragen, und ein Jahr darauf den Jüdinnen, sich zur Hochzeit die Haare abzurasieren. Viele Juden im Herrschaftsbereich des Zaren befolgten, wenn auch widerwillig, die neuen Gesetze im Glauben, dass die verbotenen Elemente vom jüdischen Gesetz nicht gefordert würden. Die chassidische Religionsgemeinschaft hingegen war ganz anderer Ansicht. Die Chassidim weigerten sich, die Dekrete zu akzeptieren und bekämpften sie mit allen ihnen zur Verfügung stehenden Mitteln. Infolgedessen waren die Chassidim die einzigen, die an der traditionellen osteuropäischen Kleidung der Juden festhielten. Allerdings trugen sogar die frommen Studenten der litauischen Jeschiwot, die keine Chassidim waren, eine Spielart westlicher Kleidung.

Oft heißt es, die Kleidung der osteuropäischen Juden sei nichts anderes als die Kleidung der polnischen Oberschicht des Mittelalters. Wie so viele volkstümliche Überzeugungen enthält auch diese ein Körnchen Wahrheit, stimmt aber nicht ganz. Es ist richtig, dass die traditionelle Kleidung der osteuropäischen Juden, insbesondere die der Oberschichten, auf dem Kaftan basierte statt auf dem kurzen Mantel und den Hosen oder Kniehosen des Westens. Der gegürtete Mantel und die Pelzmütze scheinen in weiten Teilen des slawischen Osteuropa ebenfalls Elemente der traditionellen Kleidung gewesen zu sein (Abbildung 7.21). Einige der Bezeichnungen für traditionelle polnische oder ukrainische Kleidungsstücke wie *kapota* oder *Jarmulka* wurden auch im Jiddischen benutzt. Dennoch unterscheiden sich die jüdische und die christliche Kleidung durch diverse Faktoren. Der offensichtlichste Unterschied ist wohl

Abb. 7.21: Jüdische Männerkleidung aus Polen, 18. Jahrhundert.

Abb. 7.22: Westukrainische Städter.
Die Männer tragen lange, dunkle Mäntel mit Gürteln.

die Farbe. Jüdische Männer trugen schwarze Mäntel und schwarze Gürtel. Als die frühen Chassidim Weiß statt Schwarz trugen, hielten nichtchassidische Juden dies für in höchstem Maße abnorm. Die Kleidung der Christen war andererseits häufig mit Stickereien verziert und in leuchtenden Farben gestaltet. Christliche Bauern trugen oft weiße Hemden und Hosen, ganz anders als die jüdische Kleidung in Osteuropa. Die Alltagskleidung der jüdischen und nichtjüdischen Stadtbevölkerung des 19. Jahrhunderts ähnelte sich offenbar viel mehr als die traditionelle Kleidung. Fotos von Ukrainern in Alltagskleidung, auf denen sie Mäntel, die bis übers Knie reichen, und Mützen mit Krempen tragen, gleichen denen von Juden in Alltagskleidung sehr, auch wenn es immer noch auffällige Unterschiede gibt (Abbildung 7.22).

In neuerer Zeit haben bei der jüdischen Kleidung zwei Entwicklungen stattgefunden. Sehr weit verbreitet ist bei Juden fast überall auf der Welt der Übergang von ausgeprägt jüdischer Kleidung hin zu Kleidung, die sich von der ihrer nichtjüdischen Nachbarn nicht unterscheiden lässt. In vielen Gegenden ist dieser Wandel abgeschlossen, an einigen Orten haben sich jedoch bestimmte Elemente jüdischer Kleidung erhalten oder sind neue jüdische Kleidungsgewohnheiten entstanden. In Tunesien und bei den sehr frommen Juden in den Vereinigten Staaten tragen die Juden ihre Mützen oder Hüte weiter hinten auf dem Kopf als die Nichtjuden. Eine praktische Erklärung hierfür lautet, dass die Tefillin beim Gebet oben auf der Stirn befestigt werden und dass ein Gottesdienstbesucher, der einen Hut trägt, diesen nach hinten schieben muss, um sie dort unterzubringen. Möglicherweise wurde diese Gewohnheit dann ins Alltagsleben übernommen (Abbildung 7.23).

Das andere Phänomen in der modernen jüdischen Kleidung ist das Entstehen einer Art weltweiter Tracht der orthodoxen Juden. Hier sind in einem beträchtlichen Maße Einflüsse osteuropäischer Traditionen wirksam geworden. Sehr orthodoxe Rabbiner tragen, auch wenn sie aus Ländern des Mittleren Ostens kommen, oft lange schwarze Mäntel und breitkrempige, schwarze Hüte, die ihr Amt symbolisieren. Das Käppchen (Jarmulke oder Kipa) ist Bestandteil der Kleidung moderner orthodoxer Männer auf der Straße und zuhause geworden. Anhand der jeweiligen Kopfbedeckung lässt sich leicht der Grad der Orthodoxie bestimmen, besonders in Israel. Der schwarze Hut gilt als äußerst konservativ oder besonders fromm, ein schwarzes Samt- oder Seidenkäppchen ist etwas gemäßigter und ein gestricktes Käppchen *(kipa seruga)* kennzeichnet den modernen Flügel der Orthodoxie. Orthodoxe Frauen verfügen nicht über spezifisch jüdische Elemente in der Kleidung, doch hat es in den letzten Jahren eine auffällige Renaissance sittsamer Kleidung und Kopfbedeckung gegeben.

Abb. 7.23: Aschkenasischer Jeschiwa-Student in Jerusalem mit Tefillin und tief in den Nacken geschobenem Hut.

VIII
Musik

Religiös und Säkular

Bis vor sehr kurzer Zeit wurden die meisten jüdischen Musiktraditionen rein mündlich überliefert. Nur ganz selten wurde irgendeine Form der Musiknotation verwendet – die meisten Sänger religiöser und säkularer jüdischer Musik konnten nicht einmal Noten lesen. Man erlernte die überlieferte Musik, indem man sie hörte und wiederholte. Da sie nicht aufgeschrieben wurde, unterlag sie der fortlaufenden Veränderung. Jeder Sänger konnte seine eigene Variante einer vertrauten Melodie vortragen. Ständig erfand man neue Melodien oder entlehnte sie aus der nichtjüdischen Kultur. Das jüdische Musikrepertoire veränderte sich im Lauf der Jahrhunderte, alte und neue Musikstile verschmolzen miteinander. In ein und demselben Gottesdienst hört man unter Umständen Melodien, die im laufenden Jahrhundert komponiert wurden, neben solchen, die Hunderte von Jahren alt sind.

Was ist jüdische Musik?

Schon die Definition von jüdischer Musik ist eine viel diskutierte Frage. Ist jede von Juden geschriebene Musik jüdisch? Ist nur Synagogenmusik jüdisch? Was zeichnet jüdische Musik als solche aus? Wenn die Chassidim ein ukrainisches Hirtenlied übernahmen und mit einem religiösen Text versahen – wird die Melodie dadurch jüdisch? Macht die Tatsache, dass die Eröffnungstakte der aschkenasischen Melodie der Chanukkahymne »Ma'oz Zur« (»O Feste, Fels meiner Rettung«) mit denen von Martin Luthers »Nun freut euch lieben Christeng'mein« übereinstimmen (Abbildung 8.1), »Ma'oz Zur« zu einer weniger jüdischen Melodie?

Wir wissen, dass ein Großteil der volkstümlichen jüdischen Musik, sei sie nun weltlich oder religiös, aus den musikalischen Traditionen der Völker, bei denen die Juden lebten, entlehnt oder zumindest von diesen beeinflusst war. Heißt das, chassidische Musik ist rein slawisch und jemenitische Musik rein arabisch? Oder weist alle jüdische Musik ein gemeinsames Element auf, einen gemeinsamen Vorfahren, von dem die diversen regionalen Traditionen abstammen? Das sind ideologisch belastete Fragen voller emotionaler Implikationen. Wenn jüdische Musik nur aus den nichtjüdischen Kulturen entlehnt wurde, ist dann dieser Teil der jüdischen Kultur lediglich eine Ableitung und Weiterentwicklung, aber nichts Eigenständig-Kreatives? Oder liegt etwas Lobenswertes darin, dass die jüdische Kultur die Fähigkeit hatte, sich an verschiedene Kulturen anzupassen und sie sich zueigen zu machen? Muss jüdische Musik auf eine uralte Tradition im Heiligen Land zurückgehen, damit sie authentisch ist, oder ist sie ebenso authentisch, wenn sie in den diversen Diasporas des Mittelalters erfunden wurde?

A. Z. Idelsohn, einer der Pioniere auf dem Gebiet des vergleichenden Studiums jüdischer Musik und entschiedener Zionist, war fest davon überzeugt, das die jüdischen Traditionen in so weit auseinander liegenden Ländern wie dem Jemen, Deutschland, Marokko und Polen gemeinsame Wurzeln haben. Authentische jüdische Musik war für ihn

Abb. 8.1: Ma'oz Zur

Dem Schreiben über Musik wohnt eine Schwierigkeit inne: Die Beschreibung einer Musik zu lesen ist nicht dasselbe wie sie zu hören. Um die Ähnlichkeiten und Unterschiede zwischen den verschiedenen lokalen jüdischen Traditionen wirklich zu verstehen, muss man sich auf konkrete Musikbeispiele beziehen. Denjenigen von Ihnen, die Noten lesen können, bietet dieses Kapitel einige Musikbeispiele. Leider ist das dennoch nicht dasselbe wie die Musik zu hören.

schlicht »semitisch-orientalischer« Gesang; spätere Ergänzungen wie die deutschen Einflüsse in der aschkenasischen Tradition haben diese authentische Tradition lediglich verwässert. Später standen die Wissenschaftler dieser These von den gemeinsamen Wurzeln der gesamten jüdischen Musik skeptischer gegenüber, obwohl auch sie hin und wieder punktuelle Ähnlichkeiten entdeckten.

Ich werde hier mit einer Definition von jüdischer Musik arbeiten, die sowohl liturgische als auch säkulare Musik umfasst. Die Erörterung der weltlichen jüdischen Musik wird sich auf Musik beschränken, deren Text entweder in einer jüdischen Umgangssprache verfasst ist, zu besonderen Anlässen in einem spezifisch jüdischen Kontext gespielt wird (zum Beispiel Hochzeitsmusik) oder ein spezifisch jüdisches Thema hat. Ich werde nur Musik aus der jüdischen Volkstradition behandeln und die Musik bekannter jüdischer Komponisten der Neuzeit übergehen.

Wer sich Querschnitte durch die jüdische Musik aus aller Welt anhört, dem fällt zunächst die Verschiedenheit der diversen Traditionen auf. Eigenarten, anhand derer man einen bestimmten geographischen Zweig der jüdischen Musik beschreiben kann – beispielsweise der traurige Mollklang der Musik der osteuropäischen Juden –, gibt es anderswo in der jüdischen Musik nicht. Am größten ist diese Verschiedenheit in der säkularen Musik. Jüdische Volkslieder in den Umgangssprachen und jüdische Hochzeitstanzlieder haben kaum jemals Text, Melodie, Rhythmus oder andere Eigenschaften gemeinsam. Am ehesten – wenn überhaupt – sind solche gemeinsamen Elemente in der Gottesdienstmusik zu finden.

Religiöse jüdische Musik

Um jüdische Musik auf einen gemeinsamen Ursprung zurückführen zu können, muss man wissen, welche religiöse Musik es vor der Zerstörung des Zweiten Tempels gab. Diverse biblische Texte belegen, dass der Tempelgottesdienst von Musikinstrumenten wie der Lyra, der Trommel, Zimbeln und Blasinstrumenten sowie vom Gesang der Leviten begleitet wurde. Selbstverständlich liegen uns keine Notenaufzeichnungen vor, aus denen wir ersehen könnten, wie die Tempelmusik der Antike klang. Sicher ist jedoch, dass die Instrumentalbegleitung im jüdischen Gottesdienst mit der Zerstörung des Zweiten Tempels durch die Römer 70 n.d.Z. ein Ende nahm. Mit wenigen Ausnahmen gab es im jüdischen Gottesdienst bis in die Moderne nur den unbegleiteten Sprechgesang, den Gesang einer Solostimme oder der Gemeinde, die gewöhnlich nur aus männlichen Stimmen bestand.

Das Singen der Psalmen blieb nach der Tempelzerstörung weiterhin Teil des jüdischen Rituals, wie es auch in der christlichen Liturgie eine herausragende Rolle spielt. Die Psalmen können auf verschiedenste Weise vertont werden, und so gibt es zwischen den meisten Arten des Psalmengesangs (Psalmodie) keinerlei Verwandtschaft. Wissenschaftler haben jedoch entdeckt, dass die Psalmen in weit voneinander entfernt gelegenen Teilen der jüdischen Welt auf eine schlichte Art intoniert werden, die verschiedene gemeinsame Eigenschaften aufweist. Der Psalmenvortrag in Deutschland ist dem in diversen »orientalischen« Gemeinden, darunter denen in Persien und Marokko, die nicht für ihre engen Verbindungen nach Deutschland bekannt sind, bemerkenswert ähnlich. Vielleicht haben sich bei diesen Gemeinden Relikte einer uralten Tradition bewahrt, es ist aber auch möglich, dass sie alle aus einer jüngeren Quelle entlehnt haben.

Eine andere musikalische Tradition, die der gesamten jüdischen Welt gemein ist, ist die Bibelkantillation. Die jüdische Tradition schreibt eine bestimmte Art vor, die biblischen Texte im Gottesdienst vorzutragen, die sich zwischen Lesen und Singen bewegt. Diese Kantillation unterscheidet sich offenbar stark von der Art, wie andere religiöse Traditionen – zum Beispiel Islam oder Christentum – ihre Schriften lesen oder singen. Im Gegensatz zu allen anderen Arten traditioneller jüdischer Musik verfügt das Kantillationssystem auch über eine weit über 1000 Jahre alte schriftliche Tradition. Die Kantillationszeichen oder Akzente sind keine Noten, sondern eher Motive (normalerweise eines pro Wort), die sowohl grammatische als auch musikali-

Meister oder Disjunktive (trennend)

	Tropus	*Hebräischer Name*	*Transliteration*	*Wörtliche Bedeutung*
1		סוֹף־פָּסוּק	– **sof pawsuk**	= Satzende
2		אֶתְנַחְתָּא	– **esnachtaw**	= ausruhen
3		סֶגוֹל	– **segol**	= Gruppe von drei Punkten: auch ein Vokalzeichen
4		שַׁלְשֶׁלֶת	– **shalsheles**	= Kette
5		זָקֵף גָּדוֹל	– **zawkef-gawdol**	= voll, aufrecht (chironomisches Zeichen)
6		קָטוֹן or זָקֵף קָטוֹן	– zawkef-koton oder koton	– weniger aufrecht (chironomisches Zeichen)
7		טִפְחָא	– **tipchaw**	= Handatem (chironomisches Zeichen)
8		רְבִיעַ	– **revia**	= viereckig
9		זַרְקָא	– **zarkaw**	= verstreut
10		פַּשְׁטָא	– **pashtaw**	= gedehnt (chironomisches Zeichen)
11		יְתִיב	– **yesiv**	= bleibend

Abb. 8.2 (S. 188/189): Kantillationszeichen

sche Funktionen haben. Jedes Motiv besteht aus mehreren Noten. In mancherlei Hinsicht verhalten sich die Kantillationszeichen wie die Kommata, Doppelpunkte oder Punkte unserer Rechtschreibung. Nach Meinung der Wissenschaftler rühren die schriftlichen Zeichen von Handzeichen her, mit denen der Vortragende zur richtigen Ausdrucksweise gelenkt werden sollte. Kantillationszeichen haben entweder verbindende oder trennende Funktion. Die Trennungsakzente sind gewöhnlich komplizierter, während die Bindeakzente helfen, die Satzteile zu verbinden, und schlichter sind (Abbildung 8.2). Ähnliche Zeichen,

	Tropus	Hebräischer Name	Transliteration	Wörtliche Bedeutung
12		גֵרֵשׁ	**geresh**	= jagen (bei *milel*)
13		אַזְלָא	**azlaw**	= fortschreitend (bei *milra*)
14		גֵּרְשַׁיִם	gershayim	= doppelter *geresh*
15		תְּבִיר	tevir	= gebrochen
16		פָּזֵר	pawzer	= verstreuen
17		קַרְנֵי־פָרָה	karne fawraw	= Kuhhörner
18		תְּלִישָׁא גְדוֹלָה	t'lishaw g'dolaw	= großer *t'lishaw*
19		מוּנַח לְגַרְמֵיהּ	munach legarme	= unabhängiger *munach*

Diener oder Konjunktive (verbindend)

	Tropus	Hebräischer Name	Transliteration	Wörtliche Bedeutung
20		מוּנַח	munach	= gehalten
21		מַהְפַּךְ	mahpach	= umgekehrt
22		דַּרְגָּא	dargaw	= schrittweise
23		מֵירְכָא	merchaw	= verlängern

die Neumen, wurden im Mittelalter in West- und Mitteleuropa und in der byzantinischen christlichen Kirche zur Notation benutzt.

Obwohl Juden überall auf der Welt Bibeln mit identischen, gedruckten Kantillationszeichen (sie werden nicht direkt auf den Torarollen notiert) besitzen, bedeutet das nicht, dass sie den Text der Bibel alle zur gleichen Melodie singen. Im Gegenteil: Sogar innerhalb einer lokalen Tradition werden die gleichen Zeichen unterschiedlich gesungen, je

Abb. 8.3: Ostaschkenasische Kantillation der Tora

nach Buch oder Anlass. Die Aschkenasim verfügen zum Beispiel über jeweils eigene Tropen, auch Kantillationsmelodien genannt, für den Vortrag der Tora, der Haftara (Lesung der Propheten), des Buches Esther, der Klagelieder Jeremias und für den Toravortrag an hohen Feiertagen. Manche aschkenasischen Gruppen verfügen über je einen weiteren Tropus für das Hohelied, den Prediger Salomo und das Buch Ruth.

Beim Toravortrag gibt es eine Reihe regionaler Traditionen. Eine davon wird von allen Aschkenasim benutzt, allerdings gibt es auffällige Abweichungen zwischen der westlichen (deutschen, französischen, britischen) und der östlichen Untertradition (Abbildung 8.3). Eine zweite Tradition, ebenfalls mit lokalen Varianten, ist in so weit auseinander liegenden Gebieten wie Marokko, Italien, Persien, Irak, Syrien und bei der sephardischen Gemeinde in Amsterdam verbreitet (Abbildung 8.4). Im Jemen ist die Kantillation wieder anders. In einigen wenigen Gebieten wie der Buchara ging die Kunst der Kantillation verloren und wurde

Abb. 8.4: Sephardische Kantillation der Tora

durch einen einfacheren Sprechgesang ersetzt. Einige ungarische Juden lasen die Haftara (jedoch nicht den Pentateuch) im Sprechgesang mit geringer Kantillation. Offenbar ist keine dieser Haupttraditionen musikalisch mit den anderen verwandt, doch die relative Länge der Motive ist im Allgemeinen über alle Traditionen hinweg konstant. Verblüffend war die Entdeckung, dass man in Litauen, wo der aschkenasische Tropus in Gebrauch war, den Prediger Salomo, das Buch Ruth und das Hohelied zu einer besonderen Melodie vortrug, die der Melodie ähnelt, zu der die meisten Juden im Mittleren Osten und im Mittelmeerraum die Tora vortrugen (Abbildung 8.5). Sie ist ihr ähnlich, aber es ist nicht die gleiche, denn durch die Änderung eines Tons wird daraus eher eine westliche Dur-Melodie, als dass sie in einem mittelöstlichen Modus stünde. Ist dies nun Entlehnung und Anpassung einer sephardischen Tradition oder ein Relikt des originalen Toratropus, den die Aschkenasim später aufgaben?

Der moderne aschkenasische Toratropus unterscheidet sich stark von allen anderen. Wie bei der Volksmusik mancher Völker – zum Bei-

Abb. 8.5: Litauische Kantillation des Hohelieds

spiel keltischer Musik – wird dabei eine hauptsächlich pentatonische Skala verwendet. (Am besten lässt sich dies damit erklären, dass jede Oktave nur fünf Töne hat und keine Halbtonschritte enthält – als spielte man eine Melodie nur auf den schwarzen Klaviertasten.) Es klingt eher wie »Dur« und dadurch europäischer als die Tropen des Mittleren Ostens. Die aschkenasische Torakantillation unterscheidet sich zwar von anderen jüdischen Musiktraditionen, doch kann sie auf eine lange, dokumentierte Geschichte zurückblicken. In westlicher Notenschrift wurde sie zum ersten Mal im späten 15. und frühen 16. Jahrhundert von christlichen Gelehrten niedergeschrieben, die wissen wollten, wie man die Bibel richtig liest. Bei einer genauen Analyse ist immer noch eindeutig das gleiche Grundsystem zu erkennen, obwohl die Melodie sich in den vergangenen 400 Jahren verändert hat. Die deutschen Varianten der aschkenasischen Tradition sind den in der Renaissance notierten Formen besonders ähnlich, vielleicht weil die Gelehrten, die sie aufzeichneten, in Deutschland lebten.

Eine letzte Eigentümlichkeit, die offenbar von allen liturgischen Musiktraditionen der Juden geteilt wird, ist die Verwendung der Modi. Heute wird die meiste Musik in Europa und Amerika entweder in Dur oder in Moll komponiert. In weiten Teilen des Mittleren Ostens, am östlichen Mittelmeer, im Iran und in Indien steht Musik dagegen nicht entweder in Dur oder in Moll, sondern folgt einem Modus (einer Reihe musikalischer Motive auf einer bestimmten Skala). Da die traditionelle jüdische Musik auch in Europa oft modal ist, hat man argumentiert, dass sogar aschkenasische oder italienisch-jüdische Musik im Grunde Musik des Mittleren Ostens (und insofern »authentisch«) ist. Ein Schwachpunkt dieses Argumentes ist die Tatsache, dass die europäische Musik bis etwa zum 17. Jahrhundert ebenfalls hauptsächlich modal war, also den Kirchentonarten folgte. Nicht nur die griechischen Modi, sondern auch die Modi der katholischen Kirche im Mittelalter waren für die Entwicklung der westlichen Musiktraditionen von Bedeutung.

Die Verwendung von Modi ist in der jüdischen Musik des Mittleren Ostens außerordentlich weit verbreitet, kommt jedoch auch in der religiösen Musik der Aschkenasim vor. Dies gilt insbesondere für den Gesang des Kantors am Sabbat und bei den Werktagsgottesdiensten. Einige dieser Modi (auf Jiddisch auch *Steiger* genannt) waren nach Gebeten benannt – zum Beispiel der Mogen-Ovos-Modus oder der Ahavo-Rabbo-Modus. Der Ahavo-Rabbo-Modus ist die klagende Weise, die in großen Teilen des osteuropäischen Kantorgesangs geläufig wurde. Es wurde behauptet, dieser Modus sei der am authentischsten jüdische von allen. Wissenschaftler haben jedoch darauf hingewiesen, dass dieser Modus bei den Juden in Deutschland, im Jemen, in Marokko oder Italien kaum in Gebrauch war. Vielleicht war dieser vermeintlich jüdischste Gebetsmodus in Wirklichkeit eine Neuerung, welche die osteuropäischen Juden bei ihren andersgläubigen Nachbarn entlehnt hatten.

Ob ihre Musik nun tatsächlich in uralter Zeit wurzelte oder nicht – die Juden neigten dazu, an das ehrwürdige Alter ihrer Synagogenmelodien zu glauben. Ihrer Meinung nach ging eine bestimmte Melodie zum priesterlichen Segen noch dann »auf den Zweiten Tempel zurück«, wenn sie eindeutig osteuropäisch klang. Nirgends ist diese Tradition des ehrwürdigen Alters so stark wie in der aschkenasischen Tradition der *Misinai-Melodien* (»Melodien vom Sinai«). Diese hauptsächlich an den hohen Feiertagen Rosch Haschana und Jom Kippur gesungenen Melodien sind feierliche Gesänge, die allen Aschkenasim gemein sind. Zu den Misinai-Melodien gehören an den hohen Feiertagen die Gesänge zum abendlichen »Barechu« (dem Aufruf zum Gebet), zum »Alenu«, wie es im zusätzlichen Musaf-Gottesdienst vorgetragen wird (morgens), zum einleitenden Kaddisch und, am bekanntesten von allen, zum »Kol Nidre«. Musikwissenschaftler, welche die »Melodien vom Sinai«

untersuchten, kamen rasch zu dem Schluss, dass sie nicht nur deutlich »post-Sinai« sind, sondern sogar später als die einfacheren, weniger beeindruckenden Modi von Psalmodie und Sabbatgebet entstanden waren. Mehrere dieser der Musik des christlichen Europa im Mittelalter sehr ähnlichen Melodien sind unverkennbar mit dem katholischen Kirchengesang verwandt.

Die Beziehung zwischen der traditionellen jüdischen und der traditionellen katholischen Musik ist komplex. Entlehnt wird hier nicht nur in einer Richtung. Die katholische Kirche selbst ist aus dem Judentum entstanden und hielt sich für die wahre Erbin des alten Israel. Viele ihrer Gebetstexte stammen aus der hebräischen Bibel. Wenn also manche musikalischen Traditionen ebenfalls eine gemeinsame Abstammung aufwiesen, wäre das keine Überraschung. Allerdings gibt es auch reichlich Belege für direkte Entlehnung. Das aschkenasische einleitende »Barechu« der hohen Feiertage ähnelt stark der Gregorianischen

Abb. 8.6: Gegenüberstellung des aschkenasischen Barechu mit dem Gregorianischen Cantus Iste Confessor

Melodie zu den lateinischen Worten *Iste confessor domine colentes.* Könnten Aschkenasim sie bei ihren Nachbarn entlehnt haben (Abbildung 8.6)? Wenn dem so ist, dann fand mit Sicherheit auch ein Entlehnen in der anderen Richtung statt. Die Melodie des »Alenu« für die hohen Feiertage ist auch in manchen Abschnitten der neunten Choralmesse an Marienfesten anzutreffen. In einer mittelalterlichen jüdischen Chronik wird diese Entlehnung dem tragischen Martyrium der Juden von Blois (Frankreich) im Jahre 1171 zugeschrieben. Während man die Juden auf dem Scheiterhaufen verbrannte, sangen sie als Abschiedslied das »Alenu«, und später übernahmen es die Christen für ihren eigenen Gottesdienst.

In anderen Fällen mag die Beziehung noch komplizierter gewesen sein. In der aschkenasischen Tradition beschloss das Lied »Eli Zion« die Klagelieder, die zu Tisha B'av, dem Fastentag zum Gedenken an die

Zerstörung der beiden Tempel, gesungen wurden. Die Melodie dieser Hymne ist bei allen Aschkenasim gleich, ein Zeichen ihres hohen Alters. Sie ähnelt der Melodie zweier christlicher Hymnen: Die eine ist das lateinische Weihnachtslied »Puer natus in Bethlehem« (»Ein Kind geborn zu Bethlehem«), die andere eine Weise, die von den Pilgern auf dem Weg zum Schrein des Heiligen Jakob von Compostela in Spanien gesungen wurde. Vielleicht hörten die unterdrückten Juden des Mittelalters die freudigen Lieder der christlichen Pilger, fassten sie als außerordentlich traurige Zeichen ihrer eigenen niedrigen Stellung auf und verwendeten sie daraufhin für die Liturgie des traurigsten Tages im jüdischen Kalender.

Das Verlangen der Synagogengänger, die Melodien, die sie verwendeten, für außerordentlich alt zu halten, war nicht aufs Mittelalter beschränkt. Eine Melodie, die bei den Juden der Neuzeit sehr beliebt wurde, ist das »Scholom Aleichem«, die Hymne, mit der am Freitagabend die Sabbatengel daheim willkommen geheißen werden. Die langsame, traurige Melodie erscheint vielen zutiefst traditionell. Nicht nur Aschkenasim, auch Juden aus so entlegenen Ländern wie Indien behaupten, dieses Lied hätten schon ihre Vorfahren immer gesungen. Die Geschichte der Melodie weiß es anders. Sie wurde im Mai 1918 auf den Stufen der Low Library in der Columbia University in New York City von Israel Goldfarb, einem Kantorschüler am Jewish Theological Seminary, komponiert. Das Entlehnen nichtjüdischer Melodien war nicht nur das Resultat von Assimilationstendenzen. Die Chassidim waren Traditionalisten und entlehnten oft mit voller Absicht Melodien aus anderen Kulturen. Bei den Chabad-Chassidim schlossen beispielsweise die feierlichen Jom-Kippur-Gottesdienste mit freudigem Gesang und Tanz zu »Napoleons Marsch«, wie die Chassidim selbst ihn nannten. Die Melodie basiert auf dem französischen Marschlied »Chant du Départ«, das Napoleons Soldaten beim Russlandfeldzug 1812 sangen. Damals hörten es die Chassidim. Sie verwenden die Melodie, aus der sie ein Lied des Sieges über Satan und den Hang zum Bösen gemacht haben, noch heute. Dieselbe chassidische Gruppe singt auch diverse weißrussische Trinklieder, die man dort zu religiösen Liedern uminterpretiert hat. Ähnlich liegt der Fall bei der Verwendung des ungarischen Volksliedes »Szol a kokos mar« (»Der Hahn kräht«) bei den ungarischen Chassidim. Sie interpretieren diese düster-traurige Weise als die Sehnsucht der Juden nach der Gegenwart Gottes. Manchmal kommen in ein und demselben chassidischen Lied mehrere Sprachen zur Anwendung wie bei »A mi piom tai hulia-em» (ukrainisch: »Und wir trinken und frohlocken«) und »Vatoh tishma min hashomayim« (hebräisch: »DU aber wirst vom Himmel her hören«). Ein ganz anderer Fall von Verwendung einer bekannten nichtjüdischen Melodie für jüdische religiöse Zwecke findet sich bei den deutschen Juden. Die Melodie der Arie »Se vuol ballare« aus *Figaros Hochzeit* von Mozart wird in der Zeit der Halbtrauer zwischen Pesach und Schawuot für das liturgische »Lecha Dodi« verwendet.

Weltliche jüdische Musik

Am leichtesten ist die jüdische Musik zwar im liturgischen Bereich zu verfolgen, doch gab es zahlreiche weitere Verwendungen für Musik in der jüdischen Kultur. In vielen Ländern war auch die weltliche Musik auf die eine oder andere Weise unverwechselbar jüdisch. Entsprechend ihrer Funktion lassen sich mehrere Arten säkularer jüdischer Volksmusik unterscheiden. Da gab es Liebeslieder, Wiegenlieder, Lieder zu Familienfeiern und Trauerlieder sowie Tanzmusik für Hochzeiten und andere freudige Anlässe.

Juden in verschiedenen Gegenden der Welt machten unterschiedlichen Gebrauch von den diversen Arten von Volksmusik. Das wird bei einer Untersuchung einiger Charakteristika der drei Gruppen Sephardim, Jemeniten und Aschkenasim sichtbar. Das säkulare Musikrepertoire der Sephardim ist ausgesprochen gut entwickelt und unterscheidet sich in vielen Punkten von denen anderer jüdischer Traditionen. Bei den Juden spanischer Herkunft sind immer noch viele Lieder im Umlauf, die einst Teil der *Romanceros,* der Romanzenzyklen des spanischen Mittelalters waren. In einigen dieser sephardischen Lieder haben sich Texte erhalten, die den zeitgenössischen Sprechern der Sprache längst abhanden gekommen sind. In anderen sind dagegen Varianten von Liedern erhalten, die man aus anderen Quellen gut kennt. In den häufig von Frauen gesungenen *Romansas* haben sich Geschichten über spanische Volkshelden, tapfere Ritter und unglückliche Liebende bewahrt. Oft ist das einzig Jüdische an ihnen, dass sie sich nur bei den Juden erhalten haben und auf Judezmo gesungen werden. Diese Lieder finden manchmal auf verblüffende Weise Verwendung in der jüdischen Liturgie. So werden zu Tisha B'av, wenn die Zerstörung der beiden Tempel in Jerusalem betrauert wird, traurige Lieder über Don Juan oder die »Sieben Prinzen von Lara« (»Siete Infantes de Lara«) gesungen.

TAMBIEN DE LA MADRUGADA

Abb. 8.7

Neben den *Romansas* mit ihrer eindeutig spanischen Herkunft und ihren spanischen Parallelen verfügten die Judezmo sprechenden Juden über ein breites Repertoire volkstümlicher Lieder. Manche wurden im 20. Jahrhundert für Konzertaufführungen in Kunstlieder umgewandelt. Unter den jüdischen Volksliedern sind zahlreiche recht freizügige Liebeslieder mit Zeilen wie »Nackt und ohne Schuh gingst du in den Garten« oder »Der Ehemann ging durch die Tür, der Liebhaber durchs Fenster kam« (Abbildung 8.7). Diese Lieder sangen oftmals fromme ältere Frauen ohne den geringsten Anflug von Unschicklichkeit.

In der Liturgie der Sephardim nehmen volkssprachliche Lieder weit mehr Raum ein als bei den Aschkenasim. Wenn die Tora aus dem Schrein gehoben wird, singt die Gemeinde »Bendicho su nombre de el senyor de el mundo« (»Gesegnet sei der Name des Herrn der Welt«) auf Ladino. Das abschließende »En Kelohenu« wird oft abwechselnd auf Hebräisch und Ladino (»Non como muestro dio«) gesungen. Zur Bar-

CUANDO EL REY NIMROD

Abb. 8.8

Mizwa und anderen Ereignissen des Lebenszyklus singt man das Lied »Cuando el Rey Nimrod«. Dieses Lied über die Geburt des Abraham weist viele Ähnlichkeiten mit den Texten von Weihnachtsliedern auf. Wie König Herodes, der den Himmel nach dem Stern absucht, der die Geburt Jesu verkündet, so sucht König Nimrod am Himmel nach einem Stern, der die Geburt von Abraham, dem Vater, verkündet (Abbildung 8.8).

Häufig gibt es auffällige Unterschiede zwischen der Musik der sephardischen Liturgie auf Hebräisch und der Musik der judäospanischen Volkslieder. Die liturgische Musik klingt sehr nach Mittlerem Osten, mit Mikrotönen, Melismen (auf eine Textsilbe kommen mehrere Noten) und einer kehligen Singstimme. Die Volkslieder singt man dagegen in verschiedenen Stilen, von denen manche unverwechselbar spanisch und andere der Volksmusik des Balkan (Griechenlands,

Ex-Jugoslawiens, Bulgariens und der Türkei) recht ähnlich sind. Sie sind gewöhnlich rhythmischer und lyrischer als die liturgische Musik.

Die jemenitische Musiktradition unterscheidet sich in vielen Punkten von der Musik der Juden in anderen arabischen Ländern. Bei den jemenitischen Juden gibt es eine reichhaltige Tradition weltlicher und halbliturgischer Musik auf Arabisch und Hebräisch. Eines der auffälligsten Merkmale jemenitischer Musik ist die klare Zweiteilung des Repertoires in eines für Männer und eines für Frauen. Da die Geschlechter bei allen öffentlichen Anlässen, auch bei Hochzeiten, rigoros getrennt waren, entwickelten sie recht unterschiedliche Gesangstraditionen. Während die Männer auf Hebräisch und auf Judäoarabisch sangen und dabei manchmal beide Sprachen in einem Lied mischten, sangen die Frauen ausschließlich auf Judäoarabisch. Doch auch wenn nur eine Sprache verwendet wurde, verknüpften die Lieder der Frauen verschiedene Melodien und Rhythmen, die der Männer nicht. Die Männer sangen eher Lieder mit schriftlich fixiertem Text, die Frauen dagegen improvisierten ihre rein mündlich überlieferten Lieder. Viele Lieder der Frauen wurden von Trommel und *saham* (einer flachen Metallplatte, auf der sie mit einem Schlüssel oder einem anderen Metallgegenstand trommelten) begleitet, die von den beiden Vorsängerinnen gehalten wurden. Zu den Liedern sowohl der Männer als auch der Frauen wurde oftmals getanzt.

Ebenso durchlief die aschkenasische Volksmusik enorme Veränderungen, besonders im 19. und frühen 20. Jahrhundert. Die chassidische Musik habe ich bereits angesprochen. Außerhalb des offiziellen Gottesdienstes sang man bei ihnen vor allem bei der dritten Sabbatmahlzeit und bei Versammlungen mit dem Rebbe. Chassidische Musik gibt es in verschiedenen Stilrichtungen. Der eine Stil ist nicht rhythmisch, der andere dagegen sehr, einer ist klagend, der andere ekstatisch. Einige chassidische Melodien stehen in Moll, andere sind ziemlich verwestlicht. Bestimmte Dynastien von Rebbes wie die Modzitzer-Dynastie hatten eine besondere Vorliebe für westliche Marsch- und Walzermusik, und viele ihrer Melodien waren stark von diesen Musikstilen beeinflusst.

Das jiddische volkstümliche Repertoire der übrigen Aschkenasim entwickelte sich in verschiedene Richtungen. Wiegen- und Liebeslieder auf Jiddisch wurden häufig von Frauen gesungen. Im Gegensatz zu den Liebesliedern in Judezmo waren die jiddischen Lieder romantisch, wenn auch selten explizit erotisch. Lieder mit offen sexuellem Inhalt waren gewöhnlich plumpen Parodien vorbehalten. Mit dem Aufkom-

Abb. 8.9: Jüdische Musiker auf einer polnischen Hochzeit in Lachwa (The Jewish Forward Art Section, 9. Januar 1927)

men des jiddischen Theaters im späten 19. Jahrhundert entwickelte sich auch ein Repertoire von jiddischen Operetten. Viele der dazugehörigen Lieder, insbesondere die von Abraham Goldfaden, wurden praktisch zu Volksliedern und erfreuten sich großer Beliebtheit. Die meisten jiddischen Volkslieder standen in Moll. Ein großer Teil dieser Musik verwendete das Intervall der übermäßigen Sekunde. Der nächste Ton ist hier eineinhalb Töne vom vorhergehenden entfernt (zum Beispiel war ein G gefolgt von einem Ais oder ein C von einem Dis). Das Ergebnis klang in den Ohren der westlichen Welt traurig und »östlich«.

Neben der Vokalmusik der osteuropäischen Judenheit war eine Instrumentalmusikrichtung namens *Klezmermusik* im 19. und 20. Jahrhundert beliebt. *Klezmer* stammt von dem hebräischen Wort für Instrumente *(klei zemer)* ab. Das typische jüdische Volksmusikorchester bestand aus ein paar Streichinstrumenten (gewöhnlich Geigen), einer Klarinette, vielleicht einer Flöte, einem Blechblasinstrument und einem Hackbrett. Jüdische Familiennamen wie Fiedler, Zimbalist und Pauker rühren vermutlich von den Instrumenten her, welche die Familienmitglieder spielten. Da ein Großteil ihrer Musik Tanzmusik war, spielten die Klezmorim (Plural von Klezmer) vor allem bei Hochzeiten und wurden in Osteuropa oft von Christen wie Juden engagiert (Abbildung 8.9). Die »klagende Klarinette« galt als das Markenzeichen der Klezmermusik. In den letzten zwei Jahrzehnten des 20. Jahrhunderts erlebte die Klezmermusik eine weltweite Renaissance.

Beim ersten Hören scheint die jüdische Musik dem lokalen kulturellen Kontext mehr zu verdanken als irgendeiner gemeinsamen musikalischen Tradition. Vielfach ist das direkte Entlehnen spezieller nichtjüdischer Melodien bekannt und leicht zu belegen. Dies wirft die Frage auf, ob jüdische Musik (besonders in weltlichen Zusammenhängen) überhaupt besondere Eigentümlichkeiten besitzt. Sie ist oft nicht leicht zu beantworten, denn die meisten Erörterungen jüdischer Musik erfolgen ohne systematischen Vergleich mit lokalen nichtjüdischen Traditionen.

Wo immer Vergleiche der jüdischen und nichtjüdischen Musik in einer Gegend unternommen wurden, stellte man einige Unterschiede fest. So fand man heraus, dass jüdischer Gesang in Osteuropa normalerweise Solo- oder einstimmiger Gesang war, mit kaum einem Anflug der traditionellen kunstvollen Chorharmonie der Ukraine und Russlands. Für westliche Ohren mag russische Musik »jüdisch« klingen, doch christliche russische Komponisten entdeckten oft eine spezifisch jüdische Nuance, die von der russischen Musik abwich. Ein wohlbekanntes Beispiel ist Sergej Prokofjews *Ouvertüre über hebräische Themen,* die sich des Klezmerstils bedient. Wissenschaftler, die sich mit sephardischer Musik beschäftigen, haben die Bedeutung der Einflüsse vom Balkan und den relativ begrenzten Einfluss spanischer Melodien auf den Großteil der Ladino-Liedtradition bewiesen, doch sie haben offenbar nicht untersucht, worin sich die sephardischen Musiktraditionen von denen der Balkanländer unterscheiden. Wir wissen, dass jüdische Musik im Jemen sich dadurch auszeichnete, dass nur Trommeln, Metallplatten und Blechgefäße gespielt wurden, weil die Regierung alle anderen Musikinstrumente der Umgebung des Königshauses vorbehielt. Es ist wahrscheinlich, zurzeit aber nicht zu belegen, dass die jüdischen und muslimischen Musikstile im Jemen sich noch in anderen Punkten voneinander unterschieden.

Moderne Entwicklungen in der jüdischen Musik

Im 20. Jahrhundert entstand eine neue musikalische Tradition in Israel. In gewissem Maße entwickelte sich die israelische Musikkultur aus den Kulturen der Juden, die nach Israel immigriert waren. »Hevenu Schalom Aleichem«, ein frühes israelisches Volkslied, basiert auf einer chassidischen Melodie. Die israelische Nationalhymne »Hatikvah« ist von der rumänischen Volksmusik beeinflusst, aus der auch die Hora stammt, die zum Nationaltanz Israels wurde. Weitere Einflüsse in der israelischen Musik waren die einheimische arabische Musik Palästinas sowie die mittelöstlichen Traditionen der Juden aus dem Jemen und anderen arabischen Ländern. Innerhalb relativ kurzer Zeit verschmolzen die verschiedenen Ingredienzien, und in einer Mischung aus europäischen und mittelöstlichen Musikstilen entstand eine israelische Volksmusiktradition. Seit einiger Zeit wird die israelische Musik zudem stark von europäischer und amerikanischer Popmusik beeinflusst.

Auch heute entwickeln sich die jüdischen Musiktraditionen weiter, besonders die liturgische Musik und die Musik Israels. Der Stil der liturgischen Musik verändert sich im Lauf der Zeit, doch gewisse traditionelle Elemente bleiben gewöhnlich erhalten. Bei den Juden in den westlichen Ländern gab es im 19. Jahrhundert eine Phase, in der die deutsche Musik der Romantik großen Einfluss auf die Synagogenmusik ausübte. Chormusik mit mehrstimmigen Harmonien in einem stark westlich beeinflussten Stil, wie Salomon Sulzer, Louis Lewandowski und andere deutsch-jüdische Komponisten sie schrieben, war in der Liturgie weit verbreitet. In den ersten Jahrzehnten des 20. Jahrhunderts war Kantorgesang mit vielen Koloraturpartien und emotionalem Bravourgesang sehr beliebt in Amerika und Osteuropa. Konzerte berühmter Kantoren waren völlig überfüllt, und einige Kantoren benutzten ihre Kantortätigkeit als Sprungbrett für eine Opernkarriere. In den letzten Jahren hat die Popularität des Kantoren- und Chorgesangs in der Synagoge vielerorts abgenommen. Volkstümlichere Stile sind oft an die Stelle der förmlichen Chöre und Kantoren getreten. Eingängige, singbare Musik hat an Popularität gewonnen, während lange »Soloarien« der Kantoren aus der Mode gekommen sind. Zwar beklagen seriöse Musiker häufig, dass in der amerikanischen Synagogenmusik pseudochassidische und »Ferienlager«-Stile in den Vordergrund getreten seien, doch scheinen sie auf verlorenem Posten zu stehen. Der volkstümlichere Stil ist derzeit »in«, doch das mag sich in Zukunft wieder ändern, und dann kommen zweifellos neue Stilrichtungen in Mode.

Außerhalb der Synagoge wird jüdische Musik ebenfalls in diversen Kreisen gepflegt. Zwar hören die meisten Juden außerhalb der sehr orthodoxen Gemeinden öfter nichtjüdische als jüdische Musik, doch manche hören auch gern jiddische Musik, Ladino-Musik oder israelische Lieder. Bei jüdischen Hochzeiten und Feiern in den Vereinigten Staaten wird immer auch eine kleinere oder größere Menge spezifisch jüdischer Musikstücke – zumindest eine stereotype Hora oder »Hava Nagila« – gespielt, ehe die meisten zur üblichen Rockmusik übergehen. Die israelische Jugend zieht hebräische Rockmusik der Volksmusik aus den Pioniertagen vor, aber viele Israelis singen und tanzen immer noch gern zu den volkstümlichen Melodien der Anfangszeit. Im Augenblick gibt es Bemühungen, die mannigfaltigen jüdischen Musiktraditionen in Musikaufnahmen und in Notenschrift festzuhalten. Die israelische Nationalbibliothek besitzt wie auch andere israelische Institutionen ein riesiges Archiv von Musikbeispielen. Zwar gehen viele alte Musiktraditionen der Juden verloren, doch einige werden bewahrt, und traditionelle Feiern und Konzerte sowie Plattenaufnahmen finden dankbare Hörer.

IX

Aussehen und Abstammung

»Komisch, Sie sehen gar nicht jüdisch aus«

Aussehen und genetische Ausstattung sind im Zusammenhang mit dem Judentum ein heikles Thema. Viel Tinte ist darüber vergossen worden, vieles war ungenau, stereotypisch oder ganz und gar rassistisch. Der Missbrauch des Begriffs »jüdische Rasse« durch Antisemiten, der in dem von den Nazis verübten Massenmord gipfelte, hat das Thema für viele Menschen mit einem Tabu belegt. Doch die Frage an sich hat auch eine legitime Seite und steht in engem Zusammenhang mit an anderer Stelle in diesem Buch erörterten Themen. Bisher haben wir gesehen, dass jüdische Kultur in aller Welt gewisse strukturelle Elemente gemeinsam hat, dabei aber regional in so vielen Details divergiert, dass sie manchmal nicht wiederzuerkennen ist. Oft haben wir festgestellt, dass es eine große Lücke zwischen den Sitten und Gebräuchen der modernen Juden und denen des alten Judentums gibt. Das wirft eine ähnliche Frage hinsichtlich der physischen Herkunft der Juden auf. In welchem Maße können die heutigen Juden ihre genetische Abstammung auf die Juden der Bibel und des Talmud zurückführen? Haben sie ihre Bräuche in ununterbrochener Familientradition durch die Jahrhunderte weitergegeben, oder sind die meisten heutigen Juden wie viele ihrer Bräuche nichtjüdischer Abstammung, aber jüdisch geworden?

Die Rolle der Abstammung im traditionellen Judentum

Das Judentum ist immer schon wesentlich mehr gewesen als nur ein religiöser Glaube. Es ist eine National- oder Volksreligion. Die Begriffe *Religion* und *Volkszugehörigkeit* sind im traditionellen Judentum so miteinander verflochten, dass sich nicht sagen lässt, wo der eine aufhört und der andere beginnt. Juden sahen sich selbst als die Nachfahren der biblischen Patriarchen. In ihren Gebeten wiederholen sich ständig Formulierungen wie »unser Gott und Gott unserer Väter«, »der Wunder für unsere Ahnen wirkte« und »uns aus Ägypten herausgeführt hat« – sie alle nehmen eine physische Abstammung von den alten Israeliten an. Selbst als das frühe Christentum das Judentum ablehnte und behauptete, an seine Stelle getreten zu sein, nannte es die Juden noch »Israel nach dem Fleisch« (und sich selbst »Israel nach dem Geist«).

Auch der moderne Zionismus basiert teilweise auf der Voraussetzung, dass die moderne Judenheit physisch von der alten Judenheit abstammt. Die Gründung des Staates Israel ist somit eine Wiedergründung. Die Juden »siedeln« nicht, sie »kehren« in ihre alte Heimat »zurück«. Für die religiösen unter ihnen ist Israel das Land, das Gott ihren Vorfahren versprach und ihnen nun gibt.

Dennoch haben sich die traditionellen Auffassungen der Juden nie ausschließlich auf die physische Abstammung verlassen. Die rechtsgültige Definition eines Juden lautet gemäß der Tradition: Kind einer jüdischen Mutter *oder* ein zum Judentum Konvertierter. Beides begründet die Zugehörigkeit zum Judentum. Nach längerer Debatte wurden die Rabbis des Talmud einig, dass ein Konvertit das Recht hat, zu sagen, Gott habe »Wunder für unsere Ahnen« gewirkt. Ein Konvertit galt als Nachfahre von Abraham und Sarah, den ersten Israeliten. Abstammung konnte somit auch symbolisch und nicht nur physisch sein.

Rassentheorien über die Juden

Ende des 19. und Anfang des 20. Jahrhunderts war der Begriff *Rasse* sehr populär, und alle Welt warf damit sorglos um sich. So wie die Leute (darunter nicht wenige Juden) von einer »jüdischen Rasse« sprachen, so sprachen sie auch von einer »angelsächsischen«, einer »italienischen« oder einer »slawischen Rasse«. Keine dieser »Rassen« ist wissenschaftlich begründet. Aber vielen Menschen (besonders den voreingenommenen) erschien es modern, wissenschaftlich und rational – und der auf »bloßen Emotionen« basierenden Bigotterie deutlich überlegen –, von »Rasse« zu sprechen.

Die Vorstellungen von der »jüdischen Rasse« unterscheiden sich in einigen Aspekten von anderen Verwendungen des Wortes *Rasse.* Meistens galten Gruppen als Rasse, weil sie besondere, leicht wiederzuerkennende physische Merkmale aufwiesen (helle oder dunkle Haut; gewelltes, krauses oder glattes Haar; eine besondere Augenform). Ein Rassismus, der sich gegen solche Gruppen richtet, geht gewöhnlich

Abb. 9.1: Antisemitischer Nazi-Cartoon, der Juden, die Deutschland verlassen, mit stereotypisierten gebogenen Nasen in Form der Zahl 6 darstellt.

davon aus, dass »alle Menschen, die so aussehen«, einen festen Satz intellektueller, moralischer und kultureller Merkmale besitzen (schlau, dumm, hinterlistig oder geschäftstüchtig). Im Falle des antijüdischen Rassismus ist es umgekehrt. Die Existenz bestimmter, den Juden zuzuschreibender kultureller, intellektueller oder moralischer Charakteristika wurde bereits vorausgesetzt, lange bevor die ersten Antisemiten sagten: »Und außerdem sehen sie alle gleich aus.« Die physischen Merkmale des »jüdisch Aussehens« wurden erst vor relativ kurzer Zeit »entdeckt«, und sie waren gewöhnlich subtiler oder unklarer als die unserer Standardvorstellungen von »Rasse«.

Stereotype Vorstellungen davon, wie Juden vermeintlich aussahen, variieren, schließen aber die gebogene »jüdische Nase« oft ein. In Ländern, wo die Mehrheit der Bevölkerung blond und blauäugig ist, ist der stereotype Jude dunkel. Die Nazis behaupteten unter anderem, Juden hätten Plattfüße, eine wie die Zahl 6 geformte Nase, dicke Lippen und krauses schwarzes Haar (Abbildung 9.1) – Merkmale, welche die meisten Juden nicht aufweisen. In der festen Überzeugung, sie wüssten, wie

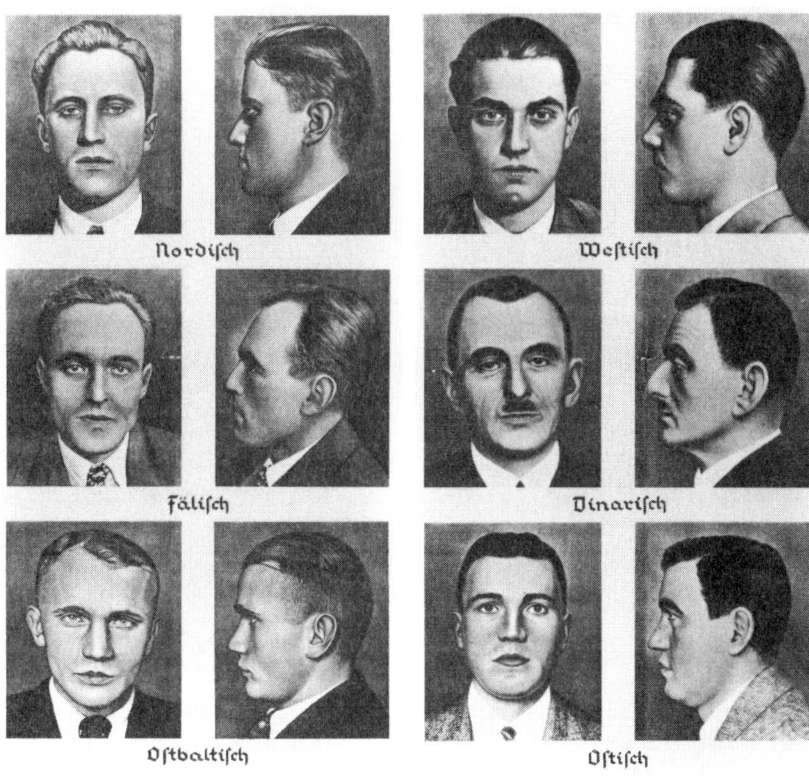

Abb. 9.2: Rassentheoretisches Schaubild der Nazis für die Schule (Schreiber), das sechs verschiedene deutsche Rassentypen zeigt: Nordisch, Westisch, Fälisch, Dinarisch, Ostbaltisch und Ostisch.

ein Jude aussieht, griffen die Nazipöbel manchmal versehentlich Spanier, Italiener und andere dunkelhaarige Menschen an.

Als Anthropologen im 19. Jahrhundert mit der Erforschung der Untergruppen der »kaukasischen« oder »europiden Rasse« begannen, präsentierten sie drei Hauptuntertypen: (1) den nordischen: hochgewachsen, blond und blauäugig, mit schmalem Kopf; (2) den alpinen: kleiner, graue oder grüne Augen, bräunliches Haar und ein breiter Kopf; und (3) den mediterranen Typ: schmaler Kopf, dunkle Augen und dunkles Haar. Die Nazis kamen sogar zu einer noch komplizierteren Unterteilung, dargestellt z. B. auf einem Schaubild der Nazis für die Schule, das allein sechs Untertypen von Deutschen zeigt: den nordischen, den dinarischen (österreichischen), den fälischen (westfälischen), den westischen, den ostischen und den ostbaltischen Typ (Abbildung 9.2).

Rassentheoretiker bedienten sich auch bei den Forschungsergebnissen der Sprachwissenschaften, die zeigten, dass die meisten großen europäischen Sprachen zur selben indoeuropäischen (oder indogermanischen) Sprachfamilie gehören. Zu den indoeuropäischen Sprachen gehören so scheinbar verschiedene Sprachen wie Deutsch, Englisch, Französisch, Italienisch, Latein, Griechisch, Russisch, Polnisch, Litauisch, Armenisch, Persisch und Sanskrit. Die semitischen Sprachen sind eine andere Sprachgruppe mit völlig anderem Ursprung. Hierzu gehören Hebräisch, Aramäisch, Arabisch und Äthiopisch. Viele Denker des 19. Jahrhunderts nahmen an, diese eigenständigen Sprachgruppen seien von Völkern verschiedener Abstammung geschaffen worden: den Ariern und den Semiten. Für manche wurden *Arier* und *Semit* zu Codeworten für *nordischer Typ* und *Jude.*

Sowohl jüdische als auch nichtjüdische Anthropologen waren von der Erforschung des »jüdischen Rassentypus« fasziniert, und ihre Forschung erbrachte einige überraschende Ergebnisse. Das Gros der europäischen Juden (Aschkenasim) unterschied sich vom klassischen mittelöstlich-mediterranen Typus. Sie hatten eher breitere als lange Köpfe, und es gab bei ihnen einen beträchtlichen Anteil von Personen mit hellem Haar und hellen Augen. Wie konnten sie da reinrassige Nachfahren eines mittelöstlichen Volkes sein? Einige Gelehrte »lösten« dieses Problem, indem sie behaupteten, es gäbe in Wirklichkeit zwei (oder sogar drei) jüdische »Rassen«. Über den »sephardischen Typ« schrieben die meisten wohlwollender als über die Aschkenasim. Erstere, so hieß es, seien »wahrhaft semitisch«, »orientalisch« oder »mediterran«, und oftmals schrieb man ihnen »vornehme Züge« zu. Dagegen wurden die Aschkenasim häufig als »grobschlächtiger« als die »reinrassigen« Sephardim beschrieben. Sie galten als Mischrasse mit orientalischer, westasiatischer oder slawischer Beimischung.

Physische Erscheinung und jüdische Abstammung

Obwohl in der Vergangenheit Missbrauch mit der Erforschung der physischen Abstammung der Juden getrieben wurde, ist in letzter Zeit erneut Interesse an dieser Frage aufgekommen. Ein Grund dafür ist das enorm unterschiedliche Aussehen der Juden, die aus den verschiedensten Gegenden der Welt nach Israel gekommen sind. Dadurch wurde

Israel zum »natürlichen Labor« für die Untersuchung der Frage, ob sich hinter dieser scheinbaren Heterogenität tatsächlich irgendeine biologische Einheit verbirgt. Noch bedeutsamer: Die enormen Fortschritte in der Genetik und bei der Erforschung der DNS in den letzten Jahren haben zu einer Renaissance der Forschung zur Biologie der Juden geführt. Heute kann man Fragen der Abstammung auf einer viel grundlegenderen, tieferen Ebene als bloß dem äußeren Erscheinungsbild nachgehen. Gentests ermöglichen viel genauere Resultate als zuvor, und die DNS-Forschung wird noch ausgefeilter werden. Heutige Resultate wird man – so explosionsartig, wie sich das Wissen in diesem Bereich vermehrt – vermutlich irgendwann revidieren müssen.

Die Möglichkeit, dass alle Juden auf der ganzen Welt eine gemeinsame Abstammung haben, beinhaltet zwei separate, wenn auch miteinander verbundene Fragen. Erstens: Gibt es diese gemeinsame Abstammung überhaupt? Zweitens: Handelt es sich dabei um Abstammung von den Israeliten der Bibel oder von einem anderen Volk? (So gibt es Vertreter der These, dass die Chasaren im Südosten Russlands die Vorfahren vieler der heutigen Juden seien.) Die Belege dafür, wie die biblischen Kinder Israels aussahen, sind spärlich, doch es gibt sie. Neben einigen uralten Basreliefs gibt der Text der Bibel selbst viele Hinweise. Alle scheinen darauf hinzudeuten, dass die alten Hebräer, wie heute die Menschen aus dem Mittleren Osten, kaukasische Züge und dunkles Haar hatten.

Die biblischen Texte, denen wir Hinweise zum Aussehen der alten Israeliten entnehmen, sind nur selten eindeutig. Bei den meisten ist viel Interpretation vonnöten. So sagt die weibliche Sprecherin im Hohelied Salomos: »Schwarz bin und anmutig ich [...] Sehet nimmer mich an, daß ich eine Schwärzliche bin, drum daß mich die Sonne versengte« (Hohelied 1, 5–6). Dies bedeutet offenbar, dass der Ursprung ihrer dunklen Hautfarbe Sonnenbräune ist, und nicht eine bestimmte Abstammung. Von der männlichen Figur des Textes heißt es: »seine Locken Dattelrispen, schwarz wie der Rabe« (Hohelied 5, 11). Im Leviticus stehen viele Beschreibungen der seltsamen Hautkrankheit namens *tsara'at* (gewöhnlich falsch als Lepra übersetzt). Die Krankheit verursachte rote oder weiße Hautverletzungen und ließ das Haar auf der Haut manchmal weiß werden. In Leviticus 13, 29–37 wird eine besondere Sorte *tsara'at* im Haar oder Bart beschrieben, die dünnes, gelbes Haar wachsen ließ. Wenn an der erkrankten Stelle aber schwarzes Haar wuchs, war das ein Zeichen, dass die Krankheit geheilt war – ein Indikator dafür, dass schwarz die normale Haarfarbe beinahe aller alten Israe-

Abb. 9.3: Tschechoslowakische Juden zu Beginn des 20. Jahrhunderts.

Abb. 9.4: Marokkanische jüdische Kaufleute in traditioneller Kleidung, Rabat, 1950.

Abb. 9.5: Jüdische Frauen in Badgad in zeitgenössischer Kleidung.

liten war. An anderen Bibelstellen werden diverse Personen als *admoni* (rot) bezeichnet, was die einen als »rothaarig«, andere dagegen als »von rötlicher Gesichtsfarbe« interpretiert haben.

Auch wenn wir annehmen dürfen, dass sich die biblischen Israeliten mehr oder weniger ähnlich sahen, trifft das auf die heutigen Juden eindeutig nicht zu. Aschkenasische Juden haben gewöhnlich hellere Haut, Augen und Haare als Juden aus dem Mittleren Osten. Auch bei den Letzteren gibt es große Unterschiede: Die jemenitischen Juden sind generell erheblich dunkler als Juden aus dem Irak oder der Türkei. Äthiopische Juden haben im Allgemeinen die gleiche dunkle Haut und Mischung aus kaukasischen und schwarzafrikanischen Zügen wie ihre christlichen Nachbarn. Die mittelalterlichen Juden in Kaifeng waren von den übrigen Chinesen physisch offenbar nicht zu unterscheiden. Und noch innerhalb der einzelnen Gemeinden herrscht häufig eine große Vielfalt in der äußeren Erscheinung, was dazu führt, dass man die These von einer gemeinsamen Abstammung aller Juden infrage stellt.

Ein Blick auf einige Fotobeispiele von Juden aus verschiedenen Gegenden der Welt verschafft uns einen Eindruck von der großen Vielfalt jüdischen Aussehens und von den Fallstricken, die bei jedem, auf

Abb. 9.6: Jemenitisches jüdisches Paar aus Aden in London in moderner Kleidung.

Abb. 9.7: Hochzeit einer »weißen« Jüdin mit einem »schwarzen« Juden in Cochin, Indien.

Aussehen beruhenden Urteil über jüdische Abstammung bereitliegen. Angesichts der großen Bandbreite im Bereich der physischen Erscheinung selbst innerhalb einer Gemeinde wäre ein einziges Foto »eines irakischen Juden« wenig aussagekräftig. Wie sollte man beurteilen, ob dieses spezielle Beispiel typisch ist, ohne eine große Anzahl von Mitgliedern dieser Gruppe gesehen zu haben? Und selbst dann bleibt »typisches Aussehen« Ansichtssache. Aus diesem Grund zeigt der Großteil des Anschauungsmaterials hier Gruppen von Menschen anstelle von Einzelbeispielen (Abbildungen 9.3–9.9).

Eine weitere Fallgrube, die sich auftut, wenn man versucht, ethnische Unterschiede anhand der physischen Erscheinung zu entdecken, ist unsere Neigung, kulturelle und biologische Eigentümlichkeiten durcheinander zu bringen. Dass jemand wie ein »typischer jemenitischer Jude« aussieht, könnte auch an seiner Frisur, seiner Kleidung und seinem Benehmen liegen statt an seinen tatsächlichen physischen Merkmalen. Daher zeige ich Ihnen in diesem Kapitel, wo irgend möglich, Bilder von Mitgliedern einer Gruppe sowohl in traditioneller als auch in moderner Kleidung. Natürlich fallen die körperlichen Unter-

Abb. 9.8: Äthiopische Juden in Israel,
die immer noch traditionelle Kleidung tragen.

Abb. 9.9: Die gleiche Gruppe äthiopischer Juden in moderner Kleidung.

schiede zwischen den jüdischen Gruppen auch in moderner Kleidung auf, doch nicht so sehr wie in einheimischen Kleidern.

Diesen Warnungen zum Trotz sind auf den Fotos die Unterschiede zwischen den jüdischen Gruppen in verschieden Weltregionen und zugleich die Ähnlichkeiten zwischen den Juden derselben Gemeinde klar zu erkennen. Natürlich ist jeder Einzelfall anders, aber wenn wir in Folge die Aschkenasim, die europäischen Sephardim, die nordafrikanischen und irakischen Juden, dann die jemenitischen und schließlich die äthiopischen Juden betrachten, sehen wir, wie Augen, Haare und Hautfarbe allmählich immer dunkler werden. Auch bei anderen Merkmalen wie Kopfform, Welligkeit der Haare und Form der Nase sind die Unterschiede von Gruppe zu Gruppe klar ersichtlich. Manchmal sind Verschiedenheiten in der Abstammung, die für einen ortskundigen Beobachter von größter Bedeutung waren, für uns kaum zu erkennen. Die Hochzeit eines »schwarzen« Cochin-Juden mit einer »weißen« Cochin-Jüdin war in Südindien ein Gemeindeskandal. Wenn man sich nun das Foto des Paares (Abbildung 9.7) ansieht, fällt es trotz der langen Tradition der Ächtung von Hochzeiten zwischen den beiden Gruppen schwer, überhaupt Unterschiede in der Abstammung zu erkennen.

Um die Bedeutung dieser Fotos richtig einschätzen zu können, müssten wir eigentlich nicht nur die Fotos der Juden in den verschiedenen Ländern, sondern diese außerdem mit Fotos der nichtjüdischen Lokalbevölkerung vergleichen. Solch ein globaler Vergleich würde den Rahmen dieses Buches aber sprengen, er erfordert ein eigenes umfassendes Werk. Wir haben uns dieser Aufgabe hier nicht unterzogen – zum einen auf Grund der großen Menge der dazu benötigten Fotos, und zum anderen, weil es noch viel schwieriger wäre, das typische Aussehen der größeren, nichtjüdischen Bevölkerungen zu bestimmen, als Fotos typischer Juden zu finden. Wir können die Unterschiede in der physischen Erscheinung der Juden von Land zu Land bewerten, aber ein Vergleich des unterschiedlichen jüdischen Aussehens mit dem der übrigen Bevölkerung muss zukünftigen Studien vorbehalten bleiben.

Feststellen der Haar- und Augenfarbe sowie der Schädelform

Bis vor kurzem mussten sich Anthropologen, die Daten über die verschiedenen ethnischen Gruppen sammelten, auf die sichtbaren physischen Merkmale verlassen. Zu den Lieblingsmerkmalen bei der Untersuchung und Identifizierung von »Rassen« und »Unterrassen« gehörten

Größe, Haut-, Haar- und Augenfarbe sowie Schädelform. Doch seit kurzem können Anthropologen auch weniger leicht sichtbare erbliche Kennzeichen wie die Blutgruppe oder das Vorherrschen spezifischer Erbkrankheiten erforschen. In den letzten Jahren sind in der Humangenetik hochkomplizierte und äußerst genaue Methoden der DNS-Analyse zur Anwendung gekommen. Genetiker gehen den Unterschieden zwischen verschiedenen Volksgruppen im Einzelnen nach, indem sie die Verteilung der verschiedenen Untertypen bestimmter Gene untersuchen.

Viele Wissenschaftler haben Daten zu den verschiedenen physischen Merkmalen der Juden gesammelt. Die genauen Zahlen wichen häufig voneinander ab, doch die meisten Arbeiten schienen ähnliche Trends zu skizzieren. Einzelne Zahlen zu Haar- und Augenfarbe waren zum Teil unterschiedlich, weil die diversen Forscher unterschiedlicher Auffassung darüber waren, wann Haar und Augen hell und wann sie dunkel sind. Eigentlich handelt es sich eher um ein Farbkontinuum als um eine klare Trennung zwischen blondem, braunem und schwarzem Haar oder zwischen blauen, grünen, grauen und braunen Augen. Hinsichtlich der Haar- und Augenfarbe der Juden haben die meisten Studien gezeigt, dass sich aschkenasische Juden von nichtaschkenasischen und ihren mittel- und osteuropäischen Nachbarn unterscheiden. Anders als die Juden des Mittleren Ostens besitzt eine beträchtliche Anzahl von Aschkenasim helle Augen und helles Haar, doch liegt der prozentuale Anteil bei den Aschkenasim niedriger als bei den nichtjüdischen Europäern. 1911 sammelte Maurice Fishberg Daten über Aschkenasim in mehreren Ländern und fand heraus, dass 7,2 bis 25,5 Prozent der Aschkenasim helles Haar und 33,0 bis 53,7 Prozent helle Augen hatten. Der deutsche Wissenschaftler Rudolf Virchow fand 1874/75 bei seiner Untersuchung von zehn Millionen Schulkindern in Deutschland und benachbarten Ländern heraus, dass bei jüdischen Kindern um etwa 50 Prozent weniger blaue Augen (19 gegenüber 43 Prozent) und blonde Haare (33 gegenüber 72 Prozent) vorkamen als bei der Versuchsgruppe insgesamt. (Da der prozentuale Anteil von blonden Haaren bei Kindern höher ist als bei Erwachsenen, liegen die Zahlen für blondes Haar über denen von Fishberg. Doch das Gesamtbild, dem gemäß Aschkenasim dunkler sind als ihre Nachbarn und dennoch ein hoher Anteil von Individuen helle Haare und Augen hat, bestätigte sich.) Statistiken zu nichtaschkenasischen Juden zeigten eine viel dunklere Bevölkerung, die sich jedoch von Land zu Land unterschied. Nach Fishberg hatten bei den italienischen Juden und den europäischen Sephardim 4,8 bis

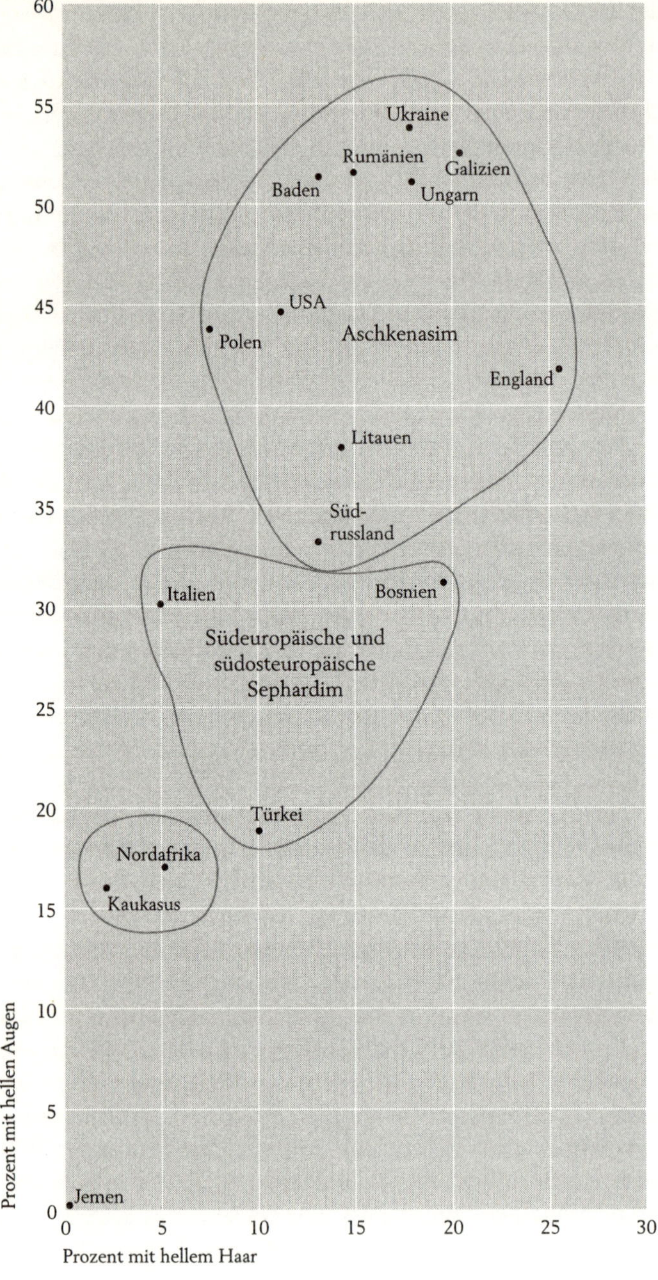
60
55
50
45
40
35
30
25
20
15
10
5
0
Ukraine
Rumänien
Galizien
Baden
Ungarn
USA
Polen
Aschkenasim
England
Litauen
Süd-
russland
Italien
Bosnien
Südeuropäische und
südosteuropäische
Sephardim
Türkei
Nordafrika
Kaukasus
Jemen
Prozent mit hellen Augen
0
5
10
15
20
25
30
Prozent mit hellem Haar

Diagramm 9.1

18,5 Prozent helles Haar und 18,7 bis 30,9 Prozent helle Augen. Bei den Juden in Nordafrika und im Kaukasus hatten über 94 Prozent dunkles Haar und nur 15 Prozent helle Augen. Bei einer frühen Forschungsarbeit über die jemenitischen Juden fand sich dort niemand mit hellen Haaren oder Augen (Diagramm 9.1).

Das Vermessen der Schädelform auf der Basis des Verhältnisses von Länge zu Breite des Kopfes – der »Schädelindex« – galt bei den Anthropologen des 19. und frühen 20. Jahrhunderts als besonders wissenschaftliche Methode zur Klassifikation von Menschen. Sie verwendeten imposant klingende griechische Bezeichnungen wie »dolichozephal« für Individuen mit langen Köpfen und »brachyzephal« für solche mit kurzen, runden Köpfen. Anthropologen, die eine menschliche Population untersuchten, fanden je nach Region recht systematische Unterschiede in der Kopfform. Rassentheoretiker wie der Antisemit Houston Stewart Chamberlain behaupteten sogar, die »Kopfform und die Gehirnstruktur üben entscheidenden Einfluss auf die Form und Struktur der Gedanken aus.«

Untersuchungen der Schädelform von Juden haben keinen einheitlichen »jüdischen Rassentypus« zu Tage gefördert, sondern starke Abweichungen zwischen den Juden gezeigt. Aschkenasische Juden neigten zu breiten und generell ein wenig runderen Köpfen als die Christen in Deutschland, Polen und Litauen. Sehr runde Köpfe waren bei den Juden des Kaukasus, Zentralasiens und in Habban im Südjemen (die dortigen Juden zählten zu den Bevölkerungen mit den breitesten Köpfen der Welt) die Regel. Auf der anderen Seite hatten die Juden im Jemen (trotz der Nähe zu Habban), in der Türkei und in Nordafrika von Marokko bis Ägypten gewöhnlich schmale Köpfe. In den meisten Gegenden verlief die Abweichung bei den Merkmalen der Juden mehr oder weniger parallel zu der bei ihren andersgläubigen Nachbarn. Wo die Nichtjuden runde Köpfe hatten, hatten die Juden das auch, und wo sie lange Köpfe hatten, traf dies gewöhnlich auch auf die Juden zu (Karten 9.1/9.2). Eine eindeutige Ausnahme stellen die Juden der Türkei dar, deren Kopfform den schmalen Köpfen der spanischen und portugiesischen Christen, aus deren Ländern sie emigriert waren, mehr ähnelt als den breiten Köpfen der Mehrheit der türkischen Bevölkerung. Die Kopfform, ein mutmaßlich erbliches Merkmal, scheint die genetische Einheit des jüdischen Volkes nicht zu bestätigen.

Zwei weitere Aspekte traditioneller Stereotypen von Juden waren die »jüdische Nase« und das allgemein »jüdische Aussehen«. Konkrete Erhebungen haben das Klischee von der »jüdischen Nase« nicht bestä-

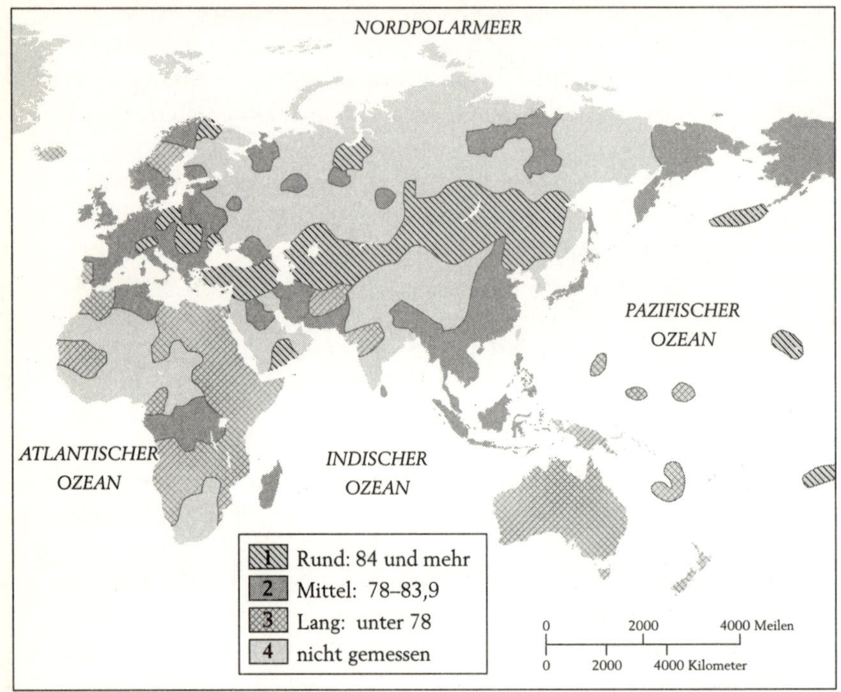

Karte 9.1: Schädelindex der allgemeinen Bevölkerung (Quotient aus Breite und Länge des Kopfes mal hundert).

tigt. Eine Untersuchung von Juden in New York City zu Beginn des 20. Jahrhundert ergab, dass die Mehrheit gerade Nasen besaß. Nur etwa jeder siebte hatte eine Habichtsnase (gebogen). Habichtsnasen finden sich im Mittleren Osten und Südeuropa bei vielen nichtjüdischen Völkern, und sogar bei den amerikanischen Ureinwohnern. Somit fällt sie als zuverlässiger Test hinsichtlich eines »jüdischen Rassentypus« aus.

Das unbestimmtere Merkmal des »jüdischen Aussehens« ist nicht messbar. Einige der Aspekte, die Menschen vermeintlich jüdisch aussehen ließen, waren kultureller Natur – beispielsweise ihre unverwechselbare Kleidung, der Bart oder Kopfbedeckungen. Andere, wie ihre vermeintlich »melancholischen Augen« oder eine Tendenz, gebeugt zu gehen, waren womöglich eher ein Resultat ihres Status einer verfolgten Minderheit als ein ererbtes Merkmal. Sind die Lebensbedingungen dagegen von Gleichheit und Unabhängigkeit geprägt, scheint dieses Aussehen seltener vorzukommen.

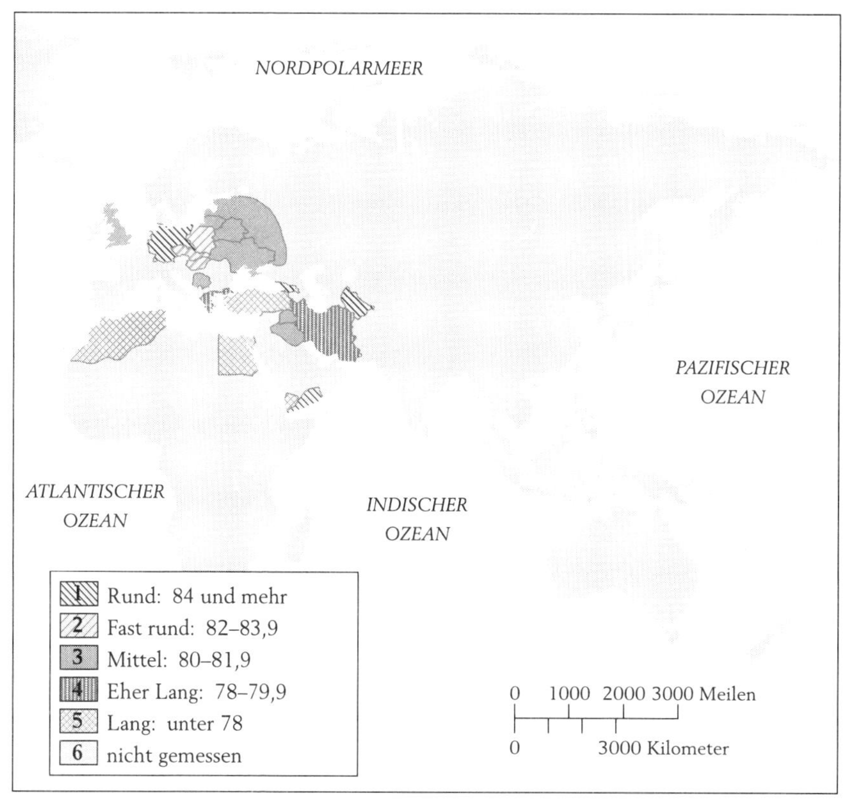

Karte 9.2: Schädelindex der jüdischen Bevölkerungen.

Andere scheinbar erbliche, physische Merkmale der Juden – sogar solche, die belegt sind – sind vermutlich ebenfalls eher ein Resultat der Lebensumwelt als genetisch bedingt. Viele Forscher des frühen 20. Jahrhunderts kamen zu dem Ergebnis, dass Juden durchschnittlich 1 bis 2 Zentimeter kleiner waren als ihre andersgläubigen Nachbarn, besonders in Osteuropa, im Irak und im Kaukasus. Über die Körpergröße entscheidet aber nicht nur das Erbgut, sondern auch die Umwelt. Die geringe Körpergröße der Juden in den traditionellen Gesellschaften mag schlicht eine Folge mangelhafter Ernährung gewesen sein. Bekanntermaßen sind in Amerika geborene Kinder ausländischer (jüdischer wie nichtjüdischer) Eltern häufig viel größer als ihre Eltern. Ein weiteres Merkmal, das in Osteuropa bei Rekruten festgestellt wurde, war der Brustumfang. Juden hatten im Durchschnitt eine schmalere Brust als Nichtjuden vergleichbarer Größe. Auch dies ist vermutlich eher eine

Auswirkung des Milieus, insbesondere der mehrheitlich sitzenden Tätigkeiten der Juden und ihrer schlechteren Ernährung.

Nicht alle sichtbaren körperlichen Merkmale widerlegen die Idee der genetischen Einheitlichkeit der Juden so eindeutig wie die bisher erwähnten. Bei einer Studie zu den Fingerabdruckmustern bei verschiedenen israelischen Volksgruppen zeigte sich eine bemerkenswerte Einheitlichkeit bei Juden aus Deutschland, Polen, Bulgarien, der Türkei, Ägypten, Marokko, aus dem Irak und dem Jemen. Sie hatten sämtlich eine Kennziffer von Wirbeln und Schleifen (im Gegensatz zu Bögen), die auffällig über der der europäischen und amerikanischen Nichtjuden, doch relativ nahe an der der Araber des östlichen Mittelmeerraums lag. Dies scheint auf irgendein mediterranes Erbe sogar bei den Aschkenasim hinzudeuten.

Genetische Tests

Mit der fortschreitenden Verfeinerung genetischer Testverfahren hat die Untersuchung augenfälliger physischer Merkmale der Evaluation unsichtbarer und theoretisch genauerer Faktoren Platz gemacht, die man nur im Labor vornehmen kann. Viele der frühesten biologischen Tests der Anthropologen basierten auf der Blutgruppenbestimmung. Über große Mengen von Individuen in verschiedenen Teilen der Welt gibt es Daten zu den drei Blutgruppen A, B und 0 (AB ist eine Kombination aus den beiden ersten). Blutgruppe B zum Beispiel ist in Westeuropa relativ selten (gewöhnlich weniger als 12 Prozent), dagegen viel häufiger in Zentralasien (bis zu 40 Prozent) und Teilen von Afrika. Bei den amerikanischen Ureinwohnern kommt sie so gut wie gar nicht vor (Karte 9.3). Allgemein ist Blutgruppe A in Europa und Kleinasien weit verbreitet, in großen Teilen Afrikas und Südasiens dagegen längst nicht so sehr.

Wenn wir ein Diagramm mit der Verteilung der Blutgruppen A und B in verschiedenen jüdischen Bevölkerungen betrachten und es mit einem Diagramm der nichtjüdischen Bevölkerungen in grob denselben Regionen vergleichen, ist der erste Eindruck ein sehr verwirrender. Die Blutgruppenverteilung scheint bei Juden mindestens so stark zu variieren wie allgemein in der Bevölkerung. Wenn wir aber Gruppen bilden und dann ähnliche Gruppen vergleichen, wird das Bild klarer. Sowohl jüdische als auch nichtjüdische Gruppen in Europa, Nordafrika und Westasien häufen sich tendenziell um ungefähr dasselbe Zentrum

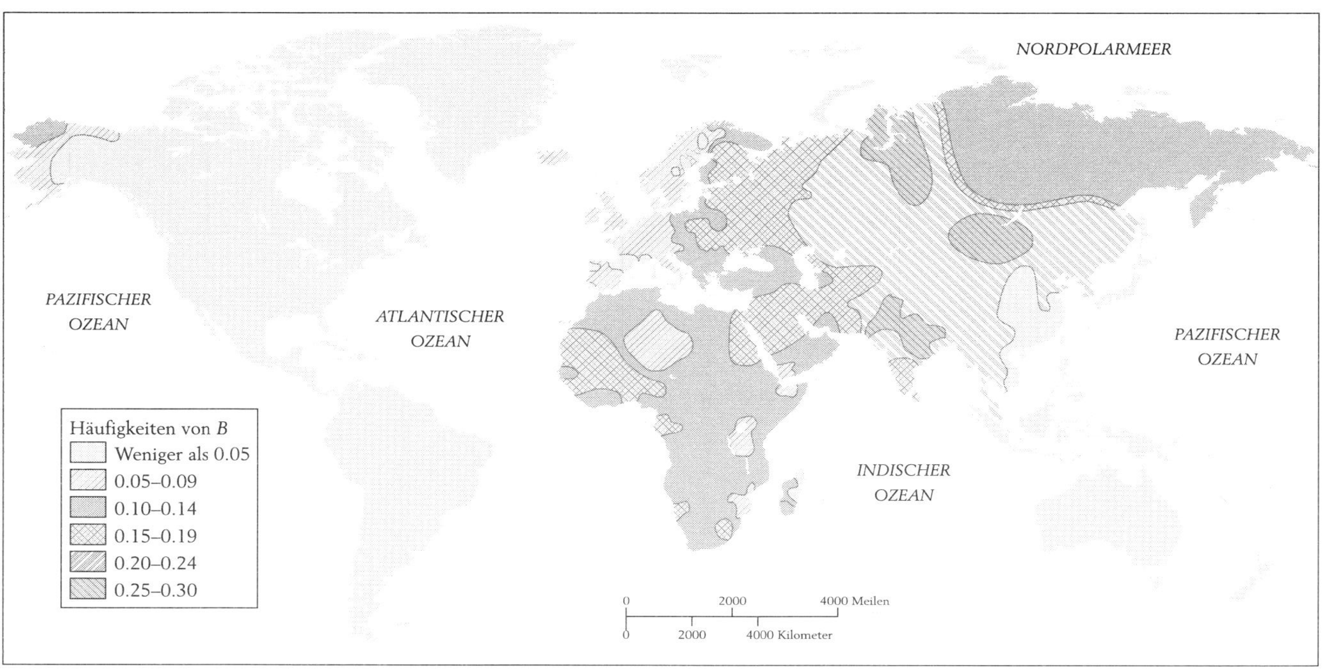

Karte 9.3: Blutgruppe B bei der allgemeinen Bevölkerung in Prozent.

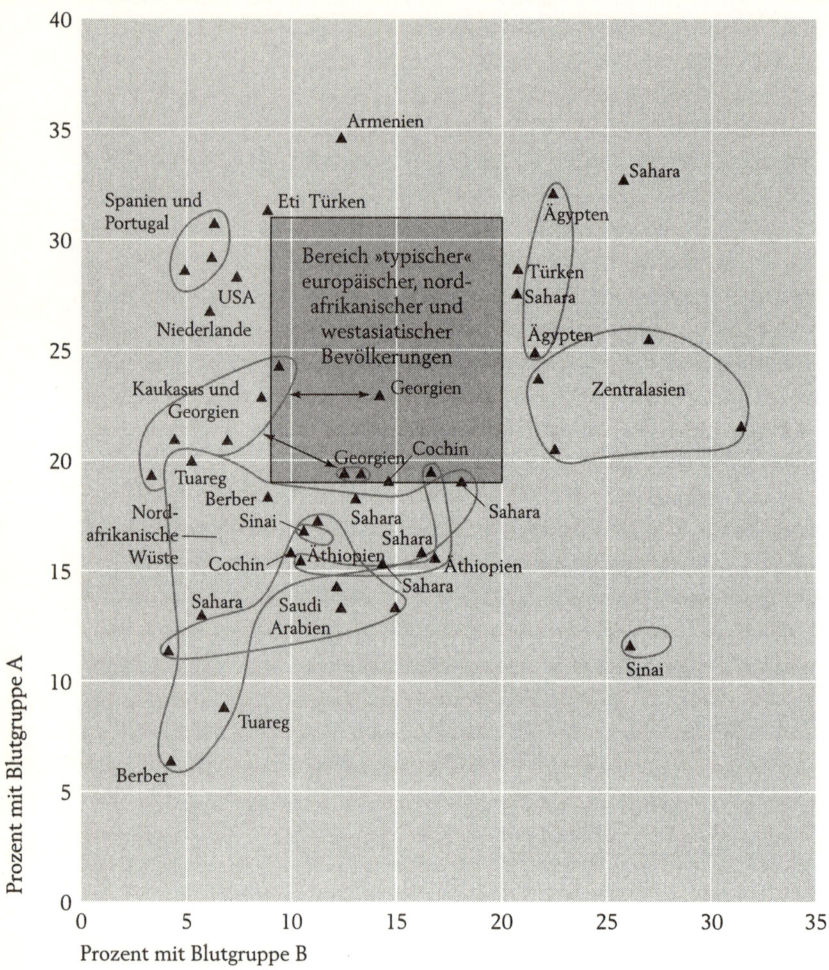

Diagramm 9.2

(19–31 Prozent A, 9–20 Prozent B). Eine Reihe von Gruppen divergiert stark von diesem Zentrum. Dazu gehören nichtjüdische Gruppen wie die Berber Nordafrikas, verschiedene Gruppen in den Bergen des Kaukasus und Einwohner Saudi-Arabiens, die alle niedrige A- und B-Anteile haben, sowie Zentralasiaten mit sehr hohen B-Anteilen (Diagramm 9.2). Was die Juden anbetrifft, so weichen diverse »exotische« Gruppen sehr weit von allen übrigen ab, nämlich die nichtrabbinischen Karäer, Beni Israel und Samaritaner sowie die rabbinischen Juden in Cochin, in

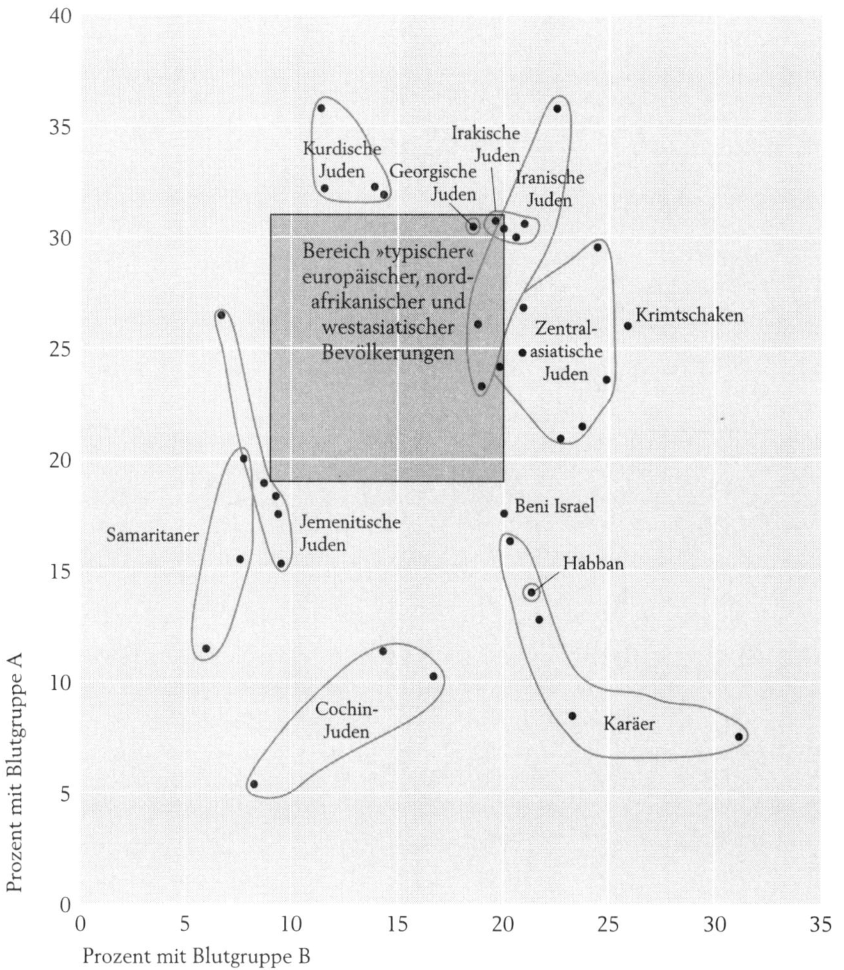

Diagramm 9.3

Habban im Südjemen und die Krimtschaken (Diagramm 9.3). Von der zentralen jüdischen Gruppe weichen, wenn auch weniger stark, die jemenitischen und die zentralasiatischen Juden ebenfalls ab. Zwischen den meisten Gruppen asiatischer Juden (Iran, Irak, Kurdistan, Zentralasien) und den nordafrikanischen und europäischen Sephardim scheint es beträchtliche Unterschiede zu geben (Diagramm 9.4).

In den meisten Fällen weisen die jüdische und die nichtjüdische Bevölkerung eines Ortes ähnlichere prozentuale Anteile bei den Blut-

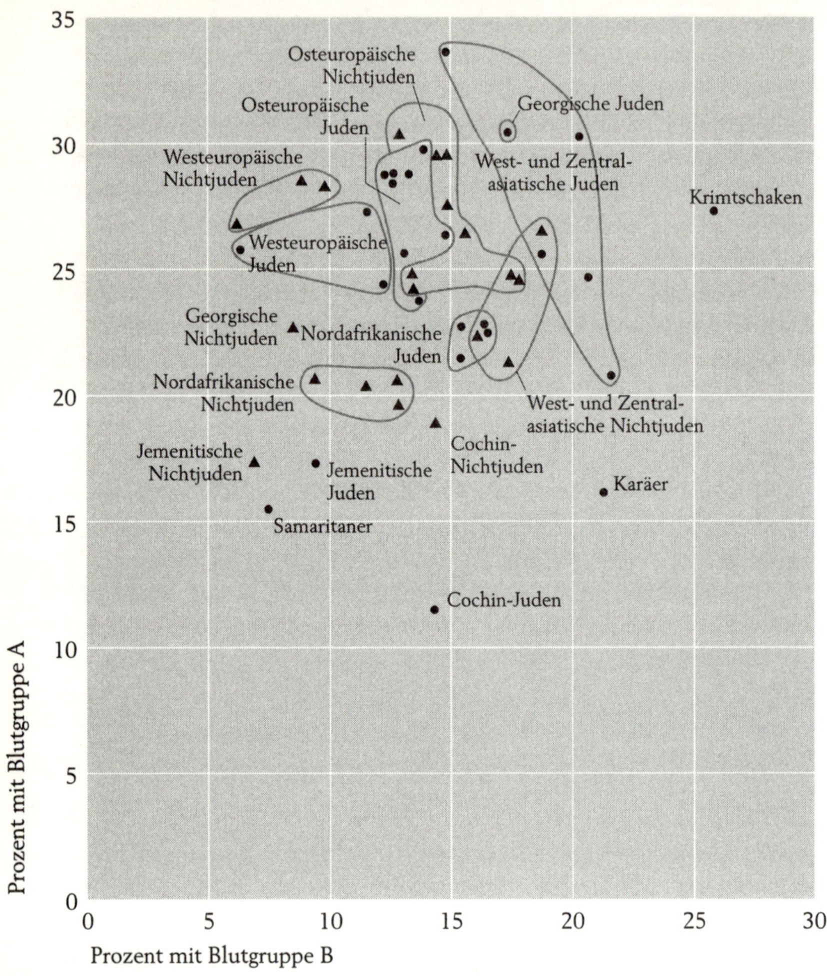

Diagramm 9.4

gruppen A, B und 0 auf als jüdische Gruppen in verschiedenen Teilen der Welt. Allerdings gibt es davon einige bedeutende Ausnahmen. Die georgischen Juden unterscheiden sich sehr stark vom Gros der übrigen Bevölkerungen des Kaukasus und haben viel höhere A- und B-Ziffern. Die A-Ziffern der kurdischen Juden liegen fast 10 Prozentpunkte über denen ihrer muslimischen Nachbarn. Iranische und (nichtkurdische) irakische Juden weichen ebenfalls von ihren Nachbarn ab, wenn auch in geringerem Umfang. In Nordafrika liegen die B-Ziffern der Juden mehrere Prozentpunkte über denen der Muslime, ansonsten ähneln sich die beiden Gruppen sehr. Die Verteilung bei den Aschkenasim ähnelt derjenigen der europäischen Christen – mit einem auffälligen, allerdings recht kleinen Unterschied: Die Juden in Mittel- und Osteuropa ähneln sich untereinander mehr als den Christen in diesen Gegenden. Die Ziffern der Juden liegen zwischen denen der ost- und westeuropäischen Christen, jedoch näher an ersteren.

Anders als die A-, B- und 0-Verteilungen lässt sich an den Gen-Ausprägungen in den Rh-Blutgruppen zeigen, dass die Aschkenasim mehr Ähnlichkeit mit Gruppen aus dem Mittelmeerraum aufweisen als mit ihren christlichen Nachbarn. Die Häufigkeit des »mediterranen Chromosoms« (CDe) unterscheidet sich bei den Aschkenasim nur wenig von der bei den nordafrikanischen Juden (52 Prozent gegenüber 53–56 Prozent), liegt jedoch über dem Wert bei den nordeuropäischen Nichtjuden (41–43 Prozent). Die Aschkenasim liegen in der Mitte zwischen den nordafrikanischen Juden und den nordeuropäischen Christen, was den Anteil des »nordeuropäischen Chromosoms« (dDE) und des »afrikanischen Gens« (cDe) angeht. Beim letzteren liegen die Ziffern etwas über denen der europäischen Christen, unter denen der nordafrikanischen Juden und weit unter denen der schwarzen Afrikaner, deren Anteile sich zwischen 45 und 90 Prozent bewegen. Jemenitische und kurdische Juden haben deutlich höhere Anteile des »afrikanischen Gens« als die Aschkenasim. Die Aschkenasim weisen durchweg mehr mediterrane Merkmale auf als ihre nichtjüdischen Nachbarn. Tests auf andere Blutbestandteile ergeben einige Kennzeichen, denen zufolge die Juden ihren Nachbarn ähnlicher sind als Juden in anderen Ländern; nach anderen (wie dem Rh-Chromosom) sind die Aschkenasim wiederum mediterraner als ihre europäischen Nachbarn.

In neueren Forschungen wurde versucht, die komplexen Resultate der verschiedenen Tests zu sortieren, um zu einer Beurteilung der »genetischen Distanz« zwischen diversen Gruppen zu kommen. Eine Studie mit neun klassischen genetischen Markern ergab überraschend, dass die aschkenasischen am meisten den irakischen und iranischen Juden ähneln, und die wiederum den irakischen und iranischen Muslimen. Alle drei jüdischen Gruppen unterscheiden sich sehr von polnischen Christen. Juden und Nichtjuden aus der Gegend von Cochin in Indien unterscheiden sich etwas von den Irakern, Iranern und den Aschkenasim, doch nicht so sehr wie die polnischen Christen, die Jemeniten, die äthiopischen Juden und die Beni Israel aus Bombay. Jede der drei zuletzt genannten Gruppen von Juden ähnelt den Nichtjuden ihrer Region mehr als irgendeiner anderen Gruppe.

Neue Daten zu Blutbestandteilen zeigen, dass die äthiopischen Juden in der Mitte zwischen afrikanischen Schwarzen und der europäisch-asiatischen Bevölkerung (einschließlich der Juden) stehen. Innerhalb einer Anordnung von Europäern und Asiaten neigen jüdische Gruppen zur Clusterbildung mit anderen mediterranen Gruppen und liegen in der Mitte zwischen den Bevölkerungen des Fernen Ostens und Westeuropas. Die Muster dieser neuen Daten sind nicht eindeutig genug, um die früheren Daten, welche die Aschkenasim mit der mediterranen Bevölkerung zu verbinden schienen, zu bestätigen oder zu widerlegen. Ein Blick auf viele der Diagramme zu einzelnen Kriterien zeigt seltsame Gruppierungen (jemenitische Juden und Chinesen, Bulgaren und Inder, Schweizer und Griechen), die anscheinend keine enge genetische Verwandtschaft erkennen lassen. Vermutlich dauert es noch einige Jahre, bis die Erbmasse der verschiedenen Volksgruppen entwirrt ist.

Die meisten genetischen Eigenschaften werden von beiden Elternteilen vererbt, einige Typen von Genen jedoch werden ausschließlich von der Mutter (mitochondriale DNS) oder von einem Vater an seine Söhne (Gene des Y-Chromosoms) weitergegeben. Bisher hat es nur wenige Belege für jüdische Gene in der mütterlichen Abstammungslinie gegeben, doch eine neuere Studie zu Genen, die vom Vater vererbt werden, hat einige bemerkenswerte Resultate erbracht. Traditionsgemäß kann der Status des Cohen (des jüdischen Priesters) nur durch Abstammung von einem Vater, der Cohen ist, erworben werden. Bei einer Untersuchung der DNS des Y-Chromosoms stieß eine Gruppe von Wissenschaftlern auf einen statistisch signifikanten Unterschied zwischen männlichen Juden, die den Status des Cohen für sich beanspruchen, und solchen, die das nicht tun (Tabelle 9.1). Nur bei 1 von 68 Priestern gegenüber 22 von 120 Israeliten, die keine Cohen sind, lässt sich das diagnostische YAP-Element auf dem Y-Chromosom feststellen. Dies gilt sowohl für Aschkenasim als auch für nichtaschkenasische Juden. Wenn sich diese Funde bestätigen, dann ist das der Beweis für die Gültigkeit der traditionellen Beanspruchung des Priesterstatus seitens bestimmter Familien. Neueste Untersuchungsberichte zeigen weiterhin genetische Ähnlichkeiten innerhalb der Priestergruppe, deuten jedoch darauf hin, dass Leviten, die traditionell zwischen Priestern und normalen Israeliten angesiedelt werden, keine gemeinsame genetische Basis haben.

Genetische Krankheiten

Zwar werden die meisten Krankheiten kaum oder gar nicht vererbt, doch von einigen weiß man, dass sie genetisch bedingt sind. Studien zur Verbreitung solcher Krankheiten sind ein anderer Schlüssel, mit dem man die genetische Ausstattung der Juden zu enträtseln versucht. Viele dieser genetischen Leiden sind eher selten. Manche sind tödlich (wie die Niemann-Pick-Krankheit oder das Tay-Sachs-Syndrom), während andere zwar schlimme Symptome verursachen, aber nicht immer zum Tod führen (wie die Dysautonomie), und wieder andere dem Patienten kaum auffallen.

Es gibt keine Erbkrankheit, die bei allen jüdischen Gruppen aufträte, sonst aber nirgends. Die meisten »genetischen Krankheiten der Juden« sind auf eine spezifische, lokal begrenzte jüdische Bevölkerung beschränkt. Einige Krankheiten finden sich fast ausschließlich bei den Aschkenasim, andere hauptsächlich bei nichtaschkenasischen Juden, allerdings sind diese im Allgemeinen eher auf wenige Länder beschränkt, als in der ganzen nichtaschkenasischen Judenheit verbreitet. Die Gaucher-Krankheit, zu deren Symptomen eine vergrößerte Milz, Knochenbrüche und Blutungsprobleme gehören, ist eine vorwiegend aschkenasische Krankheit, die auch bei einigen nichtaschkenasischen Juden und bei einigen Nichtjuden auftritt. Bei manchen Krankheiten, von denen man glaubte, sie träten nur bei Juden auf, hat man mittlerweile festgestellt, dass sie auch in gewissen anderen Volksgruppen verbreitet sind.

	Cohen	Israeliten
Negatives YAP Chromosom und:		
DYS19=B	37 (54.4%)	39 (32.5%)
DYS19=A	11 (16.2%)	11 (9.1%)
DYS19=D oder E	8 (11.7%)	12 (10.0%)
DYS19=C	11 (16.2%)	36 (30.0%)
Diagnostisches YAP Chromosom (unabhängig von DYS19)	1 (1.5%)	22 (18.4%)
GESAMTANZAHL	**N=68**	**N=120**
Negativ und DYS19=B oder A	48 (70.6%)	50 (41.6%)
Alle anderen	20 (29.4%)	70 (58.4%)

Tabelle 9.1

Es gab eine Zeit, da die Wissenschaftler gewisse Krankheiten der Aschkenasim eindeutig in einer bestimmten Region lokalisieren zu können glaubten. Das Tay-Sachs-Syndrom oder die Niemann-Pick-Krankheit schienen bei den Juden in Litauen, Weißrussland und Nordpolen am weitesten verbreitet zu sein, während das Bloom-Syndrom und die familiäre Dysautonomie häufiger bei Juden aus südlicheren Regionen auftraten (in Galizien und Ungarn). Die weitere Forschung ergab jedoch, dass man die verschiedenen Krankheiten der Aschkenasim nicht eindeutig lokalisieren kann. Im Allgemeinen sind sie offenbar weniger auf eine bestimmte Region beschränkt als die Krankheiten in nichtaschkenasischen Gemeinschaften.

Die neuere Forschung hat die Annahme, das Tay-Sachs-Syndrom sei auf die Aschkenasim beschränkt, widerlegt. Sie zeigt im Gegenteil, dass die Krankheit bei Mitgliedern diverser Volksgruppen auf jedem Kontinent vorkommt. Das Gen für das Tay-Sachs-Syndrom scheinen 1 von 30 Aschkenasim, 1 von 30 Frankokanadiern, 1 von 60 marokkanischen Juden und 1 von 160 Mitgliedern anderer Gruppen zu besitzen. (Die tatsächliche Verbreitung der Krankheit ist deutlich geringer, da nur Kinder, die das Gen von beiden Eltern geerbt haben, die Krankheit auch bekommen.) Wie sich herausgestellt hat, kann das Leiden durch viele verschiedene Mutationen verursacht werden, deren Verteilung zwischen den verschiedenen Volksgruppen variiert. Zu der Annahme, Bevölkerungen, bei denen die Krankheit vorkommt, seien genetisch verwandt, besteht kein Anlass.

Die am weitesten verbreiteten genetischen Krankheiten der nichtaschkenasischen Juden unterscheiden sich stark von denen der Aschkenasim. Die meisten dieser Krankheiten sind auf eine bestimmte Region in Asien oder Nordafrika beschränkt. Bei einer ganzen Reihe mittelöstlicher und mediterraner Völker findet sich ein Mangel an Glukose-6-phosphat-Dehydrogenase (G-6-PDH). Er manifestiert sich unter anderem dadurch, dass nach dem Genuss von Favabohnen eine gefährliche Reaktion im Blut erfolgt. Vermehrt tritt der Mangel bei männlichen Nichtjuden in manchen Teilen der iranischen Bevölkerung sowie in Saudi-Arabien, im Irak und in Ägypten auf. Bei Juden ist er besonders weit verbreitet in Kurdistan (wo der Mangel bei 61,6 Prozent vorliegt), im Irak (24,8 Prozent), im Kaukasus (28 Prozent) und Iran (15,1 Prozent). Bei den Aschkenasim ist das Vorkommen sehr gering (0,4 Prozent).

Das familiäre Mittelmeerfieber ist besonders bei den nordafrikanischen Juden weit verbreitet, wobei die größte Häufigkeit des Gens in Libyen gefunden wurde. Seltener kommt es bei den irakischen, türkischen und ägyptischen Juden vor, bei den Juden des Jemen und Iran gar nicht, bei den Aschkenasim sehr selten, doch bei armenischen Christen häufig. Thalassämie ist eine Krankheit, die bei Juden und Nichtjuden vor allem im Mittelmeerraum auftritt, am häufigsten in Griechenland, Italien und auf Zypern. Alpha-Thalassämie ist am weitesten bei jemenitischen und irakischen Juden verbreitet (bei den kurdischen nicht); die Beta-Thalassämie hingegen findet sich oft bei den kurdischen Juden (12–20 Prozent) und in vielen arabischen Dörfern in Israel.

Der Nachweis von Erbkrankheiten bei den Juden ist eine zweischneidige Angelegenheit. Einerseits ist es eindeutig, dass gewisse Krankheiten bei den Juden deutlich weiter verbreitet sind als bei anderen Bevölkerungen. Dies könnte man als Beleg für eine gemeinsame Abstammung werten. Andererseits ist keine der jüdischen Erbkrankheiten bei allen jüdischen Gruppen zu finden. Sie scheinen vielmehr alle auf bestimmte geographische Gruppen innerhalb der Judenheit beschränkt zu sein. Die Aschkenasim, bei denen die geographische Lokalisierung der Krankheiten weniger genau zu sein scheint als bei nichtaschkenasischen Juden, sind offenbar genetisch einheitlicher als die anderen Juden. Dies verstärkt den Eindruck, den die Blutgruppendaten vermittelt haben.

Aber auch, wenn innerhalb einer Gruppe von Juden alle die Gene für eine bestimmte Krankheit besitzen, ist das noch kein Beweis für die Abstammung von den alten Israeliten. Die Gene könnten bei einer relativ jungen Mutation entstanden sein. So datierte man die Mutation für die idiopathische Torsionsdystonie bei den Aschkenasim auf die Zeit zwischen 1400 und 1750, eine relativ späte Phase in der jüdischen Geschichte.

Die Gene für eine spezielle Krankheit können sich auf verschiedene Weise ausbreiten. Die eine, bekannt als »genetische Drift« und »Gründer-Effekt«, tritt vor allem in kleinen Populationen auf, die keine Ehen mit Personen von außerhalb eingehen, insbesondere, wenn sie schnell wachsen. Rein zufällig hatte die kleine Gruppe ursprünglicher Siedler in einem bestimmten Gebiet atypische Gene im Vergleich zur Gesamtheit der Bevölkerung, aus der sie hervorgegangenen war. Diese Gene wären dann bei den Nachkommen dieser Gruppe viel weiter verbreitet als in der ursprünglichen Gruppe und würden sich rasch ausbreiten. Dies erklärt, warum Gruppen wie die Amish (Pennsylvania – deutsche Mennoniten), die Frankokanadier und die Finnen für ihre hohen Erbkrankheitsziffern bekannt sind.

Der andere Mechanismus ist der sogenannte Selektionsvorteil. Mit bestimmten Krankheiten oder physischen Merkmalen gehen unter spezifischen Umständen erhöhte Überlebenschancen einher (besonders bei Überträgern von Krankheiten, bei denen selbst sie nicht ausbricht). Die Gene für G-6-PDH-Mangel und Thalassämie stehen vermutlich im Zusammenhang mit Immunität gegen Malaria. Deshalb haben Überträger dieser Krankheit in stark von Malaria befallenen Gegenden wie Kurdistan eine höhere Chance, zu überleben und sich fortzupflanzen, als Menschen ohne diese Gene. Das erklärt das häufige Auftreten des Gens in manchen Gegenden. Über gemeinsame Abstammung sagt uns das relativ wenig, über die Lebensumwelt dagegen sehr viel.

Ähnliche Argumente wurden auch hinsichtlich gewisser physischer Unterschiede zwischen Regionen geäußert. Zum Beispiel wurde argumentiert, dass dunkle Haut, Haare und Augen in sonnigen Gegenden gegenüber einer helleren Färbung einen Überlebensvorteil darstellen. Personen mit hellerer Färbung scheinen wiederum weniger Schwierigkeiten als dunklere Menschen zu haben, in kälterem, bewölktem Klima genügend Vitamin D zu bekommen. Der höhere prozentuale Anteil blauer Augen bei den Aschkenasim gegenüber den Juden im Mittleren Osten mag weniger das Resultat unterschiedlicher Abstammung sein als das der »natürlichen Auslese« in unterschiedlichem Klima.

Bei einigen jüdischen Krankheiten liegt möglicherweise eine Mischung aus Umwelt- und Vererbungsfaktoren vor. Dies scheint für die ethnisch ungleiche Verteilung von Herzanfällen, diverser Arten von Krebs, Diabetes und Colitis zuzutreffen. Die Herzinfarktziffern der Juden in den Vereinigten Staaten sind offenbar höher als die der anderen Kaukasier, ebenso wie die der Aschkenasim in Israel höher sind als die anderer Juden. Teilweise ist dies wohl das Resultat unterschiedlicher Ernährung. Die Aschkenasim nehmen zum Beispiel mehr Fett und weniger Kohlenhydrate zu sich als die Jemeniten. Bei der in Israel geborenen Generation fallen die Unterschiede geringer aus. Diabetes, gewisse Arten von Krebs und Colitis sind ebenfalls mit der Ernährung verbunden sowie im Falle der Colitis auch mit emotionalem Stress. Die Kinder der Immigranten weisen auf Grund eines veränderten Lebensstils oft andere Krankheitsmuster auf als ihre Eltern.

Von verschiedenen Leiden hieß es einst, sie seien bei den Juden weiter verbreitet als bei anderen Gruppen. Dazu zählten Geisteskrankheit, Entwicklungshemmung, Hernien, Hämorrhoiden, Kurzsichtigkeit, Mukoviszidose und diverse seltenere Leiden. Manche Antisemiten benutzten solche Fälle, um zu »beweisen«, die »jüdische Rasse« sei dekadent. Einige dieser Annahmen kamen zustande, weil Juden die ersten Patienten waren, bei denen man eine bestimmte Krankheit sah, oder weil sie aus kulturspezifischen Gründen eher als andere einen Arzt aufsuchten. Bei den oben aufgeführten Leiden hat die weitere Forschung gezeigt, dass Juden nicht übermäßig anfällig dafür waren. In anderen Fällen ist das Vorherrschen einer Krankheit durch Umwelt oder Kultur bedingt. Der Grund für den hohen Anteil von Creutzfeldt-Jakob-Fällen (Rinderwahnsinn) bei den libyschen Juden war, wie sich herausstellte, der Verzehr von Schafshirnen, und nicht etwa Vererbung.

Wie jüdische Gene sich mit den Genen ihrer Nachbarn vermischt haben könnten

Trotz des historischen Rufs der Juden, sich von den Leuten um sich herum fernzuhalten und keine Mischehen einzugehen, deutet vieles darauf hin, dass auf verschiedenen Wegen viel »nichtjüdisches Blut« Eingang ins jüdische Volk gefunden hat. Einige dieser Wege sind recht gut dokumentiert, andere sind es dagegen aus naheliegenden Gründen (wie bei verbotenen sexuellen Verbindungen) nicht.

Zwar ist das traditionelle Judentum seit langem keine Proselytenreligion mehr, doch war dies nicht immer so. In griechisch-römischer Zeit fühlten sich beispielsweise viele Menschen zum Judentum hingezogen, lasen die ins Griechische übersetzten Schriften und praktizierten einige jüdische Rituale. Manche dieser »Gottesfürchter« gingen einen Schritt weiter und vollzogen den Übertritt vollständig oder ließen ihre Kinder konvertieren. Massenübertritte zum Judentum wurden verzeichnet (1) in der Zeit des hasmonäischen jüdischen Herrschers Johannes Hyrkan, der die Edomiter zwangsbekehrte (etwa 100 Jahre vor der Zeitrechnung); (2) im vierten Jahrhundert n.d.Z. im südarabischen Königreich Himyar auf dem Gebiet des heutigen Jemen; und (3) bei den Chasaren. Die Chasaren sind auf Grund der Theorien betreffs ihrer Verbindung zu den Ursprüngen der aschkenasischen Judenheit vermutlich die bekannteste Gruppe von Konvertiten.

Die Haltung des Judentums zur Konversion änderte sich, als Christentum und Islam in den Gegenden, in denen Juden lebten, an die Macht kamen. Zwar verbreiteten sich beide Religionen ursprünglich eben auf Grund der Präsenz, des Einflusses und des Proselytentums der Juden, doch keine von beiden duldete weitere Übertritte zum Judentum. Von da an wurden Übertritte von Mitgliedern der Mehrheitsreligion zum Judentum schwer bestraft und setzten die jüdische Gemeinde häufig großer Gefahr aus. Infolgedessen scheuten jüdische Gemeinden vor Konversionen zurück und akzeptierten Konvertiten nur noch widerwillig. In dem Maße, wie in solchen Gemeinden ausschließlich geborene Juden lebten, wurde man dort Konversionswilligen gegenüber misstrauischer. Ablehnende Aussagen im Talmud wie: »Schwer sind Proselyten für Israel wie ein Ausschlag«, wurden zu beliebten Sprichwörtern. Dennoch gab es ein schmales, aber stetiges Rinnsal von Konversionen zum Judentum, sogar im Mittelalter und in der frühen Neuzeit. Allerdings war es deutlich schmaler als der Strom der Konvertiten in die umgekehrte Richtung.

Neben dem wohlbekannten Moment der Konversion gab es andere Faktoren, über die man oft weniger gerne spricht. Einer davon ist die Sklaverei. Die Tora erlaubte sowohl jüdische als auch nichtjüdische Sklaven, wenn auch mit gewissen Einschränkungen. Ein männlicher nichtjüdischer Sklave musste beschnitten werden, und von allen nichtjüdischen Sklaven wurde erwartet, dass sie den Großteil des jüdischen Religionsgesetzes befolgten. Ein Sklave, den man freiließ, wurde zum richtigen Juden. Kauf und Teilkonversion nichtjüdischer Sklaven wurde den Juden von Seiten der muslimischen und christlichen Obrigkeiten zur selben Zeit generell verboten, als diese die Konversion zum Judentum überhaupt untersagten. Dennoch wurden in alter Zeit vermutlich viele Ex-Sklaven in die jüdische Bevölkerung aufgenommen. An dieser Stelle sei darauf hingewiesen, dass die Sklaverei des Altertums nicht wie die der amerikanischen Geschichte mit schwarzer Hautfarbe assoziiert war. Das Gros der Sklaven waren Kaukasier; ein Großteil kam aus slawischen Ländern, nicht aus Afrika.

Über andere Formen der genetischen Vermischung wissen wir sogar noch weniger als über die durch befreite Sklaven. Bekanntlich verboten sowohl jüdische als auch muslimische und christliche Obrigkeiten die Mischehe zwischen verschiedenen Religionen. Die bloße Existenz eines solchen Verbots mag als Beleg dafür dienen, dass solche Verbindungen hin und wieder vorkamen. Illegale Verbindungen außerhalb der Ehe haben im Allgemeinen noch weniger Spuren hinterlassen. Allerdings wissen wir in einzelnen Fällen sogar von Juden im Mittelalter, die ein nichtjüdisches Elternteil hatten. In manchen Gesellschaften wie dem mittelalterlichen Spanien wurde das Verbot außerehelicher Verbindungen häufiger ignoriert als in anderen. Die Vergewaltigung jüdischer Frauen während Pogromen oder bei anderen Gelegenheiten ist schon häufig erörtert worden. Zwar ist unbekannt, wie viele Vergewaltigungen es gab, doch man nimmt an, dass die Kinder meistens in der jüdischen Gemeinschaft aufgezogen wurden.

In großem Umfang wurde die Mischehe in den meisten Ländern der Diaspora erst in den letzten 100 Jahren üblich. Zuvor waren Mischehen entweder illegal oder außerordentlich selten. In unserer Generation heiratet beinahe die Mehrheit aller Juden in der Diaspora Menschen, die nicht als Juden geboren wurden. In der Minderzahl der Fälle tritt dabei der nichtjüdische Partner zum Judentum über. In der Mehrzahl konvertiert keiner der Partner. Jedenfalls haben in der modernen amerikanisch-jüdischen Gesellschaft, anders als in traditionellen Gemeinschaften, die meisten Juden durch Heirat zumindest einige Angehörige, die keine Juden sind.

Alle diese Faktoren zeigen, dass die Juden niemals völlig vom Genpool der Außenwelt abgeschnitten gewesen sind. Zu manchen Zeiten wie in der griechisch-römischen Epoche und in den letzten Jahren war der Zustrom von Nichtjuden in die jüdische Gemeinschaft relativ groß; zu anderen Zeiten wie im Mittelalter war er vergleichsweise gering. In den meisten Fällen haben wir nicht einmal die leiseste Vorstellung von den Größenordnungen bei Konversion, außerehelicher Verbindung mit anderen Religionen oder Mischehe. Das macht es unmöglich, den Prozentsatz genetischer Durchmischung innerhalb des jüdischen Volkes auf der Basis historischer Quellen zu berechnen. Aus diesem Grund müssen wir uns in hohem Maße auf Belege durch physische Erscheinung und Gentests verlassen, um die Fragen zu beantworten.

Sind wir einer Antwort nähergekommen?

Trotz der enormen Fortschritte auf dem Gebiet der genetischen Analyse bleibt das Rätsel des genetischen Erbguts der Juden ungelöst. Manche Wissenschaftler meinen, das Beweismaterial lasse erkennen, dass die Juden mehr ihren nichtjüdischen Nachbarn ähneln als sich untereinander. Andere argumentieren ebenso vehement, es sei Zeichen der grundsätzlichen Einheitlichkeit großer Teile des jüdischen Volkes. Für manche sind die Aschkenasim in beträchtlichem Maße europäischer Abstammung, für andere sind sie im Wesentlichen mediterraner Herkunft. Das Bild ist immer noch trübe, obwohl ein Prozess der Klärung vielleicht begonnen hat.

Offenbar gibt es Belege sowohl für die Vermischung der Juden mit den sie umgebenden Völkern als auch für genetische Einheitlichkeit innerhalb des jüdischen Volkes. Vielleicht geht es also eher darum, in den verschiedenen Gruppen von Juden den Anteil des gemeinsamen Erbes gegenüber den importierten Genen zu ermitteln, als sie entweder alle als Konvertiten oder alle als ursprüngliche Israeliten einzustufen.

Diese Frage ist ein interessantes intellektuelles Problem und völlig legitim, sofern man nicht Rassenmerkmale dazu benutzt, um Authentizität zu bestimmen. Ob die Jemeniten die authentischsten Nachkommen der biblischen Juden sind oder aber hauptsächlich konvertierte Südaraber, spielt im Hinblick auf die Authentizität ihrer Kultur keine Rolle. Alle jüdischen Kulturen sind eine Mischung aus importierten und ursprünglichen Merkmalen; alle sind gleichermaßen authentisch insofern, als sie ihre jeweiligen Volkskulturen in einen jüdischen Bedeutungsrahmen integriert haben. Die physische Erbmasse der Juden ist ein Aspekt ihrer kulturellen und religiösen Einheit und Vielfalt und sollte nicht als Kriterium für die Beurteilung, »wer am jüdischsten ist«, gebraucht werden.

X

Die moderne Welt und die Tradition

Was hat die Moderne aus den jüdischen Volkskulturen gemacht?

Lange Zeit herrschte in der jüdischen Geschichte grundlegende Ähnlichkeit zwischen der im jüdischen Religionsgesetz vorgeschriebenen und der tatsächlichen Lebensweise der meisten Juden. In Gemeinschaften, in denen überliefertes Gesetz und reales jüdisches Leben üblicherweise im Einklang standen, waren die Beziehungen, die ich in diesem Buch beschrieben habe, vorhanden. Volksbräuche halfen, die Lücken im schriftlichen Regelwerk zu füllen, und rund um die Welt legten Juden den ihnen allen gemeinsamen Rahmen unterschiedlich aus.

In der Moderne stellte man diesen Gleichklang von Brauch und Gesetz infrage und gab ihn dann weitgehend auf. Heute befolgen die meisten Juden nicht einmal die Grundzüge der traditionellen jüdischen Religionspraxis. Regeln, die früher beinahe allgemein gültig waren, wie unkoscheres Essen zu meiden, am Sabbat nicht zu kochen, zu rauchen oder zu reisen sowie für Männer die regelmäßigen drei Gebete täglich sind zur Domäne einer kleinen Minderheit von Juden verkümmert. Die meisten Juden praktizieren jüdische Traditionen in selektiver Weise, wenn überhaupt. Deshalb existieren die überlebenden jüdischen Volksbräuche nun in einem völlig anderen Kontext. Anstelle von Ergänzungen oder Ausschmückungen eines gemeinsamen gesetzlichen Rahmens sind sie jetzt entweder Überreste einer früheren Kultur oder unabhängige Anzeichen des Jüdischseins, die nicht an einen größeren Kontext gebunden sind.

Die Moderne setzte in den verschiedenen Regionen der Welt zu unterschiedlichen Zeiten ein. Die ersten bedeutenden Vorstöße einer modernen Gesellschaft spürten die Juden Westeuropas in der zweiten Hälfte des 18. und der ersten Hälfte des 19. Jahrhunderts. Regierungen begannen damit zu experimentieren, den Juden die Bürgerrechte zu verleihen und sie ins Bildungs-, ins kulturelle und ins soziale Leben des Landes zu integrieren. Fast überall in Westeuropa, nämlich in Frankreich, Deutschland, Holland und Italien, war ein bemerkenswerter Anstieg jüdischen Wohlstands und jüdischer Beteiligung am kulturellen Leben der Gesamtgesellschaft zu verzeichnen. In Osteuropa, wo autoritäre Regierungen und wirtschaftliche Unterentwicklung die Integration der Juden lange verzögerten, lief der Prozess der Modernisierung langsamer ab. Doch sogar dort waren am Ende des 19. Jahrhunderts der Niedergang der traditionellen Religion und der Aufstieg verschiedener jüdischer Ideologien wie des Zionismus und des jüdischen Sozialismus spürbar. In weiten Teilen des Mittleren Ostens war die Modernisierung ein Produkt äußerer Einflüsse, insbesondere des Einflusses der Kolonialmächte Frankreich und England. Manche Länder wie Algerien, Tunesien und Marokko gerieten direkt unter die Herrschaft der Westmächte. Anderswo, wie im Osmanischen Reich, war der westliche Einfluss indirekter, erfolgte in Form von Schulen und Kulturinstitutionen, die von der westlichen Judenheit gefördert wurden. In den meisten Ländern des Mittleren Ostens spürte man zu Beginn des 20. Jahrhunderts starke westliche Einflüsse in Bildung, Kleidung und Sprachgebrauch (insbesondere den Einfluss des Französischen), und in der Religionsausübung war eine gewisse Laxheit zu erkennen. Sogar der Jemen, wo die religiöse Tradition praktisch unangetastet blieb, war von den Einflüssen der Moderne des 20. Jahrhunderts nicht völlig ausgenommen.

Die Vermischung der jüdischen Kulturen

Gleichgültig, wann die moderne Welt Einzug in eine bestimmte jüdische Gemeinde hielt, das alte Muster von universeller jüdischer Religion und separaten jüdischen Volkskulturen löste sich allmählich auf. Doch das moderne Leben machte nicht nur das Befolgen des jüdischen Religionsgesetzes von der Regel zur Ausnahme, sondern hatte noch eine andere Auswirkung. Die frühere Voraussetzung für das Entstehen jüdischer Volksbräuche – die Isolation der einzelnen Gruppen von Juden – existiert heute nicht mehr. Vor der Moderne nahm jede lokale jüdische Gruppe an, ihre Volkstradition sei *die* jüdische Tradition, heute ist fast jedem bewusst, dass die Juden in anderen Ländern – oder manchmal sogar gleich nebenan – andere Traditionen pflegen. Die moderne Welt hat Volkstraditionen miteinander in Berührung gebracht, die früher durch geographische und politische Barrieren getrennt waren.

Nun, da die verschiedenen Traditionen untereinander Kontakt haben, beeinflussen sie sich gegenseitig unaufhörlich. Jeder kann sich jetzt aus den früher eigenständigen Traditionen seinen eigenen Cocktail mischen. Dies ist die jüdische Parallele zum »globalen Dorf«, wie es das Fernsehen, die Zeitungen und das Reisen geschaffen haben. Ein und dieselbe Person kann jiddische Musik und jemenitische Lieder hören, Blintzes und auch Falafel essen und Synagogen mit verschiedenen Liturgien besuchen.

Diese Vermischung der jüdischen Kulturen hat sich durch die beinahe vollständige Verschiebung der jüdischen Siedlungsmuster in den letzten 150 Jahren verstärkt. Die beiden mit Abstand größten jüdischen Gemeinden der Welt – die der Vereinigten Staaten und Israels – bestehen fast ausschließlich aus Personen, deren Familien innerhalb der letzten 100 Jahre dort angekommen sind. In den meisten der alten geographischen Zentren jüdischer Kultur (siehe die Karten des zweiten Kapitels) leben heute so gut wie keine Juden mehr. Der Holocaust der Nazis in Ost- und Mitteleuropa sowie im Mittleren Osten die Emigration der großen Mehrheit der Juden aus der muslimischen Welt nach Israel haben in den alten Siedlungsgebieten nur winzige Überreste einer jüdischen Gemeinschaft zurückgelassen.

In Amerika ist die große Mehrheit der jüdischen Bevölkerung aschkenasischer Herkunft (hauptsächlich aus Osteuropa) mit nur einem sehr geringen Anteil mittelöstlicher Gruppen. Doch selbst hier hat eine Vermischung geographisch unterschiedlicher Gruppen stattgefunden. In Israel ist diese Vermischung noch größer. Dort leben heute Menschen aus vielen verschiedenen Ländern und Kulturen zusammen in einer Stadt, in derselben Straße oder im selben Mehrfamilienhaus. Der Kontakt ist unvermeidlich. Die Israelis sagten immer, verglichen mit dem amerikanischen Schmelztiegel sei Israel ein Dampfkochtopf. Ein hoher Grad an Vermischung jüdischer Volksgruppen ist auch im heutigen Frankreich zu finden, und in geringerem Maße in Lateinamerika, besonders in Mexiko, Brasilien und Argentinien.

Die von Grund auf veränderten Bedingungen modernen jüdischen Lebens haben zu diversen paradoxen Veränderungen der jüdischen Volkstraditionen geführt. Einerseits sind die alten Bräuche ausgestorben oder nur noch rudimentär erhalten, weil die Religion immer weniger praktiziert wird und weil so mancher Volksglaube an Heilkraft und Geisterwelt durch die Naturwissenschaften verdrängt wurde. Dies trifft jedoch keineswegs auf alle Formen des Volksglaubens zu. Es ist nicht ungewöhnlich, dass sich Volkstraditionen vermischen und dann auf andere Gruppen ausdehnen, in denen sie zuvor nicht praktiziert wurden. Dieses in der gesamten Weltkultur festgestellte Phänomen einer Annäherung der verschiedenen Traditionen ist allerdings bei weitem nicht durchgängig zu beobachten. Angesichts der Homogenisierung der Weltkultur (und der jüdischen Kultur) wird eine Gegenkraft wirksam: das Wiederaufblühen von National- und Gruppenidentität. Bräuche, die andernfalls aufgegeben worden wären, wurden zur Bekräftigung der Identität wiederbelebt. An die Stelle der alten Muster sind neue Formen der ethnischen Identifikation getreten.

Alte Muster verschwinden, neue entstehen

Die rapiden Veränderungen im Leben der Juden in der heutigen Zeit haben weder das Verschwinden noch die vollständige Homogenisierung der jüdischen Traditionen bewirkt, obwohl beide Entwicklungen deutliche Spuren hinterlassen haben. Ebenso alltäglich ist das Aufkommen neuer Bräuche, neuer kultureller Praktiken und eines veränderten geographischen Musters von Bräuchen und Gewohnheiten. Der gegenwärtige Zustand der jüdischen Traditionen ist komplexer und dynamischer denn je.

Heute haben wir in der jüdischen Kultur mehrere, widersprüchliche Muster. Die alte Unverwechselbarkeit der jüdischen kulturellen Praxis gibt es nicht mehr. Die typisch jüdischen Bekleidungsmuster haben sich verloren, und immer weniger Juden sprechen heute traditionelle jüdische Umgangssprachen wie Jiddisch, Judezmo und Judäoarabisch. Bei den meisten Juden ist an die Stelle dieser Sprachen entweder die Landessprache der allgemeinen Bevölkerung getreten, für die gewöhnlich auch die Schriftzeichen der Nichtjuden genutzt werden, oder – in Israel – die Wiederbelebung des Hebräischen als gesprochener Sprache. Doch selbst auf diesen beiden Gebieten, wo die alten jüdischen Muster am schwächsten geworden zu sein scheinen, sind Gegenkräfte am Werk. Gelegentlich wird zu besonderen Anlässen noch immer traditionelle jüdische Kleidung getragen, vor allem bei Hochzeiten und an ethnischen Festtagen. Die erste Generation jemenitischer Immigranten in Israel bemühte sich noch, westliche Hochzeitskleider zu tragen, doch unterdessen erlebt das traditionelle Hochzeitsgewand der Frau eine Renaissance, sogar bei jemenitischen Juden, die sich von den meisten jemenitischen Bräuchen entfernt haben (Abbildung 10.1). Auch bei den orthodoxen Juden diverser Länder haben sich in unterschiedlichem Maße spezifisch jüdische Bekleidungsstile bewahrt, und zwar nicht unbedingt nur zu besonderen Anlässen.

Etwas Ähnliches ist den jüdischen Umgangssprachen widerfahren.

Zwar spricht die große Mehrheit der Juden diese Sprachen nicht mehr, doch ist in zwei separaten Kreisen neues Interesse an ihnen aufgekommen. Erste Zentren des Interesses bilden kleine Gruppen gebildeter junger Menschen und die Universitäten. Jiddisch, Judezmo und andere jüdische Umgangssprachen werden von Akademikern erforscht, in kleinen Kreisen begeisterter Anhänger gepflegt und offiziell an Schulen gelehrt. Die an dieser Renaissance beteiligten Gruppen sind klein, aber die Entwicklung wird von größeren Kreisen wohlwollend aufgenommen. Von diesen Gruppen, die sich der Erhaltung der Sprachen verschrieben haben, völlig unabhängig sind die chassidischen Gruppen und die eine oder andere konservative Jeschiwa, die Jiddisch als Unterrichtssprache und sogar als Alltagssprache in einigen ihrer Gemeinden bewahrt haben. Die orthodoxen Gruppen haben nur das Jiddische bewahrt, keine der anderen jüdischen Umgangssprachen.

Doch es ist mehr geschehen als das bloße Perpetuieren alter Bekleidungs- und Sprachmuster. Neue Muster sind entstanden, in denen wesentliche Änderungen zu Tage treten. Die langen schwarzen Mäntel und Pelzmützen der Männer und die Perücken der Frauen in der chassidischen Welt sind heute oft viel luxuriöser als die alten, fadenscheinigen Kleider, die sie in Osteuropa getragen hatten. Fromme junge Frauen in Amerika und Israel haben ihre Garderobe um neue Kleidungsstücke ergänzt, die zugleich sittsam und modisch sind, darunter zum Bedecken des Haares die Baskenmütze und das *snood* (eine Art Kopftuch mit einem Beutel am hinteren Ende, um langes, wehendes Haar zu verbergen). Es sind ganze Kollektionen sittsamer Kleidung entstanden, die in speziellen Geschäften, bei Versandhäusern oder im Internet erhältlich sind.

Abb. 10.1: Eine moderne jemenitische Braut in traditioneller Kleidung für die Henna-Zeremonie im heutigen Israel.

Auch bei der Renaissance der volkstümlichen Hochzeitskleidung sind neue Muster zu beobachten. Die Hochzeitstracht von Sanaa, der Hauptstadt des Jemen, wird heute auch von Bräuten aus anderen Städten des Jemen getragen und das auch nicht mehr, im Gegensatz zu früher, während der gesamten Hochzeitszeremonie.

Ein ähnliches Muster ist auch hinsichtlich der Sprache zu bemerken. Die Wiederbelebung des Jiddischen in den gebildeten Schichten wirkt im Allgemeinen etwas gekünstelt. Die Sprecher müssen nach Gelegenheiten zur Verwendung der Sprache suchen, die eigentlich nur eine Ergänzung ihrer Muttersprache – meistens Englisch oder Hebräisch – darstellt. Akademiker haben zahlreiche neue jiddische Wörter geprägt, um Phänomene zu beschreiben, die man in den traditionellen jüdischen Gesellschaften nicht kannte, zum Beispiel für Marshmallows, Kernphysik und Freud'sche Psychologie. Sogar in chassidischen Kreisen hat so mancher nur noch rudimentäre, künstliche Jiddisch-Kenntnisse.

Diese Veränderungen in Sprache und Kleidung sind Anzeichen eines bei den Volkskulturen weltweit viel weiter verbreiteten Phänomens. Vieles von dem, was einst eine natürliche, unbefangene Form des Ausdrucks war, weil die Leute immer nur diese eine Lebensweise kannten, ist zu einer bewussten Anstrengung geworden, die Identität demonstrieren soll. Dies nennt man in den Vereinigten Staaten »symbolische Ethnizität«. Ein bestimmtes kulturelles Merkmal ist nicht mehr etwas, das man aus einer Notwendigkeit heraus täglich tut; es wird jetzt zu besonderen Anlässen bewusst wiederbelebt: als Bekenntnis zur Kultur. Italoamerikaner, die stolz darauf sind, Italiener zu sein, sprechen womöglich kein Italienisch, sehen sich aber unter Umständen dennoch als Mitglied dieser Gruppe. Das trifft auch auf die Gruppe der Juden als Ganzes und auf die diversen jüdischen Untergruppen zu. Beispiele dieses Phänomens sind die Renaissance der Mimounafeier nach Pesach bei den marokkanischen Juden in Israel, das Feiern von Chanukka als wichtigem jüdischen Feiertag in den Vereinigten Staaten und das in der ganzen Welt weit verbreitete Interesse an der osteuropäischen Klezmermusik. In allen diesen Fällen bilden traditionelle Bräuche den Kern des modernen Phänomens, jedoch innerhalb eines völlig gewandelten sozialen Kontextes und mit einem öffentlicheren, kultivierteren Image.

Renaissance und Bewahrung von Volksbräuchen in einem modernen Kontext sind die Folge einer sich wandelnden, ambivalenten Haltung vieler gegenüber dem »Fortschritt«. Während gebildete Leute Volksbräuche noch vor wenigen Generationen als rückständigen Aberglauben bekämpften, ist heute eine respektvollere Haltung die Regel. Paradoxerweise ist Amerika ausgerechnet nach den 60er Jahren des 20. Jahrhunderts, als die Volkstraditionen mit dem überwältigenden Erfolg der modernen Kultur immer schwächer wurden und kaum mehr eine Bedrohung für das Moderne darstellten, dahin gekommen, Ethnizität zu zelebrieren. Viele der Kinder und Enkel derer, die sich von den traditionellen Lebensweisen abwandten, verspüren Nostalgie oder Verlust ob der scheinbar verblassten Kulturen und versuchen wiederzubeleben, wovor ihre Eltern flohen. Eine auf Nostalgie und dem Willen zur Bewahrung beruhende Renaissance der Vergangenheit ist immer anders, als die Vergangenheit selbst wirklich war. Oftmals handelt es sich um eine »keimfreie« neue Version, ohne den Schmutz, die Gefahr, die Konflikte und Widersprüche der alten.

Eine Parallelentwicklung zur Wiederentdeckung der Ethnizität in Amerika ist in Israel eingetreten. In den ersten Jahrzehnten des Staates Israel arbeiteten Regierungsbeamte und Pädagogen hart an der Akkulturation der Immigranten. Mittels einer Politik der *shelilat hagola* (Ablehnung der Diaspora) und *mizug aliyot* (Vermischung der Immigrantengruppen) bemühte sich Israel in den 40er und 50er Jahren des 20. Jahrhunderts, die Neuankömmlinge von ihren traditionellen Sprachen und Kulturen zu lösen und ihnen die weltliche, hebräischsprachige Gesellschaft nahe zu bringen, die sie in Israel aufzubauen versuchten. Ihre früheren, heimischen Traditionen im Bereich Kleidung, Sprache und Volksbräuche tat man als primitiv ab. Israel wollte eine einheitliche und relativ homogene jüdische Bevölkerung gestalten. Seit den 60er Jahren des 20. Jahrhunderts gibt es allerdings einen Umschwung in der Kulturpolitik Israels, der parallel zu Veränderungen in den Vereinigten Staaten verläuft. Als das Hebräische schließlich die Stelle der alten Umgangssprachen einnahm, zeigten viele Israelis erneut Interesse am Erbe der Eltern und Großeltern. Juden mittelöstlicher Herkunft akzeptieren nicht mehr ohne weiteres die Überlegenheit der aschkenasischen Lebensweise, und die Regierung hat neuen Respekt vor den Traditionen der *Edot Hamizrach* (der orientalischen Gemeinden) bekundet.

Die Juden in den Vereinigten Staaten versuchen, dem Beispiel vieler anderer Volksgruppen folgend, wieder eine Verbindung zu ihren kulturellen Wurzeln herzustellen. Diese Bemühung drückt sich auf verschiedene Arten aus, unter anderem in einem neu erwachten Interesse an der Familiengenealogie und einer Nostalgie für das Schtetl. Publikationen wie *The Jewish Catalog*, ein Ratgeber zum Thema, wie verschiedene volkstümliche Künste und Bräuche sowie religiöse Bräuche zu praktizieren sind, werden viel gelesen. Die recht kleine Minderheit der Juden, welche die Tradition ganz und gar angenommen haben, bildet jedoch die Ausnahme gegenüber der großen Mehrheit, von der auch diejenigen, die Nostalgie verspüren und Interesse an den Bräuchen der Vergangenheit bekunden, dies nur sehr selektiv tun.

Technische Möglichkeiten und jüdische Musik

Gelegentlich kann man die gleichen technologischen Kräfte, welche die Isolation der Volkskultur durchbrochen und der Moderne den Weg geebnet haben, einsetzen, um Traditionen in gewandelter Form fortbestehen zu lassen. Dafür gibt es Beispiele auf dem Gebiet der Musik. Musikaufnahmen ermöglichen die Verbreitung jüdischer Volksmusik aus vielen verschiedenen Ländern. Solche Aufnahmen bewahren kulturelle Ausdrucksformen, die sonst womöglich verloren gegangen wären, doch zugleich wandeln sie diese auf verschiedene Arten um. Die diversen Traditionen sind nicht mehr geographisch getrennt. Aschkenasische Juden können jemenitische Lieder und Tänze lernen, ebenso, wie Juden mittelöstlicher Herkunft Klezmermusik und jiddische Kunstlieder hören können. Wenn Musiker die Musik einer anderen als der eigenen Kultur spielen, wandeln sie Tempo, Stimmqualität und Stil eines Stückes oft ab, um es ihren eigenen Traditionen anzupassen, was zu neuen Kombinationen und Einflüssen führt.

Auch die internationale Verbreitung der Rockmusik hat sich auf die jüdischen Musiktraditionen ausgewirkt. Seit den 60er Jahren des 20. Jahrhunderts ist eine Unmenge jüdischer Musik mit Rockmusikeinflüssen für Hochzeiten, Gemeindegesang und Feiern entstanden. Diese neue Musik und die dazugehörigen Tänze sind in orthodoxen Kreisen außerordentlich beliebt geworden und haben große Teile der früheren, weniger anziehenden Volksmusiktraditionen verdrängt. Die Platten und Konzerte der aktuellen Stars der religiösen Rockmusik – sämtlich von Männern oder Jungen und meist auf Hebräisch gesungen – haben stets ein enthusiastisches Publikum. In Israel sind neue Volkstraditionen, die auf von außen eingeführten wie auch einheimischen Traditionen basieren, sehr beliebt. Die rumänische Hora und der arabische *Debka*-Tanz sowie abgewandelte jemenitische Traditionen gehören nunmehr zu einem Repertoire israelischer Tänze, das sich in vielen Ländern großer Beliebtheit erfreut.

Die jüdische Küche in der modernen Welt

Auch die jüdischen Kochtraditionen sind in der modernen Welt zugleich erhalten geblieben und umgewandelt worden. Gewisse Nahrungsmittel, insbesondere solche, die reich an tierischen Fetten sind wie *gribenes*, hat man durch gesündere Erzeugnisse ersetzt. Gemüse, das man früher mit einer dicken Sauce zubereitete, wird heute in Wasser gekocht, Pflanzenöl hat das Hühnerfett ersetzt, und Salate sind beliebter geworden. Der Wandel in der Speisezubereitung macht auch vor traditionellen Rezepten nicht Halt. Selten richtet man heute sämtliche Zutaten selber her. Viele ethnische Zutaten sind ohne weiteres als vorgefertigte Gerichte in den Geschäften erhältlich. Man kann Blintzes, Kreplach und Borekas fast ebenso leicht in tiefgekühlter Form bekommen wie Pizza oder Waffeln. Brot, Bagels, Gebäck und Kuchen gibt es gebrauchsfertig zu kaufen. Sie ersetzen häufig die hausgemachten Varianten. *Matzo ball soup* (Matzenklößchensuppe) ist in Dosen erhältlich, in vielen Supermärkten kann man vorgekochten Couscous erstehen, und Auflaufgerichte des Mittleren Ostens liegen auf koscheren Märkten zum Verkauf aus. Wo immer genug Nachfrage herrscht, wird Brot in jeder ethnischen Form gehandelt, und bestimmte jüdische Produkte wie die Bagels sind derart beliebt geworden, dass die meisten Menschen, die sie essen, gar keine Juden sind.

Derselbe Verbraucher, der auf dem Markt eine jüdische Fertigspeise kauft, wird vermutlich auch zu Produkten einer anderen Landesküche greifen. Viele Produkte aus nichtjüdischen ethnischen Küchen stehen nun denen zur Verfügung, die die jüdischen Speisevorschriften befolgen. In den meisten größeren orthodoxen Gemeinden finden sich koschere Pizzerien und koschere italienische oder chinesische Restaurants. In Kalifornien ist koscheres mexikanisches Essen sehr beliebt. Zudem gibt es streng koschere Restaurants mit thailändischer, indischer, argentinischer und französischer Küche. Einige Restaurants sind stolz darauf, dass sie eine Auswahl aus mehreren Landesküchen anbieten. Viele wohlhabende, religiöse Juden, die sich strikt an die Koschergesetze halten, essen nicht mehr nur traditionelle jüdische Speisen, sondern ziehen die Speisen anderer Kulturen vor. Dasselbe gilt für koscheren Wein. Juden, die koscher leben, müssen sich nicht mehr nur auf die süße, dickflüssige Variante beschränkten, die bei den osteuropäischen Immigranten in den Vereinigten Staaten so beliebt war. Sie können unter koscheren französischen, spanischen, italienischen und kalifornischen Weinen wählen.

Juden, die sich nicht an die Beschränkungen der Kaschruth-Gesetze halten, steht eine noch größere Auswahl an Speisen zur Verfügung. Manche regionalen Küchen sind bei Juden offenbar besonders beliebt. Aus Gründen, die bisher niemand zufriedenstellend erklärt hat, gehören amerikanische Juden zu den häufigsten Gästen in Chinarestaurants. Es heißt sogar, ein jüdisches Wohnviertel in Amerika könne man an der Vielzahl chinesischer Restaurants erkennen. Andererseits fühlen sich hin und wieder Juden, die die Kaschruth-Gesetze nicht einhalten, zur traditionellen Küche hingezogen. In den Vereinigten Staaten und anderswo gibt es zahllose »jüdische«, aber nicht koschere Restaurants, in denen man Matzenklößchen, Cornedbeef-Sandwiches, Kugel und andere traditionelle Gerichte serviert. Manchmal kann man vor Feiertagen paradoxe Szenen vor den Supermärkten jüdischer Viertel beobachten. Im Einkaufswagen eines offensichtlich orthodoxen Kunden können sich koscherer kalifornischer Wein, koschere Quiche-Backmischungen, koscherer Phylloteig und koschere Sojasauce türmen. Ein offensichtlich weltlicher Kunde mag dagegen ein nicht koscheres Hühnchen zusammen mit dickflüssigem, rotem Wein, Borschtsch, gefilltem Fisch und Kascha kaufen. Den nicht koscheren Kunden ergreift Nostalgie angesichts eines Brustkerns, den koscheren Kunden hingegen erregt der Gedanke, koscheres Sushi auszuprobieren.

Alle diese Beispiele machen deutlich, dass sich die jüdischen Volksbräuche im letzten halben Jahrhundert sehr schnell verändert haben, schneller als je zuvor. Kulturelle jüdische Gewohnheiten werden heute in ganz anderen Zusammenhängen gepflegt und haben eine völlig andere Bedeutung als einst in der traditionellen jüdischen Gesellschaft. Auch die Form der internen Differenzierung innerhalb der jüdischen Kultur hat sich stark verändert. In der traditionellen Gesellschaft waren Kleidung, Sprache, Essgewohnheiten, religiöse Bräuche und volkstümlicher Glaube in den einzelnen Gemeinden sehr einheitlich. Kommunikationsbarrieren schufen Kulturregionen, die geographisch klar umrissen waren. In der heutigen Gesellschaft haben sich diese beiden Faktoren gewandelt. Auf der einen Seite legen Juden, die in einer Region leben, oft große Unterschiede in Glaubensdingen, Bräuchen und Gewohnheiten an den Tag. Die alltägliche Lebensweise eines orthodoxen Juden wird sich deutlich von der seines weltlich gesinnten Nachbarn unterscheiden. Auf der anderen Seite können sich Menschen in weit voneinander entfernten Regionen der Welt im Wesentlichen gleich kleiden, die gleichen Speisen essen, die gleichen Fernsehsendungen sehen und leicht miteinander kommunizieren.

Kräfte, die auf die moderne jüdische Kultur einwirken

Am besten lässt sich die heutige populäre jüdische Kultur als Produkt dreier entgegengesetzter Kräfte zusammenfassen. Die erste, von mir bereits erörterte Kraft, ist die Eliminierung regionaler Unterschiede, die Schwächung der Tradition und die Vereinheitlichung der jüdischen Welt, die sich von den sie umgebenden Kulturen weniger abhebt. Die zweite Kraft ist die Bewahrung der früheren Kulturen und der Identifikation mit der Tradition. Die dritte Kraft ist die Umwandlung der alten geographischen Muster in neue Muster geographischer Differenzierung und neue lokale Kulturen. Die jetzt entstehende kulturelle Anordnung ist vermutlich von allen drei Kräften beeinflusst. Eine Vorhersage darüber, wie diese Anordnung in ein oder zwei Generationen aussehen wird, ist nicht möglich.

Werfen wir einen Blick auf einige Beispiele dieser im Entstehen begriffenen jüdischen Kultur, um zu verstehen, wie die drei Kräfte funktionieren und interagieren. Im Bereich der Sprache sind alle drei Kräfte am Werk. Homogenisierung findet in beiden Richtungen statt: Zum einen hat das moderne israelische Hebräisch über sämtliche jüdischen Umgangssprachen triumphiert, und zum anderen haben die meisten Juden in der Diaspora nun die Sprache der nichtjüdischen Mehrheit übernommen. Es gibt Kräfte, die auf einen Erhalt der alten Muster hinarbeiten, aber sie sind relativ schwach. Die israelische Aussprache des Hebräischen hat den Sieg über alle regionalen Traditionen davongetragen, zumindest beim Umgangshebräisch. Beim Hebräischen für religiöse Zwecke (Liturgie, Torastudium und Predigten) hat es einigen Widerstand gegeben. So haben zwar die meisten nichtorthodoxen Gemeinden – und auch einige orthodoxe – in den Vereinigten Staaten die aschkenasische Aussprachetradition durch die israelische ersetzt, doch gewisse orthodoxe Gruppen haben eine Bewegung in die entgegengesetzte Richtung vollzogen. Manche halten es jetzt für »frommer«, in der Synagoge statt des israelischen Hebräisch die aschkenasische Aussprache zu verwenden, teilweise sogar mit starkem osteuropäischen Akzent. Einige jüngere Juden, die man die israelische Aussprache gelehrt hatte, haben sich selbst die aschkenasische Aussprache beigebracht, um authentischer zu wirken. In ganz ähnlicher Weise sind junge jemenitische Juden stolz darauf, dass sie die traditionelle jemenitische Aussprache in ihren Synagogen bewahrt haben und ihre Kinder die eigene musikalische Tradition lehren. Diese gegenläufige Tendenz ist im Allgemeinen schwächer als der Trend zur Homogenisierung, doch sie ist oft ziemlich bemerkenswert.

Die Entstehung neuer Traditionsmuster ist weniger offensichtlich, dennoch gibt es sie. Man kann sagen, dass sich in sehr orthodoxen Kreisen in Amerika eine neue, auf dem Englischen basierende, jüdische Umgangssprache voller Jiddismen und Hebräismen herausgebildet hat: »He learned out from this that it's oser to use the hot water on Shabos.« (»Daraus lernte er, dass es oser [verboten] sei, an Shabos heißes Wasser zu benutzen.«) »Boruch hashem! It was mamesh a ness that I was rescued from the car accident.« (»Boruch hashem! [Gott sei Dank!] Es war mamesh a ness [wirklich ein Wunder], dass ich den Autounfall überlebt habe.«) Im 20. Jahrhundert entwickelte die amerikanische Judenheit zudem eine Variante der aschkenasischen Aussprache des Hebräischen, die sich von der in anderen Ländern unterscheidet. Zwar ist diese Aussprache angesichts des israelischen Hebräisch auf dem Rückzug, doch man hört sie noch oft in amerikanischen Synagogen.

10.2: Pesachseder in einem weltlichen israelischen Kibbuz.

Beispiele für dieses Phänomen finden sich noch in vielen anderen Bereichen des jüdischen Lebens. In den Vereinigten Staaten und Israel hat es einen Zuwachs an Organisationen mit dem Ziel einer Stärkung der sephardischen Identität und des sephardischen Stolzes gegeben, ebenso Versuche, Zeremonien wie das marokkanische Mimounafest oder die Henna-Zeremonie vor der Hochzeit wiederaufleben zu lassen. Noch immer fallen »ethnische Synagogen« in Israel und der Diaspora auf. Auf die Generation der Immigranten wirken sie natürlich ohnehin anziehend, doch auch bei der zweiten Einwanderergeneration jemenitischer, marokkanischer oder einer anderen nicht-aschkenasischen Herkunft stoßen Synagogen, die ethnische Traditionen bewahren, auf beachtliche Akzeptanz. Andererseits haben sich die regionalen Untergruppen der Aschkenasim (außer die der Chassidim) recht schnell aufgelöst. Synagogen, in denen deutsche, ungarische, polnische und litauische Traditionen bewahrt wurden, haben die erste Einwanderergeneration nicht lange überdauert. Die Trennung von aschkenasischen und nichtaschkenasischen Traditionen ist allerdings häufig erhalten geblieben, möglicherweise auf Grund der größeren Unterschiede. Einzelne mögen zur Tradition der an ihrem Wohnort vorherrschenden Mehrheit überwechseln, und Mischehen zwischen Juden aus dem Mittleren Osten und Europa mögen die Traditionen vermischen, doch die kulturellen Unterschiede zwischen den beiden Hauptgruppen von Juden sind im Allgemeinen immer noch wahrnehmbar.

Neue regionale Traditionen entstehen auf der Grundlage der in den verschiedenen Ländern je unterschiedlichen Immigrantenmischung. Trotz zahlreicher Ähnlichkeiten kann man zwischen den populären jüdischen Kulturen Israels, Frankreichs, Englands, Lateinamerikas und der Vereinigten Staaten eindeutig unterscheiden. In jeder dieser Regionen ist eine jüdische Kulturszene im Entstehen begriffen, die sich von den anderen unterscheidet. In Israel gibt es eine scharfe Trennung zwischen der weltlichen Mehrheit und der orthodoxen Minderheit. Die weltliche Mehrheitskultur wird häufig eher als israelisch denn als jüdisch aufgefasst. Viele Israelis besuchen nie die Synagoge und halten die Koschergesetze und die religiösen Sabbatbeschränkungen nicht ein. Dennoch sprechen eben diese weltlichen Juden Hebräisch, achten den Sabbat als Tag der Erholung und der Familienausflüge und feiern die jüdischen Feiertage, allerdings oft auf andere als die traditionelle Weise. In nichtreligiösen Kibbuzim beinhaltet der Pesachseder häufig nichtreligiöse Elemente, die mit der Landwirtschaft und dem Nationalbewusstsein zusammenhängen. Der Name Gottes fällt womöglich überhaupt nicht, dennoch ist dies eindeutig eine jüdische Zeremonie (Abbildung 10.2). In Frankreich, wo die nordafrikanischen Juden gegenüber der älteren aschkenasischen Gemeinde leicht in der Mehrheit sind, sind algerische, marokkanische und tunesische Bräuche mittlerweile deutlich wahrnehmbar. Viele französische Juden essen Couscous, Merguez-Würste und trinken Anislikör – Genüsse, die sich auch bei Nichtjuden großer Beliebtheit erfreuen. In Lateinamerika, wo die jüdische Gemeinde oftmals eine Insel der Mittelschicht in einem Meer aus bitterarmen Katholiken ist, kreist das jüdische Gemeindeleben häufiger um jüdische Luxussportvereine als um die Synagoge. In England führen die meisten Juden kein sehr religiöses Leben, doch sie bleiben der orthodoxen Synagoge treu und denken nicht im Traum daran, einer Reformgemeinde oder einer liberalen Gemeinde beizutreten. Das »Parken bei der orthodoxen *schul* um die Ecke«, eine Verhaltensweise, die

Abb. 10.3: Eine ungewöhnliche Kehrtwende der Tradition in heutiger Zeit: Frauen am Jewish Theological Seminary *in New York mit Gebetsschal (Talit) und Phylakterien (Tefillin), die traditionell den Männern vorbehalten waren.*

in den Vereinigten Staaten im Aussterben begriffen ist, ist in England und in den Ländern des früheren Commonwealth wie Südafrika noch fast die Regel. Bei den amerikanischen Juden ist es offenbar normal anzunehmen, dass man entweder einer orthodoxen, einer konservativen oder einer Reformgemeinde angehört. Diese Einteilung ist in den meisten anderen Ländern mit großer jüdischer Bevölkerung unbekannt.

Dieses Grundmuster spiegelt sich oft auch in speziellen Praktiken. Die erhöhte Teilnahme von Frauen am jüdischen Gottesdienst ist bei der amerikanischen Judenheit viel weiter gediehen als in den meisten anderen Ländern. Die Bat-Mizwa, das Mitzählen der Frauen zum Gottesdienst-Quorum, das Aufrufen von Frauen zur Tora und die Ordinierung von Rabbinerinnen sind mittlerweile in Amerika die Regel im Reformjudentum, im Rekonstruktionismus und im konservativen Judentum (Abbildung 10.3). Sogar in orthodoxen Kreisen wird eine Stärkung der Rolle der Frau diskutiert. Phänomene wie Talmudunterricht für Frauen, Frauengebetsgruppen und eine modifizierte Form der Bat-Mizwa haben Eingang in moderne orthodoxe Kreise gefunden, auch wenn sie noch immer Gegenstand heftiger Kontroversen und Widerstände sind. Außerhalb der Vereinigten Staaten sind solche Neuerungen sogar im Reformjudaismus deutlich seltener, und bei den religiösen Juden in Israel gibt es sie praktisch gar nicht. Das ist einer der Gründe, wieso die Versuche der Frauen, das Recht zu erhalten, Gottesdienste an der »Westlichen Mauer« in Jerusalem, der Klagemauer, zu leiten, in der israelischen Öffentlichkeit auf so wenig Interesse gestoßen sind. Die meisten Israelis, die sich Gedanken über die Stellung der Frau machen, halten die Religion für unwichtig und verstehen nicht, wieso Frauen – meistens Amerikanerinnen – so sehr an religiöser Mitwirkung interessiert sind.

Nationale Unterschiede in der Kultur treten selbstverständlich bereits auch in viel unbedeutenderen Zusammenhängen zutage. Das aschkenasische Element ist in der israelischen und französischen Judenheit viel kleiner als bei den amerikanischen Juden. Dies geht klar daraus hervor, welche Speisen und welche Musik in den verschiedenen Ländern populär sind. Lox (Räucherlachs) und Bagels sind typisch amerikanische jüdische Speisen, in Israel oder bei anderen Diaspora-Judenheiten jedoch nicht besonders beliebt. Auch mehr oder weniger subtile Unterschiede im kulturellen Klima fallen ins Auge. Israelis haben eine andere Vorstellung davon, wie viel Abstand man zum Nachbarn halten muss, als amerikanische Juden. In Menschenmengen oder Supermärkten sieht man das sofort. Die Benutzung von Mobiltelefonen in öffentlichen Räumen besitzt in Israel deutlich mehr soziale Akzeptanz als in den Vereinigten Staaten. Klima und Umgebung haben dafür gesorgt, dass die Atmosphäre in der israelisch-jüdischen Kultur deutlich stärker vom Mittleren Osten geprägt ist als bei den amerikanischen Juden.

Die Lokalkultur hat sogar Eingang in gänzlich unerwartete Bereiche der populären Kultur der Juden gefunden. Die subtilen Wege, auf denen die amerikanische Kultur ins Leben sogar der orthodoxen amerikanischen Juden eindringt, sind häufig verblüffend. Die Jarmulkes vieler jüdisch-orthodoxer Jungen in Amerika sind mit den Logos von Baseballmannschaften oder Disney-Figuren und mit der amerikanischen und der israelischen Flagge verziert. In nichtorthodoxen Kreisen sind neue feminine Versionen der Jarmulke und des Talit mit veränderter Farbzusammenstellung und in anderem Stil entstanden. Auf Hochzeiten orthodoxer amerikanischer Juden kann man fast sicher sein, neben abgeänderten, aufpolierten Versionen traditioneller jüdischer Melodien auch den griechisch-amerikanischen Tanz Miserlou zu hören. Auf so manchem Universitätscampus singen orthodoxe junge Leute in lustiger Stimmung das Dankgebet nach Tisch zur Melodie von Football-Gesängen. In Australien erfüllt die Melodie des beliebten »Waltzing Matilda« dieselbe Funktion. Jeschiwa-Studenten in den höheren Semestern spielen in Lernpausen häufig Basketball.

Sogar innerhalb eines Landes gibt es Anzeichen für neue Muster regionaler Unterschiede. Eine traditionelle jüdische Hochzeit in New York City wird durch ein üppiges *smorgasbrod* (man gebraucht dafür dieses schwedische Wort) eingeleitet. In anderen Landesteilen wie Baltimore oder Chicago beginnt eine Hochzeit dagegen direkt mit der Trauungszeremonie. Davor gibt es, wenn überhaupt, nur ein paar wenige Horsd'œuvres. Die gleichberechtigte Teilnahme von Frauen an der Liturgie wurde in konservativen Synagogen im Westen der Vereinigten Staaten viel früher akzeptiert als an der Ostküste. Viele amerikanische Juden differenzieren zwischen der Mentalität der »New Yorker Juden«, die als forsch, intellektuell und ausgesprochen jüdisch gelten, und der in anderen Landesteilen bevorzugten subtileren Art. Im Südosten der Vereinigten Staaten wünschen die Juden sich spielerisch »Shalom Y'all« (»Schalom euch allen«), wohingegen eine Gemeinde auf Hawaii sich »Shaloha« nennt (eine Kombination von »Shalom« und »Aloha«). In Israel entdecken Sprachwissenschaftler allmählich lexikalische Unterschiede im Hebräisch von Jerusalem, Tel Aviv und Haifa. In Frankreich unterscheidet sich das Milieu der jüdischen Gemeinde in Straßburg von dem der riesigen Pariser Gemeinde oder dem der isolierteren, hauptsächlich sephardischen Gemeinden in Südfrankreich.

◆ ◆ ◆

Die jüdische Volkskultur ist weit davon entfernt, tot zu sein, doch sie nimmt radikal neue Formen an. Viele alte Muster zerfallen, neue entstehen. Die einst scharfe Trennung zwischen jüdischer Kultur und Mehrheitskulturen ist verschwommener denn je und der Einfluss lokaler nichtjüdischer Kulturen auf die Juden in den verschiedenen Ländern so groß wie nie. Früher voneinander getrennte jüdische Volkskulturen stehen nun miteinander in Kontakt und beeinflussen einander sehr stark. Die neu entstehenden Muster fügen sich nicht so nahtlos in ein übergreifendes Muster aus universeller jüdischer Bedeutung und regionaler Färbung ein wie die alten. Die gemeinsamen Bande in Gestalt eines gemeinsamen, maßgeblichen jüdischen Religionsgesetzes sind verloren gegangen und werden vermutlich nie wiederhergestellt. Die heutigen Juden werden nicht so sehr durch gemeinsame religiöse Glaubenssätze und Bräuche geeint als vielmehr durch ein unbestimmtes Gefühl von Zugehörigkeit und Identität – eine Bindung, die sicherlich dünner und elastischer ist als die alten Bindungen, aber dennoch ein wirksamer Ersatz sein mag. Aufgrund der gesteigerten Fernreisemöglichkeiten können einst getrennte jüdische Gemeinden persönlich in Kontakt treten. Gemeinsame geschichtliche Erinnerungen an vergangene Verfolgung sowie Stolz auf jüdische Leistungen und den Staat Israel gehören zu den Faktoren, die geholfen haben, ein Gefühl des

Jüdischseins zu bewahren, trotz des zunehmenden Bedeutungsverlusts der gemeinsamen religiösen Tradition als bindender Kraft. Am Ende all dieser Veränderungen werden neue jüdische Kulturgefüge stehen, die sich von den alten deutlich unterscheiden. Wie diese neuen Muster in 100 Jahren aussehen werden, ist schwer vorauszusehen. Wir können lediglich sagen, dass der kulturelle Wandel, den es im jüdischen Leben immer gegeben hat, sich gegenüber früheren Generationen beschleunigen wird, doch in welcher Form er auch daherkommen mag – die jüdische Kultur wird sich weiter entwickeln und gedeihen.

Kommentierte Bibliographie

Danksagung

Emily Rose, *Portraits of Our Past: Jews of the German Countryside*, Philadelphia, New York: Jewish Publication Society 2001.

Kapitel 2: Regionale Kulturen

Zwar behandeln viele Bücher über jüdische Geschichte beiläufig auch die jüdischen Migrationsbewegungen, doch meines Wissens gibt es keines, das sich speziell mit den jüdischen Migrationsbewegungen weltweit auseinandersetzt. Andererseits liegt eine reichhaltige Literatur zu den einzelnen jüdischen Bevölkerungsgruppen in den diversen Ländern vor. Manche dieser Texte beschäftigen sich auch mit Migration. Aus der Vielzahl solcher Bücher in englischer Sprache habe ich eine kleine Auswahl von Werken getroffen, die ich interessant und hilfreich fand. Einige sind hauptsächlich Sammlungen von Bildmaterial, andere populärwissenschaftliche oder wissenschaftliche Arbeiten über die jeweilige Gruppe.

Ein für ein allgemeines Publikum geschriebener Gesamtüberblick über die nichtaschkenasische Judenheit, der die »Authentizität« und das Exotische der Juden des »Ostens« betont, ist: Devora und Menahem Hacohen, *One People: The Story of the Eastern Jews*, New York: Sabra Books 1969 (zweite Auflage: Adama Books 1982).

Speziellere Arbeiten zu einzelnen Ländern oder Regionen sind: Norman A. Stillman, *The Jews of the Arab World in Modern Times*, 2 Bände, Philadelphia, New York: Jewish Publication Society 1991; Shlomo Deshen und Walter Zenner (Hg.), *Jewish Societies in the Middle East: Community, Culture and Authority*, Washington DC: University Press of America 1982; Andre N. Chouraqui, *Between East and West: A History of the Jews of North Africa*, Philadelphia, New York: Jewish Publication Society 1968; Harvey E. Goldberg, *Jewish Life in Muslim Libya: Rivals and Relatives*, Chicago, London: University of Chicago Press 1990; Nissim Rejwan, *The Jews of Iraq: 3000 Years of History and Culture*, Boulder: Westview Press 1985; Abraham L. Udovitch und Lucette Valensi, *The Last Arab Jews: The Communities of Jerba, Tunisia*, New York: Harwood Academic Press 1984; Esther Muchawsky-Schnapper, *The Jews of Yemen: Highlights of the Israel Museum Collection*, Jerusalem: The Museum 1994; Marc Angel, *The Jews of Rhodes: The History of a Sephardic Community*, New York: Sepher-Hermon Press 1978.

Mittlerweile ein Klassiker zur italienischen Judenheit, doch immer noch nützlich ist das Buch von Cecil Roth, *A History of the Jews of Italy*, Philadelphia, New York: Jewish Publication Society 1946. Zwei sehr nützliche Bildbände, die sich mit italienisch-jüdischem Leben befassen, sind: Vivian B. Mann, *Gardens and Ghettos: The*

Art of Jewish Life in Italy, Berkely: University of California Press 1989 und Ruth Geller, Henryk Geller und Ard Geller, *Roma Ebraica / Jewish Rome: A Pictorial History of 2000 Years*, Rome: Art International 1970.

Eine ganze Reihe interessanter und informativer Bücher sind in letzter Zeit über die jüdischen Gemeinden in Indien geschrieben worden, darunter: Ruby Daniel und Barbara C. Johnson, *Ruby of Cochin: An Indian Jewish Woman Remembers*, Philadelphia, New York: Jewish Publication Society 1975; J. B. Segal, *A History of the Jews of Cochin*, London: Vallentine Mitchell 1993; Nathan Katz und Ellen S. Goldberg, *The Last Jews of Cochin: Jewish Identity in Hindu India*, Columbia: University of South Carolina Press 1993.

Erich Brauers und Raphael Patais *The Jews of Kurdistan*, Detroit: Wayne State University Press 1993, basiert auf Brauers Forschungsarbeit in den 30er Jahren des 20. Jahrhunderts, als das kurdisch-jüdische Leben noch in der Heimat der kurdischen Juden pulsierte; Lawrence Loebs *Outcast: Jewish Life in Southern Iran*, New York 1977, liegt die Forschungsarbeit des Autors in Schiras in den 70er Jahren des 20. Jahrhunderts zugrunde.

Hinsichtlich der äthiopischen Juden vertritt David Kessler in *The Falashas: A Short History of the Ethiopian Jews*, London, Portland: Frank Cass 1996, den traditionellen Standpunkt der jüdischen Abstammung der Gruppen, während Steven Kaplan in *The Beta Israel (Falasha) in Ethiopia from Earliest Times to the Twentieth Century*, New York: New York University Press 1992, und James Quirin in *The Evolution of the Ethiopian Jews: A History of the Beta Israel (Falashas) to 1920*, Philadelphia: University of Pennsylvania Press 1992, die umstrittenere Auffassung vertreten, das äthiopische Judentum habe als Absplitterung vom äthiopischen Christentum begonnen.

William Charles Whites Buch *Chinese Jews: A Compilation of Matters Relating to the Jews of Kaifeng-Fu*, Toronto: University of Toronto Press 1942, ist eine klassische Zusammenstellung von Dokumenten im Zusammenhang mit dieser exotischsten jüdischen Gemeinde.

Umfassend ist die Literatur, die an spezifische, von den Nazis vernichtete jüdische Gemeinden in Europa erinnert. Eines der besten und neuesten Bücher stammt von Yaffa Eliach, *There Once was a World. A 900 Year Chronicle of the Shtetl of Eishyshok*, Boston u. a.: Little Brown and Company 1998. Eine reich bebilderte Denkschrift für die Juden in den Niederlanden ist Mozes Heiman Gans, *Memorbook. History of Dutch Jewry from the Renaissance to 1940 with 1100 Illustrations*, Baarn: Bosch and Keuning 1977.

Eine gute einführende Studie über die Geschichte der deutschen Juden ist das Buch von Ruth Gay, *The Jews of Germany: A Historical Portrait*, New Haven: Yale University Press 1992, welches das Thema vom Anfang bis zum Ende behandelt. Eine viel detailliertere Behandlung der Zeit seit dem 17. Jahrhundert erfährt das Thema in der vierbändigen *German Jewish History im Modern Times*, herausgegeben von Michael A. Meyer, New York: Columbia University Press 1997 [dt.: *Deutsch-jüdische Geschichte in der Neuzeit*, herausgegeben im Auftrag des Leo-Baeck-Instituts von Michael A. Meyer unter Mitwirkung von Michael Brenner, München: Beck, Bd. 2: *Emanzipation und Akkulturation 1780–1871*, München: Beck 2000].

In den letzten Jahrzehnten erschienen diverse hervorragende, illustrierte Geschichten einzelner Untergruppen der aschkenasischen Judenheit. Zu den besten gehört Nachum Tim Gidal, *Die Juden in Deutschland von der Römerzeit bis zur Weimarer Republik*, Gütersloh: Bertelsmann Lexikon Verlag 1988. Die besten verfügbaren illustrierten Geschichten der osteuropäischen Judenheit sind Lucjan Dobroszycki und Barbara Kirshenblatt-Gimblett, *Image before my Eyes: A Photogra-*

phic History of Jewish Life in Poland, 1864–1939, New York: Schochem Books 1977, und Zvi Gitelman, *A Century of Ambivalence, The Jews of Russia and the Soviet Union, 1881 to the Present*, New York: Schochem Books 1988.

Viele nützliche Artikel auf Hebräisch sind in der Zeitschrift *Pe'amim* [Studien zum Kulturerbe der orientalischen Judenheit] zu finden, die seit 1977 erscheint.

Kapitel 3: Jüdische Sprachen

Das vermutlich ausführlichste englischsprachige Werk zu jüdischen Sprachen allgemein und insbesondere zum Jiddischen ist Max Weinreichs *History of the Yiddish Language*, 2 Bände, Chicago: University of Chicago Press 1980. Für die Belange dieses Buches besonders relevant ist das 2. Kapitel (S. 45–174) mit der Überschrift »Yiddish in the Framework of other Jewish Languages«. Besonders interessante Arbeiten zum Jiddischen sind: Marvin Herzog, *The Yiddish Language in Northern Poland*, Bloomington: Indiana University Press 1965; Dovid Katz, *The Origins of the Yiddish Language*, Oxford: Pergamon Press 1985; und Dovid Katz, *The Dialects of the Yiddish Language*, Oxford: Pergamon Press 1986. Die ältere Zeitschrift *Field of Yiddish* enthielt wissenschaftliche Artikel zu verschiedenen Aspekten der jiddischen Sprache.

Sehr viel interessantes Material ist auf den Seiten der Zeitschrift *Jewish Language Review* verstreut, die von 1981 bis 1989 erschien [der letzte Jahrgang hieß *Jewish Linguistic Studies*]. Herbert H. Paper veröffentlichte eine Aufsatzreihe zum gleichen Fachgebiet: *Jewish Languages, Theme and Variations*, Cambridge, Mass.: Association for Jewish Studies 1978.

David M. Bunis hat eine Reihe von wissenschaftlichen Arbeiten zur Geschichte des Judezmo verfasst, dazu eine Einführung in das Lesen dieser judäospanischen Sprache unter dem Titel *A Guide to Reading and Writing Judezmo*, Brooklyn: Adelantre, The Judezmo Society 1975. Eine wissenschaftliche Arbeit über eine andere jüdische Umgangssprache ist Joseph Blau, *The Emergence and Linguistic Background of Judaeo-Arabic; a study of the Origins of Middle Arabic*, Jerusalem: Ben Zvi Institute 1981. Nützliche Artikel zu regionalen Aussprachen des Hebräischen finden sich in der *Encyclopedia Judaica* (1973) unter »Pronunciations of Hebrew« und »Hebrew grammar«.

Kapitel 4: Namen

Eine gute allgemeine Behandlung des Themas der jüdischen Namen ist Benzion C. Kaganoff, *A Dictionary of Jewish Names and their History*, New York: Schochem Books 1977. Heinrich W. und Eva Guggenheimer, *Etymologisches Lexikon der jüdischen Familiennamen*, München u. a.: Saur 1996, ist ein allgemeines Lexikon jüdischer Familiennamen aus aller Welt. Spezialisiert, aber sehr zuverlässig und nützlich sind zwei Bücher von Alexander Beider, *A Dictionary of Jewish Surnames from the Russian Empire*, Teaneck: Avotaynu 1993, und *A Dictionary of Jewish Surnames from the Kingdom of Poland*, Teaneck: Avotaynu 1996.

Kapitel 5: Religiöse Bräuche

Es gibt nicht viel englischsprachige Literatur zu den verschiedenen Varianten religiöser jüdischer Bräuche, jedoch eine Menge auf Hebräisch. Die beste ausführliche englischsprachige Übersicht über die nichtaschkenasischen Bräuche ist Herbert C. Dobrinsky, *A Treasury of Sephardic Laws and Customs*, New York: Yeshiva University Press 1986.

Zu Architektur und Anlage der Synagoge ist das Standardwerk immer noch Rachel Wischnitzer, *The Architecture of the European Synagogue*, Philadelphia, New York: Jewish Publication Society 1964. Eine populärwissenschaftliche Übersicht ist Uri Kaplouns *The Synagogue*, New York, Paris: Leon Amiel Publisher 1973.

Zwei wissenschaftliche Arbeiten über religiöse jüdische Bräuche sind [beide auf Hebräisch] Yitzhak (Eric) Zimmer, *Olam Keminhago Noheg: Perakim Betoldot Haminhagim* [Die Gesellschaft und ihre Bräuche: Studien zu Geschichte und Wandel der jüdischen Bräuche], Jerusalem: Zalman Shazar Institute 1996, und Daniel Sperbers vielbändiges Werk *Minhage Yisrael: Mekorot vetoladot* [Jüdische Bräuche: Quellen und Geschichte], Jerusalem: Mosad Harav Kuk 1989ff. Mindestens sechs Bände von Sperbers Werk sind bereits erschienen. Im Gegensatz zu meinem Buch sind die Arbeiten von Zimmer und Sperber ausführliche Untersuchungen der Details spezifischer Bräuche.

Beispiele für Kunstbände, die sich mit religiöser jüdischer Kunst diverser Länder beschäftigen, sind: Grace Cohen Grossman, *Jewish Art*, New York: Hugh Lauter Levin Associates 1995; Bezalel Narkiss, *Hebrew Illuminated Manuscripts*, Jerusalem: Keter 1969 (spätere Ausgabe: New York 1983); und Gabrielle Sed-Rajna et al., *Jewish Art*, New York: Harry N. Abrams Inc. 1997. Eine spezialisiertere Behandlung spezifischer Aspekte des Themas bietet z. B.: Shalom Sabar, *Ketubbah: Jewish Marriage Contracts of the Hebrew Union College*, Philadelphia, New York: Jewish Publication Society 1990.

Viele Beispiele von jüdischen Ritualgegenständen finden sich in Bildbänden wie Barbara Kirshenblatt-Gimbletts *Fabric of Jewish Life*, New York: Jewish Museum 1977, und Judah Loeb Bialers *Jewish Life in Art and Tradition; Based on the Collection of the Wolfson Museum, Hechal Shlomo, Jerusalem*, London: Weidenfeld and Nicholson 1976.

Kapitel 6: Die Küche

Eine anspruchsvolle Studie der jüdischen Kochtraditionen mit vielen faszinierenden Details ist John Cooper, *Eat and Be Satisfied. A Social History of Jewish Food*, Northvale, NJ: Jason Aronson 1993. Die meisten anderen Arbeiten zur jüdischen Küche in verschiedenen Regionen der Welt sind Kochbücher. Die brauchbarsten englischsprachigen Beispiele sind: Copeland Marks, *The Sephardic Cooking: 600 Recipes Created in Exotic Sephardic Kitchens from Morocco to India*, New York: Donald I. Fine Inc. 1992, und Robert Steinberg, *The Sephardic Kitchen: The Healthful Food and Rich Culture of the Mediterranean Jews*, New York: Harper Collins Publishers 1992.

Kapitel 7: Kleidung

Alfred Rubens, *History of Jewish Costume*, London: Valentine Mitchell 1967, ist mittlerweile das Standardwerk zu diesem Thema. Es ist reich bebildert und erörtert zudem fortlaufend die verschiedenen Bekleidungstypen. Für einen Vergleich von jüdischer mit nichtjüdischer Kleidung gibt es kein besseres Buch als diese faszinierende Sammlung von Fotographien türkischer Trachten aus dem Jahre 1873 [!]:

Osman Hamdi Bey, *Les Costumes Populaires de la Turquie en 1873*, Konstantinopel: Levant Times & Shipping Gazette 1873. Einige Bilder, die man mit jüdischer Kleidung in Osteuropa vergleichen kann, sind in Orest Subtelny, *Ukraine: A History*, Toronto, Buffalo: University of Toronto Press 1988, und in *The History of Ukrainian Costume from the Scythian Period to the Late 17th Century*, Melbourne: Bayda Books 1986 zu finden.

Kapitel 8: Musik

Eine gute Einführung in die Geschichte der jüdischen Musik bietet der Artikel »Music« in der *Encyclopedia Judaica* (1973). Das Pionier- und Standardwerk von A. Z. Idelsohn, *Jewish Music in its Historical Development*, New York: H. Holt 1929, enthält noch immer enorm viel interessantes Material, auch wenn nachfolgende Wissenschaftler Idelsohns Versuchen, die Existenz eines Urkerns semitisch-orientalischer Musik nachzuweisen, oft nicht zustimmen. Sogar noch mehr Material bietet denen, die Noten lesen können, der zehnbändige *Thesaurus of Hebrew Oriental Melodies*, den Idelsohn in aller Welt zusammensuchte und zwischen 1922 und 1934 veröffentlichte. Aktueller und kritischer, doch auch geographisch begrenzter sind: Eric Werner, *A Voice Still Heard: The Sacred Songs of the Ashkenazic Jews*, University Park: Pennsylvania State University Press 1976, und Hanoch Avenery, *The Ashkenazi Tradition of Biblical Chant between 1500 and 1900: Documentation and Musical Analysis*, Tel Aviv 1978. Zu sephardischer Musik gibt es die riesige Sammlung von Musikbeispielen in Isaac Levy, *Liturgia Judeo-Espanola*, 11 Bände, 1965–1980. Ein vor kurzem erschienener Abriss jüdischer Musiktraditionen in aller Welt ist Amnon Shiloah, *Jewish Musical Traditions*, Detroit: Wayne State University Press 1992. Aus verschiedenen Quellen kann man zudem Aufnahmen jüdischer Musik beziehen.

Kapitel 9: Aussehen und Abstammung

Die beste Gesamtübersicht zur Frage der physischen Abstammung der Juden ist wahrscheinlich Raphael Patai und Jennifer Wing Patai, *The Myth of the Jewish Race*, New York: Scribners 1975. Trotz seines Alters enthält Maurice Fishberg, *The Jews: A Study of Race and Environment*, London, New York: Scribners 1911, noch immer viele interessante Details. [Eine faszinierende Erörterung der Frage, wie jüdische Autoren zu Beginn des 20. Jahrhunderts mit dem heiklen Problem der »jüdischen Rasse« umgingen, bietet John Efron, *Defenders of the Race: Jewish Doctors and Race Science in Fin-de-Siecle Europe*, New Haven: Yale University Press 1994.]

Zu den Arbeiten, die die Frage der jüdischen Abstammung wissenschaftlich angehen [mit häufig sehr unterschiedlichen Schlussfolgerungen], gehören: A. E. Mourant, »Blood Groups of the Jews«, in: *Jewish Journal of Sociology* (1959), S. 155–176; Batsheva Bonné-Tamir und Avinoam Adam, *Genetic Diversity among Jews: Diseases and Markers at the DNA Level*, New York: Oxford University Press 1992.

Zur Abstammung der jüdischen Priester [Cohanim] sind frühe Ergebnisse in Karl Skorecki et al., »Y Chromosomes of Jewish Priests«, in: *Nature* 385 (Januar 1997), S. 32 publiziert. An diesen Artikel schließen Neil Bradman und Mark G. Thomas in »Genetics: The Pursuit of Jewish History by Other Means« in: *Judaism Today* 10 (Herbst 1998), S. 4–6 an.

Nachweise

Bilder

2.1 Fotoarchiv Beth Hatefutsoth, Tel Aviv. Mit freundlicher Genehmigung von Rivka Avshalomov, Israel.
2.2 Abdruck mit freundlicher Genehmigung des U. Nahon Museum of Italian Jewish Art, Jerusalem.
5.1 Abdruck mit freundlicher Genehmigung des U. Nahon Museum of Italian Jewish Art, Jerusalem.
5.2 Foto: © The Israel Museum, Jerusalem/David Harris.
5.3 Skirball Cultural Center, Museum Collection, 58.8. Foto: Lelo Carter.
5.4 Skirball Cultural Center, Museum Collection, 47.16. Foto: Lelo Carter.
5.5 Skirball Cultural Center, Museum Collection, 57.6. Ankauf des Museums mit Geldern der Maurice Amado Foundation auf Anregung der Tarica Familie. Foto: Susan Einstein.
5.6 5.10 © Fotoarchiv Beth Hatefutsoth, Israel.
5.7 Skirball Cultural Center, Museum Collection, 56.491. Foto: Lelo Carter.
5.8 Skirball Cultural Center, Museum Collection, 56.5. Foto: Susan Einstein.
5.9 Aryeh Kaplan, *Tefillin, G-d, Man and Tefillin* (New York: National Council of Synagogue Youth, 1975). Abdruck mit freundlicher Genehmigung der National Conference of Synagogue Youth.
5.10 Aus: Chaim Raphael, *A Feast of History: Passover through the Ages as a Key to Jewish Experience*. New York: Simon and Schuster 1972.
5.11 Aus: Joseph Toledano, *L'Esprit du Mellah*. Mit freundlicher Genehmigung von Joseph Toledano, Jerusalem.
5.12 Foto: © Joan Roth, New York. Mit freundlicher Genehmigung des Fotoarchivs Beth Hatefutsoth, Tel Aviv.
5.13 Foto: © Joan Roth, New York. Mit freundlicher Genehmigung des Fotoarchivs Beth Hatefutsoth, Tel Aviv.
5.14 Skirball Cultural Center, Museum Collection, 2.59. Foto: Lelo Carter.
5.15 Mit freundlicher Genehmigung von Ruth Guggenheim, Zürich.
5.16 Foto: © The Israel Museum, Jerusalem.
5.17 Aus: Philip und Hanna Goodman, *The Jewish Marriage Anthology*. Philadelphia: The Jewish Publication Society, 1965. Mit freundlicher Genehmigung.
5.18 Aus: Philip und Hanna Goodman, *The Jewish Marriage Anthology*. Philadelphia: The Jewish Publication Society, 1965. Mit freundlicher Genehmigung.
5.19 Foto: © The Israel Museum, Jerusalem.
5.20 Foto: © The Israel Museum, Jerusalem.
5.21 © Fotoarchiv Beth Hatefutsoth, Israel.
5.22 © Fotoarchiv Beth Hatefutsoth, Israel. Mit freundlicher Genehmigung von Shuta Bustanashvili.

6.1 Archiv des YIVO Institute for Jewish Research.

7.1 Aus: Mal Warshaw, *Tradition: Orthodox Jewish Life in America* (© 1976 by Mal Warshaw). Abdruck mit freundlicher Genehmigung von Schocken Books, a division of Random House, Inc.

7.2 Aus: David Landau, *Piety and Power: The World of Jewish Fundamentalism*, New York: Hill and Wang 1993. Foto: Flash 90.

7.3 Foto: Carl Rathjens, mit freundlicher Genehmigung des Fotoarchivs Beth Hatefutsoth, Israel. © Museum für Ethnographie, Hamburg.

7.4 Aus: Osman Hamdy Bey, *Les Costumes Populaires de la Turquie en 1873*, Konstantinopel: Levant Times & Shipping Gazette 1873.

7.5 Zeichnung von Johann Jacob Schudt, *Jüdische Merkwürdigkeiten*, Frankfurt und Leipzig 1714, aus: Ruth Gay, *The Jews of Germany*. New Haven: Yale University Press 1992.

7.6 Mit freundlicher Genehmigung des Leo Baeck Instituts, New York.

7.7 Abbildung aus dem Dresdener Sachsenspiegel, 1220–1235. Mit freundlicher Genehmigung der Sächsischen Landesbibliothek, Dresden. Mscr. Dresd M32. Fotoarchiv Beth Hatefutsoth, Tel Aviv.

7.8 Mit freundlicher Genehmigung von Aviva Muller-Lancet, Jerusalem.

7.9 Aus: Osman Hamdy Bey, *Les Costumes Populaires de la Turquie en 1873*. Konstantinopel: Levant Times & Shipping Gazette 1873.

7.10 Mit freundlicher Genehmigung von Jean-Pierre Allali, Paris. Fotoarchiv Beth Hatefutsoth, Tel Aviv.

7.11 Fotoarchiv Beth Hatefutsoth, Tel Aviv. Mit freundlicher Genehmigung von Sara Ben Tolila, Israel.

7.12 Abdruck mit freundlicher Genehmigung des Fotoarchivs Beth Hatefutsoth, Tel Aviv.

7.13 Aus: Alfred Rubens, *A History of Jewish Costume*. London: Valentine Mitchell 1967.

7.14 Aus: Alfred Rubens, *A History of Jewish Costume*. London: Valentine Mitchell 1967.

7.15 Aus: Alfred Rubens, *A History of Jewish Costume*. London: Valentine Mitchell 1967.

7.16 Mit freundlicher Genehmigung von Dan Arnon, Fotograf, Petah Tikvah, Israel.

7.17 Mit freundlicher Genehmigung von Dan Arnon, Fotograf, Petah Tikvah, Israel.

7.18 Archiv des YIVO Institute for Jewish Research.

7.19 Foto: © The Israel Museum, Jerusalem.

7.20 Mit freundlicher Genehmigung von Beatrice Silverman Weinreich, New York.

7.21 Aus: Alfred Rubens, *A History of Jewish Costume*. London: Valentine Mitchell 1967.

7.22 Aus: Orest Subtelny, *Ukraine: A History of Jewish Costume*, Toronto: University of Toronto Press 1988. Mit freundlicher Genehmigung des Autors.

7.23 Aus: *Behold a Great Image*. Philadelphia: The Jewish Publication Society, 1978. Mit freundlicher Genehmigung.

8.1 Aus: Eric Werner, *A Voice Still Heard: The Sacred Songs of the Ashkenazic Jews*. University Park: Pennsylvania State University Press 1976. Mit freundlicher Genehmigung des Leo Baeck Instituts, New York.

8.2 Aus: A. W. Binder, *Biblical Chant*. New York: Philosophical Library 1959, S. 20–21. Mit freundlicher Genehmigung der Philosophical Library, New York.

8.3 Aus: A. Z. Idelsohn, *Jewish Music in Its Historical Development*. Henry Holt and Company Inc. 1929. Mit freundlicher Genehmigung der Henry Holt and Company, LLC.
8.4 Aus: A. Z. Idelsohn, *Jewish Music in Its Historical Development*. Henry Holt and Company Inc. 1929. Mit freundlicher Genehmigung der Henry Holt and Company, LLC.
8.5 Aus: A. Z. Idelsohn, *Jewish Music in Its Historical Development*. Henry Holt and Company Inc. 1929. Mit freundlicher Genehmigung der Henry Holt and Company, LLC.
8.6 Aus: Eric Werner, *A Voice Still Heard: The Sacred Songs of the Ashkenazic Jews*. University Park: Pennsylvania State University Press 1976. Mit freundlicher Genehmigung des Leo Baeck Instituts, New York.
8.7 Aus: Leon Algazi, *Chants Sephardis*. London: World Sephardi Federation 1958, S. 36. Mit freundlicher Genehmigung der World Sephardi Federation, Jerusalem.
8.8 Aus: Leon Algazi, *Chants Sephardis*. London: World Sephardi Federation 1958, S. 50. Mit freundlicher Genehmigung der World Sephardi Federation, Jerusalem.
8.9 Archiv des YIVO Institute for Jewish Research.
9.1 Aus: Elvira Bauer, *Trau keinem Fuchs auf grüner Heid und keinem Jud bei seinem Eid*. Ein Bilderbuch für Groß und Klein. Stürmer Verlag 1936. Abdruck mit freundlicher Genehmigung des Simon Wiesenthal Center, Los Angeles.
9.2 Becker Collection, Institute of Cotemporary History and Wiener Library, London. Mit freundlicher Genehmigung.
9.3 Mit freundlicher Genehmigung des Jüdischen Museums, Prag.
9.4 Foto: © The Israel Museum, Jerusalem.
9.5 Aus: Itzhak Avishur, *The Jewish Wedding in Bagdad and Its Filiations: Customs and Ceremonies, Documents and Songs, Costumes and Jewelry*. Bd. I. Haifa: University of Haifa 1990.
9.6 Aus: Reuben Ahroni, *The Jews of Aden: A Community That Was*. Tel Aviv: Afikim 1991.
9.7 Aus: Nathan Katz und Ellen S. Goldberg, *The Last Jews of Cochin: Jewish Identity in Hindu India*. Columbia: University of South Carolina Press 1993.
9.8 Foto: Doron Bacher, Jerusalem. © Fotoarchiv Beth Hatefutsoth, Israel.
9.9 Foto: Doron Bacher, Jerusalem. © Fotoarchiv Beth Hatefutsoth, Israel.
10.1 Mit freundlicher Genehmigung von Herbert S. Lewis, Madison, Wisconsin.
10.2 Aus: Chaim Raphael, *A Feast of History: Passover through the Ages as a Key to Jewish Experience*. New York: Simon and Schuster 1972.
10.3 Foto: © Frédéric Brenner.

Rezepte

Tscholent: Nach *The Spice and Spirit of Kosher-Jewish Cooking*. Lubavitch Women's Organisation 1977.

Schalet: Nach Marie Elsässer, *Ausführliches Kochbuch für die einfache und feine jüdische Küche unter Berücksichtigung aller rituellen Vorschriften*. Frankfurt: Verlag von J. Kauffmann 1911.

Grünkernsuppe: Nach Marie Elsässer, *Ausführliches Kochbuch für die einfache und feine jüdische Küche unter Berücksichtigung aller rituellen Vorschriften.* Frankfurt: Verlag von J. Kauffmann 1911.

S'khina: Nach Copeland Marks, *Sephardic Cooking.* © 1992 by Copeland Marks. Mit freundlicher Genehmigung von Donald I. Fine, ein Imprint von Penguin Putnam Inc.

T'fina: Nach Copeland Marks, *Sephardic Cooking.* © 1992 by Copeland Marks. Mit freundlicher Genehmigung von Donald I. Fine, ein Imprint von Penguin Putnam Inc.

T'beet: Nach Copeland Marks, *Sephardic Cooking.* © 1992 by Copeland Marks. Mit freundlicher Genehmigung von Donald I. Fine, ein Imprint von Penguin Putnam Inc.

Huevos Haminados: Nach *Cooking the Sephardic Way,* Sephardische Schwesternschaft, Tempel Tifereth, Israel, 1971, S. 35. Rezept von Lianne Donnell aus Rhodes. Mit freundlicher Genehmigung.

Jerusalem Kugel: Nach *The Spice and Spirit of Kosher-Jewish Cooking.* Lubavitch Women's Organisation 1977.

Mina de Cordero: Nach *Cooking the Sephardic Way,* Sephardische Schwesternschaft, Tempel Tifereth, Israel, 1971, S. 133. Rezept von Victoria Arditti Benezra aus Izmir. Mit freundlicher Genehmigung.

Matzeklöß': Nach Marie Elsässer, *Ausführliches Kochbuch für die einfache und feine jüdische Küche unter Berücksichtigung aller rituellen Vorschriften.* Frankfurt: Verlag von J. Kauffmann 1911.

Pesachsuppe: Nach Copeland Marks, *Sephardic Cooking.* © 1992 by Copeland Marks. Mit freundlicher Genehmigung von Donald I. Fine, ein Imprint von Penguin Putnam Inc.

Hamin: Nach Marie Elsässer, *Ausführliches Kochbuch für die einfache und feine jüdische Küche unter Berücksichtigung aller rituellen Vorschriften.* Frankfurt: Verlag von J. Kauffmann 1911.

Latkes: Nach *The Spice and Spirit of Kosher-Jewish Cooking.* Lubavitch Women's Organisation 1977.

Bimuelos: Nach *Cooking the Sephardic Way,* Sephardische Schwesternschaft, Tempel Tifereth, Israel, 1971, S. 123. Rezept von Lianne Donnell. Mit freundlicher Genehmigung.

Käseblintzes: Nach *The Spice and Spirit of Kosher-Jewish Cooking.* Lubavitch Women's Organisation 1977.

Kascha Knisches: Nach *The Spice and Spirit of Kosher-Jewish Cooking.* Lubavitch Women's Organisation 1977.

Käse-Borekas: Nach Copeland Marks, *Sephardic Cooking.* © 1992 by Copeland Marks. Mit freundlicher Genehmigung von Donald I. Fine, ein Imprint von Penguin Putnam Inc.

Malawach: Nach Copeland Marks, *Sephardic Cooking.* © 1992 by Copeland Marks. Mit freundlicher Genehmigung von Donald I. Fine, ein Imprint von Penguin Putnam Inc.

Sambusak: Nach Copeland Marks, *Sephardic Cooking*. © 1992 by Copeland Marks. Mit freundlicher Genehmigung von Donald I. Fine, ein Imprint von Penguin Putnam Inc.

Carciofi alla giudea: Nach Marcella Hazan, *Essentials of Classic Italian Cooking*. © 1992 by Marcella Hazan. Abdruck mit freundlicher Genehmigung von Alfred A. Knopf, Inc.

Zitate

Sämtliche Bibelstellen wurden nach der Übersetzung von Martin Buber und Franz Rosenzweig zitiert.

Umschrift

Die Umschrift der hebräischen Zitate, Begriffe und Namen folgt im wesentlichen der amerikanischen Originalausgabe. Geändert wurde nur in den Fällen, wo sich entweder bestimmte Schreibweisen vollständig durchgesetzt haben, etwa »Aschkenasim«, oder die Verwendung einer im Deutschen häufig verwendeten Variante bestimmter Ausdrücke, etwa »Pesach«, »Rosch Haschana« u. ä., angemessen erschien.

Sach- und Personenregister

Das Register wurde von Kai Kilian, Düsseldorf, erstellt.